Das neue Ein- und Durchschlaf-Buch

Dipl.-Soz.-Päd. Petra Weidemann-Böker

Das neue Ein- und Durchschlaf-Buch

Die sechs besten Ein- und Durchschlaf-Programme für Ihr Kind

OberstеBrink
Eltern-Bibliothek

Die Oberstebrink Eltern-Bibliothek

Die Oberstebrink Eltern-Bibliothek bietet Lösungen für die wichtigsten Eltern-Probleme und gibt Antworten auf die häufigsten Eltern-Fragen. Von Experten, die in ihrem Fachgebiet auf dem neuesten Wissensstand sind und in ihrer Praxis täglich Eltern beraten und Kinder behandeln.
Die Bücher der Oberstebrink Eltern-Bibliothek werden von Kinder- und Jugendärzten, Hebammen, ErzieherInnen, LehrerInnen und Familien-TherapeutInnen laufend eingesetzt und empfohlen. Eltern schätzen diese Ratgeber besonders, weil sie leicht verständlich sind und sich alle Ratschläge einfach und erfolgreich in die Tat umsetzen lassen.
Eine Übersicht über alle Titel finden Sie auf den letzten Seiten dieses Buches.

3. Auflage, 2011

Fotos: Strandperle, Gettyimages
Gestaltung: Magellan, Düsseldorf
Redaktion: Marlies Knoke, Oberstebrink
Satz und Herstellung: Aalexx Buchproduktion GmbH
Verlag: Oberstebrink Verlag
40489 Düsseldorf
Tel. 02 11/49 62 55 11 · Fax 02 11/98 43 40 11
E-Mail: verlag@oberstebrink.de
www.oberstebrink.de
Vertrieb: Cecilie Dressler-Verlag GmbH
Poppenbütteler Chaussee 53 · 22397 Hamburg
ISBN: 978-3-934333-33-8

Für unsere Tochter Mara

Liebe Eltern

Viele Eltern von Babys und Kleinkindern sind verzweifelt. Weil ihr Kind sie nachts nicht zur Ruhe kommen lässt. Das bedeutet: Nacht für Nacht Schlafmangel für die ganze Familie. Schlafmangel, der sich auch auf den Tag auswirkt. Die Eltern geraten immer mehr in Stress – und der wirkt sich auch auf ihr Kind aus. Alle sind angespannt – und so geht das abendliche und nächtliche „Theater" Tag für Tag weiter. Und die Eltern wissen nicht, was sie noch alles tun sollen, um ihr Kind zum Einschlafen und zum Durchschlafen zu bringen. Irgendwann sind sie mit den Nerven am Ende und können nicht mehr.

Das sind die Eltern, die ich in meiner Schlafberatungs-Sprechstunde erlebe. Sie suchen Hilfe, sie brauchen Rat – sie wollen vor allem eine Lösung. Damit Kind und Eltern endlich ruhige Nächte haben und sich von dem ganzen Stress erholen können.

Leider gibt es keine Patentlösung, mit der man wie auf Knopfdruck das Problem lösen kann. Aber es gibt Wege, die inzwischen vielfach erfolgreich erprobt sind. Und zwar nicht den einen allein selig machenden Weg, sondern verschiedene Wege, die individuell auf die Situation jeder einzelnen Familie abgestimmt werden können.

Wie gut ein kleines Kind am Abend einschlafen und nachts durchschlafen kann, das hängt nämlich nicht nur davon ab, welches Einschlaf-Programm die Eltern anwenden – sondern auch davon, wie der Tag verlaufen ist. Je mehr Sicherheit Eltern ihrem Kind am Tag geben – zum Beispiel durch einen ruhigen und immer wiederkehrenden, stressfreien Tagesablauf – umso leichter ist abends das Einschlafen für das Kind.
Deshalb zeigt dieses Buch nicht nur die sechs besten Einschlaf-Programme, sondern erklärt die Entwicklungs-Phasen kleiner Kinder, erläutert die psychologischen Hintergründe in der Eltern-Kind-Beziehung und gibt viele konkrete Hinweise für den richtigen Umgang mit Babys und Kleinkindern. Dieses Buch ist also weit mehr als eine „Schlaflern-Schule" für Kinder. Es ist auch eine Art „Eltern-Schule", die den Eltern wertvolle Hilfestellungen für ein zufriedenes Familienleben gibt.
Mit dem Wissen, das Sie in diesem Buch finden, fällt es Ihnen leicht, genau das Einschlaf-Programm auszuwählen, das für Sie und Ihr Kind richtig ist.
Ich wünsche Ihnen viel Spaß bei der Lektüre, viel Erfolg beim Ein- und Durchschlafen und ein zufriedenes Familienleben.

Herzlichst, Ihre

Petra Weidemann-Böhler

Inhalt

1

Schlaflose Nächte: Stress für Eltern und Kind

In diesem Kapitel erfahren Sie:

- Wie schlaflose Nächte Eltern und Kinder stressen können
- Wie Eltern und Kinder sich gegenseitig in die Stress-Spirale treiben
- Was schon kleine Babys stressen kann
- Wann das Ein- und Durchschlaf-Thema wirklich zum Problem werden kann
- Wie Sie mit diesem Problem umgehen können

Die Stress-Spirale

Die meisten jungen Eltern gehen erst mal davon aus, dass Babys in ihren ersten Lebensmonaten sehr viel schlafen. Und das stimmt ja auch. Im Prinzip. Allerdings gibt es viele Babys – und auch ältere Kinder – die nachts einfach nicht zur Ruhe kommen. Anstatt – wie man es eigentlich von ihnen erwarten kann – friedlich wie kleine Engelchen zu schlummern, schreien sie. Wollen sie gefüttert werden? Gewickelt? Herumgetragen? Oder alles auf einmal? Oder ganz etwas anderes? Was auch immer sie wollen: Sie bringen ihre gestressten, erschöpften, übernächtigten Eltern schier zur Verzweiflung. Statt die Krönung ihrer Liebe zu sein, wirken sie nicht selten wie ein besonders strapaziöser Härtetest: Wie viel Stress erträgt die Liebe?
Aber natürlich schreit kein Kind Stunde um Stunde, um seine Eltern zu ärgern. Ebenso wenig haben die Eltern im Sinn, dass ihre Kinder nachts nicht schlafen. Oft stecken dahinter einfach Missverständnisse. Oder was nur gut gemeint war, wird zur Gewohnheit – und damit zum Problem. Soweit das nach dem aktuellen Stand der Schlafforschung und meinen persönlichen Erfahrungen bekannt ist, gibt es stattdessen hauptsächlich zwei Ursachen dafür:

- Viele Eltern wissen zu wenig über die Zusammenhänge und Hintergründe. Sie haben nur vage Vorstellungen darüber, was sie von ihren Kindern in welchem Alter schon erwarten können. Wie viel Schlaf braucht unser Kind? Was passiert während der Nacht? Warum wird das Baby so oft wach? Wie können wir ihm – und damit auch uns – helfen? Damit wir alle nachts entspannt und ruhig schlafen, um tagsüber ausgeglichen und gut gelaunt zu sein?
- Eltern wollen möglichst perfekt sein und meinen es oft „zu gut" mit ihrem Kind. Sie reagieren sofort auf jede seiner Regungen. Und immer wieder mit etwas Neuem. Irgendwann sehen viele Eltern ganz einfach vor lauter Bäumen den Wald nicht mehr – und übersehen deswegen glatt, was ihr Kind in Wirklichkeit braucht. Aber es ist gar nicht so einfach, dessen Signale zu erkennen – und auch noch richtig zu deuten. Ein Tipp aus der Praxis: Meistens läuft das Ganze auf die alte Regel „Weniger ist mehr" hinaus.

Sind also all die schlaflosen Nächte letzten Endes nichts anderes als das Ergebnis von Missverständnissen zwischen den Generationen – wie so vieles im Leben? Nicht nur. Aber über weite Strecken. Und deshalb ist der erste Schritt zu ihrer künftigen Vermeidung: mehr Information. Wer versteht, was einem Kind den Schlaf raubt – und damit auch seinen Eltern –, der hat bereits den wichtigsten Schritt getan.

Kennen Sie das auch?

- *„Wir haben vor sechs Wochen unsere zweite Tochter bekommen. Wie auch schon unsere heute zweijährige Große findet die Kleine nur selten Ruhe und schreit jeden Tag mehrere Stunden lang untröstlich. Wachphasen sind immer auch gleich Schreiphasen. Nur nachts, wenn sie in meinem Arm schlafen darf, findet sie Ruhe und schläft durchschnittlich fünf Stunden am Stück. Die Belastung ist besonders deshalb sehr groß, weil bereits ein älteres Kind da ist."*
- *„... sie ist nur zufrieden, wenn sie im Arm gehalten wird. Manchmal hört sie auch dann noch nicht mal auf zu schreien. Ich weiß einfach nicht, was ich noch mit ihr machen soll. Ich hatte sie schon schreiend auf dem Arm und konnte nichts anderes machen als mitweinen, weil ich einfach nicht mehr weiter wusste. Bei jedem Zucken hab' ich Angst, dass sie aufwacht und das Schreien wieder losgeht."*
- *„Mike ist total liebebedürftig und ich möchte ihm so gern gerecht werden. Aber das mit dem Händchenhalten zum Einschlafen nervt mittlerweile. Durchschlafen ist auch selten."*

Wie Eltern und Kinder sich gegenseitig in die Stress-Spirale treiben

Im Laufe ihrer Entwicklung haben viele Kinder Phasen, in denen sie schwer ein- oder durchschlafen können. Das ist ganz normal und es gibt dafür viele Erklärungen. Am nächstliegenden scheint zu sein, dass das Kind Zähnchen bekommt, die ihm zu schaffen machen. Es können aber zum Beispiel auch neue, spannende Erlebnisse sein. Oder Veränderungen in ihrer Familie oder Umgebung. Ein Problem wird erst daraus, wenn solche Ausnahmephasen zur Regel werden. Fatalerweise ist das meistens ein schleichender Prozess. Und die Eltern bemerken oft erst dann, was sich da angebahnt hat, wenn sie schon mittendrin stecken in den kräftezehrenden Schlafproblemen. Denn es ist einfach stressig, wenn ein Kind nicht einschlafen kann oder nachts immer wieder schreiend aufwacht. Für die Eltern, die schon nach kurzer Zeit unter einem deutlichen Schlafdefizit leiden. Und natürlich auch für die Kinder. Denn die brauchen ihren Schlaf mindestens ebenso dringend.

Nie wieder in seinem ganzen Leben wird Ihr Kind mit so vielen völlig neuen und aufregenden Erfahrungen konfrontiert wie in den ersten drei Lebensjahren. Alles ist neu. Jede Kleinigkeit. Was für Sie als Erwachsener zum Alltag gehört, was Sie kaum noch wahrnehmen – für Ihr Kind ist es etwas noch nie Erlebtes, Erstaunliches, Besonderes. Versetzen Sie sich in seine Lage. Schauen Sie sich die Welt durch seine Augen an. Kinder nehmen ihre Umgebung nicht nur langsamer wahr. Sondern auch viel intensiver. Probieren Sie es aus. Vielleicht entdecken Sie dabei das Wunder eines Schmetterlings wieder. Oder die Poesie einer Pusteblume.

Die vielen bunten, überraschenden, verwirrenden Eindrücke, die jeder neue Tag ihm bringt, verarbeitet jedes Kind anders. Gerade die besonders neugierigen, aufgeweckten Kinder saugen alles begierig in sich auf. Sie beschäftigen sich ausführlich damit. Wie sollen sie nach so vielen spannenden Neuigkeiten abends abschalten und zur Ruhe kommen?

Schlafentzug ist nicht einfach zu verkraften

Schlafforscher sind der Frage nachgegangen, wie viel Schlaf ein Erwachsener braucht, um normal funktionsfähig zu bleiben. Experimente mit gezieltem Schlafentzug ergaben: Schon wer nur eine Stunde Schlafdefizit verkraften muss, schläft tagsüber leichter ein. Oder er macht bei Aufgaben, für die ein Zeittakt vorgegeben ist, mehr Fehler, sobald das Arbeitstempo schneller wird. Besonders schwer fallen schon bei diesem relativ geringen Schlafdefizit komplexere Tätigkeiten, die eine systematische Reihenfolge und Koordination von Signalwahrnehmungen erfordern – wie das zum Beispiel auch beim Autofahren der Fall ist – oder Denk- und Merkoperationen, die größere Konzentration voraussetzen. Zum Glück ist unser Körper in der Lage, vieles zu kompensieren.

Ein besonders lebendiges, aufgewecktes Kind ist ein Geschenk. Aber für seine Eltern, die Tag für Tag eine ganze Reihe von unterschiedlichen Aufgaben zu bewältigen haben, ist gerade so ein lebhaftes Kind auch eine besondere Herausforderung. War es schon in der Nacht zuvor unruhig und ist mehrmals aufgewacht, ist die Mutter übernächtigt und entsprechend dünnhäutig. Für die meisten Mütter ist es wichtig, eine gute Mutter zu sein. Also versuchen sie, sich nichts anmerken zu lassen und alles zu überspielen. Das ist problematisch. Und es funktioniert auch auf die Dauer nicht. Denn Kinder sind Gefühlswesen. Sie haben sehr feine Antennen für alle Gefühlsschwankungen in ihrer Familie. Und sie reagieren darauf. Mit Unsicherheit. Mit Nervosität. Vielleicht mit Angst. Oder auch mit Wut und Aggression.

Unversehens sind Sie mittendrin in der Stressspirale

Lernen Sie an einem Beispiel die Mechanismen kennen, die eine junge Familie in die Stress-Spirale führen können. Schauen wir uns eine typische Familie an, wie man sie in jeder Mutter- und Kleinkind-Gruppe treffen kann. Papa Paul, Mama Erika und der kleine Mats. Welche Gedanken, Gefühle und Rollenverhältnisse führen zu welchen Konflikten und Problemen?

Mats

Mats ist gerade ein paar Monate alt. Die Euphorie seiner Eltern über das süße Neugeborene ist einem belastenden Alltag gewichen: Er müsste doch langsam wissen, dass die Nacht zum Schlafen da ist, denkt Erika. Aber davon kann gar keine Rede sein. Sie ist frustriert. Sie gibt sich so viel Mühe mit ihrem kleinen Sohn. Sie tut alles, um ihm eine perfekte Mutter zu sein. Sie steht mehrmals in der Nacht auf. Sie stellt ihre eigenen Bedürfnisse zurück und spielt mit ihm, obwohl sie lieber schlafen würde. Und was macht Mats? Er quengelt. Was will er denn noch? Ihre Gelassenheit bröckelt.

Mats spürt den Unmut seiner Mutter und weint.

Erika fühlt sich überfordert. Was macht sie falsch? Ist ihr Sohn vielleicht krank? Bekommt er Zähnchen? Hat er Bauchweh? Warum gibt er keine Ruhe? Und warum lässt er sie nicht endlich mal eine Nacht lang schlafen? Langsam bekommt sie Wut auf das ewig „undankbare" Kind. Sobald Erika das erkennt, schämt sie sich und bekommt ein schlechtes Gewissen. Wie kann sie auf ein so kleines Kind zornig sein? Es kann doch nichts dafür. Nun will sie es erst recht besonders gut machen und denkt sich alles Mögliche aus, um Mats abzulenken und zu beruhigen.

Mats ist überreizt und weint.

Überall ringsum sieht sich Erika mit Bildern von glücklichen Kindern und strahlenden, aktiven Müttern umstellt - in der Werbung, in Filmen und in Zeitschriften. Während sie selbst vor Erschöpfung am liebsten nur noch schlafen würde und ihr Sohn alles andere als glücklich wirkt. Warum klappt das bei allen anderen, nur bei ihr nicht? Was macht sie falsch? Was soll sie denn noch alles tun?
Sie redet mit ihrer Mutter. Die kann sich nur an schöne Zeiten mit ihren Kindern erinnern, vor allem in diesem frühen Alter. Sie redet mit Freundinnen. Die erzählen freudestrahlend, wie gut ihre eigenen Kinder nachts schlafen.
Erika weiß nicht, dass ihre Mutter die Erfahrungen mit ihren eigenen schreienden Kindern lediglich erfolgreich verdrängt hat. Sie kann nicht ahnen, dass einige ihrer Freundinnen sich einfach keine Blöße geben wollen. Jede schützt nach außen hin ihre Heile-Welt-Fassade und spricht nicht gern über wirkliche Probleme. Schon gar nicht über schreiende Babys. Denn fast jede Mutter empfindet es als persönliches Versagen, wenn sie es „nicht mal" schafft, ihr eigenes Baby rasch zu beruhigen. Genauso geht es Erika: Sie hat das Gefühl, sie - und nur sie - sei eine Versagerin.

Mats ist übermüdet und weint.

Abends kommt Paul nach Hause, der Vater. Er freut sich auf sein Kind. Er will liebevoll und zärtlich mit seiner Frau sein. Aber was findet er vor? Ein überdrehtes, weinendes Baby. Und eine völlig erschöpfte Frau, blass, mit Ringen unter den Augen. Sie drückt ihm sein Kind in den Arm. In ihrer Stimme schwingen unterdrückter Zorn und Müdigkeit: „Hier, das ist auch dein Kind. Jetzt darfst du dich mal darum kümmern." Da steht er nun. Er hatte den ganzen Tag bei der Arbeit Stress. Und nun das. Natürlich will er sie entlasten. Aber Mats schreit. Und Erika ist kaum ansprechbar. Er fühlt sich hilflos und überfordert. Und reagiert gereizt.

Mats spürt die angespannte Stimmung. Und weint.

Zwischendurch, im Laufe des Tages, hat Mats ein paar Stunden Schlaf nachgeholt. Meistens dann, wenn Erika sich nicht ebenfalls hinlegen konnte. Zum Beispiel im Kinderwagen beim Spaziergang im Park. Nun ist es spätabends. Es ist Schlafenszeit. Mats ist müde – aber überdreht. Er kann nicht abschalten. Er findet einfach nicht in den Schlaf. Beide Eltern sind erschöpft und fragen sich verzweifelt, wie sie jemals aus diesem Kreislauf von Übermüdung und Frustration herauskommen sollen.
Irgendwann schläft Mats ein. Die Eltern auch – nach stundenlangem Kampf um den Schlaf ihres Kindes. Aber das wacht alle ein bis zwei Stunden mit Geschrei wieder auf – und schreckt die Eltern jedes Mal aus ihren gerade begonnenen Träumen.
Alle sind übermüdet: Die Eltern, aber auch Mats. Allen fehlt der Schlaf. Sie brauchen ihn dringend, um zu regenerieren. Um Kraft zu tanken für den nächsten Tag. Allen schlägt die Erschöpfung aufs Gemüt. Paul und Erika mobilisieren alle Kräfte, um trotzdem „zu funktionieren“. Und die Geduld nicht zu verlieren. Ihr Leben dreht sich zunehmend um dieses Kind – aber es gibt schließlich auch noch andere Lebensbereiche, in denen sie gefordert werden. Geraten sie unter diesem vielfältigen Druck doch mal – dünnhäutig wie sie sind – aus der Fassung, quälen sie sich mit Selbstvorwürfen.
Und Mats? Er ist nicht in der Lage, allein einzuschlafen. Besonders dann nicht, wenn er mitten in der Nacht aufwacht. Seine Eltern – bei aller Liebe und Zuwendung – verstehen nicht, was ihrem Kind fehlt. Erika gibt ihm zu trinken – dabei will er schlafen. Sie trägt ihn herum – dabei ist er müde und braucht Ruhe. Wie soll eine Mutter auch ahnen, dass ihr Kind Ruhe will – wo es doch selbst keine Ruhe gibt?

Maike

„Maike ist neun Monate alt. Sie schläft nur an der Brust ein. Dann lege ich sie vorsichtig in ihr Bettchen – prompt wacht sie auf und fängt an zu schreien. Ich nehme sie auf, stille sie wieder, trage sie umher. Und versuche sie wieder hinzulegen. Das wiederholt sich ständig. Nachts alle ein bis zwei Stunden. Wenn gar nichts mehr hilft, nehme ich sie mit in mein Bett – und mein Mann wandert ins Kinderzimmer aus, damit wenigstens er Schlaf bekommt. Das ist tagsüber auch

nicht anders. Sie schläft mal hier, mal da für kurze Zeit, aber ohne richtigen Rhythmus. Ich gehe völlig auf ihre Bedürfnisse ein – aber es hilft nicht. Ich bin fix und fertig. Ich habe sie auch schon angeschrien. Neulich sind mir einmal die Nerven durchgegangen. Ich war so hilflos und wütend, da habe ich ihr sogar mal einen – einen ganz kleinen! – Klaps gegeben. Jetzt mache ich mir Vorwürfe. Was soll ich nur tun? Ich mache doch schon alles, was ich kann."

Das Fatale der Spirale

Kommt Ihnen die Situation bekannt vor? Ihr Kind schreit. Die halbe Nacht. Sie sind erschöpft, müde, fertig. Und denken nur noch eines: Dieses Kind soll endlich aufhören zu schreien. Es soll ruhig sein, friedlich, süß und knuddelig. Und Sie schlafen lassen. Alles würden Sie dafür geben. Aber keine Chance: Bestenfalls gibt es mal eine kleine Verschnaufpause.

Das Fatale einer solchen Stress-Spirale, die sich scheinbar unaufhaltsam um sich selbst dreht: Man steckt selbst mitten drin. Und je tiefer man darin steckt, umso schwerer kommt man wieder heraus. Denn um einen Weg aus einer solchen Situation zu finden, braucht man Überblick – also eine gewisse Distanz. Diesen Vorteil haben professionelle Berater. Dort finden Sie kompetente Beratung und fachliche Unterstützung.

Was kann schon kleine Babys stressen?

Es gibt Eltern, die haben einfach Glück. Ihre Kinder machen in den ersten Monaten wirklich alles mit. Sogar zu Partys kann man sie mitnehmen. Dort werden sie voller Stolz herumgereicht – ohne dass sie auch nur im Geringsten dagegen protestieren. Man kann sie getrost in fremde Betten legen: Sie schlummern auch im größten Getöse friedlich wie die Engelchen.
Solche Babys habe ich auch erlebt. Ihr Geheimnis: Sie haben eine besonders ausgeprägte Gabe, sich selbst zu regulieren: Wenn sie müde sind, können sie störende Geräusche einfach aus ihrem Bewusstsein ausblenden und schlafen. Die Kinder, mit denen wir uns in diesem Buch beschäftigen, sind solche, denen das Einschlafen und/oder das Durchschlafen schwer fällt.
Aber auch deren Eltern sollen deshalb auf Partys nicht völlig verzichten. Niemand sollte sich allein auf seine Elternrolle beschränken. Wer trotz Kind seine Hobbys und Freundschaften pflegt, ist ausgeglichener und einfach besser gelaunt. Und das kommt allen in der Familie zugute – auch dem Baby.
Ihre Kinder allerdings sollten Sie dabei lieber nicht immer mitnehmen. Die meisten Kinder – besonders wenn sie Schlafprobleme haben – brauchen nämlich einen festen Rhythmus, Regelmäßigkeit und Ruhe. Als Ausgleich für die vielen Anregungen und Aufregungen, die ein ganz normaler Tag für sie bereithält. In welcher Intensität sie – auch tagsüber – Pausen einlegen und einfach mal schlafen müssen, ist allerdings sehr unterschiedlich. Kein Kind ist wie das andere. Was für das eine Stress pur bedeutet, beunruhigt das andere nicht im Geringsten.

Einige Stressfaktoren jedoch beunruhigen fast alle Kinder. Die meisten davon kennen auch viele Erwachsene, sei es aus der eigenen Kindheit oder aus dem Bekanntenkreis. Diese Stressauslöser können Sie grob in drei Gruppen einteilen:

- Stress durch Personen
- Stress durch Mangel
- Stress durch Lebensumstände

Babys Stress hat viele Quellen

Alle Babys erleben Stress – ganz gleich, wie liebevoll und einfühlsam man mit ihnen umgeht. Allerdings liegen die Stressquellen von Babys woanders als bei Erwachsenen. Zu den häufigsten zählen:

- Pränatales Trauma oder Geburtstrauma
- Krankheiten, Verletzungen
- Fehlende Bindung durch Trennung oder Tod der Eltern oder ständig wechselnde Bezugspersonen
- Jede neue Entwicklungsphase und damit verbundene Ängste und Frustrationen
- Jede Form von Stress der Eltern, der sich auf das Kind überträgt
- Kurze Trennungen von den Eltern während einer Entwicklungsphase
- Überreizung – oder auch zu wenig Anreize im Alltag
- Zu wenig Aufmerksamkeit, Wertschätzung, Einfühlungsvermögen, Annahme und Akzeptanz von Seiten der Eltern
- Aufschieben oder nicht Erkennen kindlicher Bedürfnisse
- Unrealistisch hohe Erwartungen an die Fähigkeiten des Kindes. Leistungsdruck
- Unterdrückung, Ablehnung oder Ignoranz schmerzlicher Gefühle

Viele dieser alltäglichen Stressquellen erkennen Eltern nicht oder sie nehmen sie nicht ernst. Aber jede davon kann ein Baby verstören, verängstigen, verwirren, frustrieren, wütend, misstrauisch, traurig, unsicher, unruhig und orientierungslos machen und zu großer Irritation und Anspannung führen. Dabei ist es weder möglich noch sinnvoll, jeglichen Stress von Kindern fernzuhalten. Es ist auch nicht die Aufgabe von Eltern, ihr Baby „in Watte zu packen". Wichtiger ist es, Stress gar nicht erst entstehen zu lassen oder den Babys dabei zu helfen, ihn zu verarbeiten. Die erfolgreichsten Stressbewältigungs-Strategien für Babys sind Lachen, Weinen und Wüten.

Angelika Bratke, Heilpädagogin

1) Stress durch Personen

Viele Menschen machen sich gegenseitig das Leben schwer. Und das gar nicht mal mit Absicht. Oft ahnen sie überhaupt nicht, was sie da anrichten. Besonders bei denen, die sie mehr als alle anderen lieben: bei ihren Kindern. Zum Beispiel, indem sie, ohne es zu merken, ein Verhalten kopieren, unter dem sie selbst einmal gelitten haben – etwa durch ihre eigenen Eltern.

Wie Sie diesen Stress vermeiden können

- **Liebe schenken**
  Liebe, Zuwendung, Zärtlichkeit ist etwas, das man verschenkt. Es ist das einzige Geschenk, von dem man selbst immer mehr bekommt, je mehr man davon verschenkt. Warum wird es dann bloß so oft wie eine Währung eingesetzt? Weil man den anderen – zum Beispiel das Kind – damit positiv motivieren will? Nach dem Motto: *„Du bist brav, darum hab ich dich lieb." Oder: „Du bist böse, jetzt hab ich dich gar nicht mehr lieb."* So etwas funktioniert auf Dauer nicht. Es macht höchstens unglaubwürdig. Wer hat solche Situationen nicht schon mal am eigenen Leib erlebt und den Zorn oder die Verzweiflung gespürt, die das auslöst! „Lieb" wird man dadurch jedenfalls eher nicht. Aber auf lange Sicht wird ein Mensch, der mit solchen Mechanismen aufwächst, extrem abhängig von Leistung und Erfolg – und nicht stolz und frei.
  Wenn Ihre eigene Haltung Ihrem Kind gegenüber grundsätzlich von Wohlwollen bestimmt ist, werden Sie auch mit Ihrer Liebe nicht sparen. Denn Liebe braucht jedes Kind. Viel Liebe. Und manches Kind ist nur deshalb „nicht brav", weil es Aufmerksamkeit will. Besser negative Aufmerksamkeit als zu wenig oder gar keine. Damit meine ich nicht, dass Sie Ihr Kind loben sollten, wenn es etwas Verbotenes getan hat. Aber wie oft sagen Sie ihm, dass Sie es lieben? Dass Sie glücklich sind, dass es da ist? Einfach nur so? Ohne dass es zuvor etwas besonders Tolles getan hat oder besonders „brav" gewesen ist?

- **Leistungsdruck vermeiden**
  Jedes Kind ist ein kleines Wunder. Die stolzen Eltern erwarten gespannt jeden neuen Entwicklungsschritt, beobachten ihn voller Faszination und sind stolz wie die Könige. Das eigene Kind konnte eher krabbeln als das der

Nachbarn? Klasse! Oder sprechen. Oder was auch immer. Natürlich freuen wir uns darüber. Aber drängen Sie nicht darauf. Ist es schneller als andere, ist das okay. Ist es langsamer, ist das genauso gut. Letzten Endes lernen alle, was sie lernen müssen.
Dazu gibt es ein afrikanisches Sprichwort: *„Das Gras wächst nicht schneller, wenn man daran zieht."* Zu Deutsch: Jedes Kind hat sein eigenes Tempo und braucht seine eigene, ihm gemäße Zeit.

- **Ihr Kind achten und respektieren**
  Eine strenge Erziehung über Strafen macht Angst. Dazu gehören alle Arten von übertriebenen Strafen: Körperliche Züchtigung, wie der Klaps auf den Po oder auf die Finger. Drohen, zum Beispiel Beschimpfen oder der Entzug von Liebe (*„Jetzt hab ich dich nicht mehr lieb!"*). Wer versucht, sein Kind in erster Linie mit Strenge und Strafen zu erziehen, zerstört die vertrauensvolle Beziehung zu seinem Kind.
  Eltern, die die Gefühle ihres Kindes achten und respektieren, machen ihm Mut. Sie nehmen es als Persönlichkeit ernst, wenn sie ihm gegenüber ehrlich und berechenbar sind. Damit helfen sie ihm, ein starkes Selbstwertgefühl zu entwickeln und später gut durchs Leben zu kommen. Fragen Sie sich einfach: Wie will ich, dass mit mir umgegangen wird? Das sollte auch der Maßstab dafür sein, wie wir mit unseren Kindern umgehen.
  Am besten ist es, wenn gegenseitige Wertschätzung und Akzeptanz die Basis in Ihrer Familie sind – auch gegenüber Ihren Kindern. Mit Lob und Anerkennung erreichen Sie viel mehr als mit Drohungen und Strafen. Das schließt nicht aus, dass Sie klare Grenzen setzen.

2) Stress durch Mangel

Kinder brauchen Nähe, Wärme, Zärtlichkeit. Sie wollen gestreichelt, in den Arm genommen, geliebt werden. Bedingungslos. Körperkontakt ist immens wichtig für die Entwicklung eines jeden Menschen, die körperliche wie die seelische. Die Haut ist unser größtes Organ, und sie sehnt sich nach Liebe und Streicheln. Wer zu wenig Liebe spürt, reagiert frustriert und gestresst.
Das kann allerdings auch bei einem Übermaß an Zuwendung passieren. Kinder signalisieren ihre individuellen Grenzen bei Nähe und Distanz. Wann sie schmusen oder wann sie in Ruhe gelassen werden wollen.

Wie Sie diesen Stress vermeiden können

Grundsätzlich ist es wichtig, dass Sie die Signale Ihres Kindes wahr- und ernst nehmen. Und dass sie den kleinen Menschen an ihrer Seite respektieren und in seiner ganz individuellen Eigenart achten.

- **Das Geschenk „Aufmerksamkeit"**

  Nur wer sich Zeit für sein Kind nimmt, kann ihm seine Liebe zeigen. Dabei kommt es nicht in erster Linie auf die Menge der Zeit an, sondern auf die Intensität, in der man sich dem Kind zuwendet. Wichtig ist, seinem Kind tagsüber ausreichend viel bewusste, ungeteilte Aufmerksamkeit und Zärtlichkeit zu schenken.

  Aufmerksamkeit erfordert, sich Zeit zu nehmen für die Bedürfnisse, Erlebnisse, Wünsche und Probleme des anderen. Und diese Zeit ist heutzutage offenbar das größte Geschenk, das wir einander machen können. Keiner hat mehr Zeit. Beziehungen zwischen Menschen leiden darunter. Nicht nur die Liebe der Eltern zu ihren Kindern und die Liebe der Kinder zu ihren Eltern. Auch Erwachsene untereinander schenken sich zu wenig Zeit. Liebes- oder Ehepaare. Freunde. Ältere Menschen. Zu wenig Aufmerksamkeit, sprich: zu wenig Zeit für einander kann krank machen.

- **Selbständigkeit fördern**

  Jedes Kind will Dinge allein machen. Die meisten reagieren mit Empörung, wenn man sie dabei einschränkt. Manchmal muss das sein, zum Beispiel, um sie vor Unfällen zu bewahren. Es muss darüber hinaus auch Regeln und Grenzen geben, die ein Zusammenleben überhaupt ermöglichen. Wenn es allerdings seinen Entdeckungs- und Bewegungsdrang ausleben kann, blüht fast jedes Kind auf. Und ist zutiefst frustriert und gestresst, sobald es daran gehindert wird. Es ist stolz auf alles, was es schon allein kann – auch wenn es darin in den Augen der Erwachsenen noch längst nicht perfekt ist. Wenn es allein aufstehen kann zum Beispiel. Oder an den Möbeln entlang laufen. Oder ganz allein mit einem Löffel essen – selbst wenn hinterher alles ringsum mit Brei verschmiert ist.

- **Information und Zuverlässigkeit bieten**

  Wenn Sie etwas verändern wollen, das Ihr Kind betrifft – erklären Sie ihm das. Auch wenn Sie glauben, dass es nicht alles versteht. Verändern Sie nicht einfach etwas in seinem Zimmer, seinem Tagesablauf, geplanten Unternehmungen, ohne Ihrem Kind vorher davon zu erzählen. Stellen Sie es nicht einfach vor vollendete Tatsachen. Bleiben Sie für Ihr Kind in Ihren Handlungen berechenbar und nachvollziehbar. Das ist eine wichtige Vertrauensbasis in Beziehungen von Menschen im Allgemeinen – warum sollte es ausgerechnet für die eigenen Kinder nicht ebenso gelten?

Ist Ihnen übrigens schon mal aufgefallen, wie gut das Gedächtnis kleiner Kinder ist? Wenn Sie in der allabendlichen Gutenachtgeschichte auch nur ein Wort anders setzen als sonst – Ihr Kind wird es vermutlich merken. Dieses gute Gedächtnis bezieht sich auf fast alle Bereiche, denn in seinen ersten Lebensjahren muss ein Kind viel lernen.

Wenn Sie ihm etwas versprechen (zum Beispiel: *„Morgen bekommst du ein Eis“*), und dieses Versprechen ist Ihrem Kind wichtig, dann wird es das ebenfalls nicht vergessen. Und Sie sollten auch daran denken. Denn selbst, wenn es nie etwas sagt – Ihr Kind wird sich daran erinnern, dass Sie etwas versprochen und dann doch nicht getan haben.

Und wie wollen Sie ihm beibringen, sich an Absprachen zu halten, wenn Sie es selbst nicht tun? Wenn Sie also beispielsweise Ihrem Kind sagen: *„Ich hole dich heute nach dem Mittagsschlaf aus dem Kindergarten ab“*, dann müssen Sie auch um diese Zeit da sein. Kinder haben zwar in diesem Alter noch kein Zeitgefühl. Aber sie orientieren sich an bestimmten Punkten, die im Tagesablauf immer wiederkehren. Und was „nach dem Mittagsschlaf“ bedeutet, versteht jedes Kind. Wenn es wiederholt die Erfahrung macht, dass Absprachen für die Großen nicht wichtig sind, wird es schwer, ihm klarzumachen, warum es selbst sich dann daran halten soll. Sie sind in allem ständig das Vorbild, an dem sich Ihr Kind orientiert.

Außerdem sind Kinder neu-gierig. Gierig auf alles Neue. Sie „fragen einem Löcher in den Bauch“. Und sie verdienen Antworten. Ernsthafte Antworten, die sie verstehen können. Kurz sollten sie sein. Und so formuliert, dass das Kind es auch auf seinem aktuellen Entwicklungsstand gut verstehen und einordnen kann. Dabei hilft es, wenn Sie sich auf Augenhöhe mit Ihrem Kind begeben. Im übertragenen Sinne, indem Sie versuchen, sich in sein Denken zu versetzen. Und im direkten Sinn: Gehen Sie ruhig in die Hocke und schauen Sie ihm in die Augen, wenn Sie ihm etwas erklären.

Aber kein Kind will Sätze hören wie: *„Dafür bist du noch zu klein.“* Oder: *„Das verstehst du sowieso nicht.“* Wer will so etwas überhaupt hören? Sie vielleicht?

3) Stress durch Lebensumstände

Jedes Kind braucht Anregungen, um sich gesund zu entwickeln. Allerdings nicht mehr, als es auch verarbeiten kann. Besonders wenn die Eindrücke von außen auch mal unangenehm sind. Ein Kind braucht Zeit, um eines nach dem anderen in Ruhe zu verarbeiten. Die Menge der neuen Eindrücke im Leben eines kleinen Kindes ist ohnehin viel größer, als wir Erwachsenen uns klarmachen. Wird es allzu viel, ist das Kind überreizt und kann sich nicht mehr dagegen abgrenzen. Es kann nicht abschalten, wird nervös und hektisch. Wie soll es da noch zur Ruhe kommen?

Wie Sie diesen Stress vermeiden können

- **Gelassen bleiben**
  Wenn die Eltern gestresst sind – sei es durch Trauer oder andere starke Gefühle, durch ihre Arbeit oder durch Krankheit oder sei es auch „nur" durch Übermüdung und Erschöpfung – dann überträgt sich dieser Stress auf die Kinder. Denn die haben ein feines Gespür und nehmen die angespannte Stimmung ihrer Eltern sehr genau wahr. Das ist der eine Aspekt. Der andere: Gestresste Eltern verlieren ihre Gelassenheit und ihren Humor. Sie reagieren gereizter, manchmal auch unreflektierter, gedankenloser oder ungerecht und verlieren schneller die Geduld. Wenn sie ihrem Kind nicht erklären, warum das so ist, kommt es leicht auf den Gedanken, die Schuld dafür läge bei ihm.

- **Streit vermeiden**
  Eltern, die sich oft streiten, sind für jedes Kind ein Stressfaktor erster Güte. Streit zwischen Eltern macht Angst. Und jede Veränderung im Familiensystem – auch wenn sie beispielsweise Großeltern betrifft, zu denen das Kind eine enge Bindung hat – kann die kindliche Welt empfindlich durcheinanderbringen. Das kann schon ein Streit mit den eigenen Geschwistern oder den Freunden auf dem Spielplatz sein. Oder eine Enttäuschung und andere unerwartete Ereignisse, die den gewohnten Alltag unterbrechen.

- **Nicht überreizen**
  Peng, peng! Viele Kinder sehen viel zu früh fern. Papa sieht einen Film – und das Kind setzt sich unbemerkt oder auch ganz selbstverständlich dazu. Die

schnellen bunten Bilder, die oft damit verbundene Hektik können ein Kind bis in seine Träume verfolgen. Schon ein Zeichentrickfilm kann auch noch im Kindergartenalter einem sensiblen Kind den Schlaf rauben.
Überlegen Sie deshalb sehr genau, welche Filme Sie Ihrem Kind zumuten. Und wie bald es danach schlafen gehen sollte. Es gibt sehr hübsche Sendungen, die extra für die Kleinsten gemacht sind. Zum Beispiel das Sandmännchen. Erinnern Sie sich mal zurück, mit wie viel Jahren Sie selbst fernsehen durften. Vielleicht ist es besser, wenn kleine Kinder ganz auf Filme verzichten. Sie lieben Bilderbücher, die man mit ihnen gemeinsam anschaut und zu denen man wunderbar eigene Geschichten erfinden kann. Oder die Gutenachtgeschichte, die Mama oder Papa vorlesen oder erzählen. Dabei macht es überhaupt nichts, wenn Sie Abend für Abend die immer gleichen Geschichten wiederholen. Im Gegenteil. Kinder lieben Wiederholungen und registrieren meistens sehr genau, wenn auch nur ein Wort vom gewohnten Text abweicht.

Hunger nach Liebe und Anregung

Wer nichts zu essen bekommt, der verhungert. Ohne Trinken verdurstet man. Aber auch wer zu wenig Zuwendung, Zärtlichkeit, Körperkontakt bekommt, verhungert oder verdurstet – im übertragenen Sinne. Salimbene von Parma, der Biograf des letzten großen Stauferkaisers Friedrich II. (1194–1250), berichtet über ein Experiment des naturwissenschaftlich sehr interessierten und für seine Zeit hochgebildeten Herrschers:
Friedrich wollte herausfinden, welche Sprache Kinder entwickeln, wenn sie heranwachsen, ohne dass jemand mit ihnen spricht. Also gebot er den Pflegerinnen und Ammen, einer Gruppe neugeborener Waisenkinder die Brust zu geben, sie zu baden und zu waschen – ihnen aber keine weitere Zuwendung zu geben. Vor allem sollten sie nicht mit ihnen oder in ihrer Gegenwart sprechen. Er wollte erforschen, ob sie dann später Hebräisch, Griechisch, Latein oder die Sprache ihrer leiblichen Eltern sprechen würden. Aber seine Bemühungen waren vergeblich. Alle Kinder starben. *„Denn sie vermochten nicht zu leben ohne das Händepatschen und das fröhliche Gesichterschneiden und die Koseworte ihrer Ammen“*, so der Chronist.

Wann wird das Thema „Schlafen“ zum Problem?

Eins ist sicher: Jedes Kind schläft. Irgendwann, irgendwo, eine gewisse Zeit lang. Den Schlaf, den es nachts nicht bekommt, holt es sich am Tag. Zum Problem wird das für die Familie erst dann, wenn Sie, die Eltern, es als problematisch empfinden. Zum Beispiel, weil Sie selbst unter akutem Schlafmangel leiden oder weil Ihr Kind offensichtlich ständig übermüdet ist und schreit. Oder wenn Ihre Erwartungen nicht erfüllt werden. Dann kann der bisher als selbstverständlich empfundene Nachtdienst plötzlich als zermürbend erlebt werden.

In manchen Familien legt sich die Mutter einfach immer dann zum Schlafen, wenn ihr Kind schläft. Egal zu welcher Tages- oder Nachtzeit. So bekommt sie genügend Schlaf und wahrt ihre Gelassenheit. Sie richtet ihren Schlafrhythmus eben eine Zeitlang nach dem ihres Kindes. Das kann – und will – allerdings nicht jede. Vor allem nicht, wenn es in der Familie noch weitere Kinder, aber keine weiteren Betreuungspersonen gibt. Oder wenn die Mutter wieder in ihrem Beruf arbeiten will oder muss – egal ob in Voll- oder in Teilzeit.

Andere nehmen ihr Kind während der ersten Lebensjahre einfach mit ins eigene Bett. Oder sie planen von Anfang an ein großes Familienbett, in dem alle zusammen schlafen. Wenn dann nachts ein Kind wach wird, ist die Mama – oder Mama und Papa – immer ganz nah und das Kind schläft beruhigt wieder ein. Wenn es noch sehr klein ist, wird es im Halbschlaf gestillt, ohne dass jemand dadurch gestört wird. Das ist eine wunderbare Lösung – wenn alle damit einverstanden sind. Bei einigen Familien funktioniert das wunderbar, und wenn das bei Ihnen so ist, sollten Sie auch dabei bleiben, solange Sie es wollen. Aber das ist eben nicht jedermanns Sache.

Wenn die nächtlichen Wachphasen eines Kindes seinen Eltern nachhaltig den Schlaf rauben, kann das zum ernsthaften Problem werden. Wenn es bei Ihnen so ist, sollten Sie dieses Problem nicht lange vor sich herschieben, sondern es möglichst rasch in den Griff bekommen. Es bringt niemandem in der Familie einen Vorteil, wenn es der Mutter schlecht geht oder sie sogar krank wird.

Was ist ein Schlafproblem?

Subjektiv gesehen besteht ein Schlafproblem dann, wenn das Schlafverhalten des Kindes für die Eltern eine Belastung oder Anlass zur Sorge darstellt. Im Allgemeinen kann man bei Babys und Kleinkindern von Schlafproblemen sprechen, wenn dauerhaft eines oder mehrere der folgenden Anzeichen auftreten:

- Ihr Kind wacht häufig auf, obwohl es weder Hunger noch Durst verspürt.
- Die Schlafphasen währen sehr kurz (nicht länger als eine Stunde).
- Ihr Kind schläft nur ein, wenn es geschaukelt, gefüttert oder liebkost wird.
- Ihr Kind schläft erst spät am Abend ein und wacht sehr früh am Morgen auf.

Solche Schlafprobleme treten schätzungsweise bei 15–30 % aller Familien auf und bedeuten nicht, dass Sie „schlechte" Eltern sind.
Da die Schlaf-Wach-Regulation auch von reifungsbedingten Faktoren abhängt, Einschlafschwierigkeiten und nächtliches Aufwachen in den ersten Lebenswochen und -monaten also vollkommen normal sind, wird erst ab dem Alter von sechs Monaten von Schlafstörungen gesprochen.

Warum schlafen manche Kinder schlecht?

Es gibt zahlreiche Gründe, warum Kinder am Tag und auch in der Nacht schwer einschlafen oder aufwachen, bevor sie ausreichend Schlaf bekommen haben. Das sind die häufigsten:

- Wenn ein kleines Kind übermüdet ist, hat es oft Mühe, ein- und durchzuschlafen.
- Bei einem nicht geregelten Tagesablauf fehlen dem Kind Anhaltspunkte dafür, wann es Zeit zum Schlafen ist.
- Häusliche Veränderungen, wie der Umzug von der Wiege ins Kinderbett, in ein anderes Zimmer oder Haus, eine Urlaubsreise oder ein neues Geschwisterchen, können zu Schlafschwierigkeiten beitragen.
- Die Eltern erkennen nicht die Zeichen, die andeuten, dass ihr Kind müde ist. Ein kleines Kind mag hellwach erscheinen, tatsächlich jedoch überdreht, übermüdet und längst bettreif sein.
- Hat sich ein Kind an gewisse Verhaltensmuster und Gegenstände als Einschlafhilfe gewöhnt, kann es ihm schwer fallen, ohne sie auszukommen.

Wie gehen Sie mit diesem Problem um?

Vermitteln Sie klare Schlaf-Botschaften

Eine klare Botschaft ist zum Beispiel: *„Jetzt ist Feierabend. Jetzt schläfst du"*. Oft vermitteln Eltern aber unklare Schlafbotschaften: Sie sagen dieses, tun aber jenes. Das kann kleine Kinder sehr irritieren. Denn sie lernen durch die Wiederholung und Beständigkeit erhaltener Informationen. Sagen die Eltern ihrem Kind zum Beispiel, es müsse jetzt schlafen, tun jedoch nichts dafür, sondern lassen zu, dass Zwischenfälle das Zubettgehen hinauszögern, dann empfängt das Kind eine verworrene Botschaft – und die legt es schließlich auf die eine oder andere Weise aus – zum Beispiel so:

- Es ist nicht wirklich Schlafenszeit.
- Mami und Papi haben der Aussage, es sei Schlafenszeit, keine Taten folgen lassen. Also darf ich entscheiden, wann ich ins Bett gehe.

Psychischer Halt durch Eltern

Für ein Kind jeden Alters ist es wichtig, dass das, was ihm seine Eltern verbal mitteilen, auch emotional stimmt. Verbote, die einfach so dahingesagt werden, nützen daher überhaupt nichts. Sie werden vom Kind nicht ernstgenommen, weil es nicht spürt, was Sie meinen. Je kleiner ein Kind ist, desto weniger nimmt es die Umwelt mit seinem Verstand wahr, sondern mit dem Gefühl. Kindern macht es Angst, wenn sie ihre Eltern emotional in ihren Grenzen nicht spüren. Das ist deshalb so, weil sie sich dann selbst immer weniger spüren können und so immer deutlicher nach einer Grenze „schreien".

Klären Sie die aktuelle Schlaf-Situation in Ihrer Familie

Haben Sie sich schon ausführlich darüber unterhalten, wie Sie als Familie eigentlich zusammenleben wollen? Wer soll sich wann um die Kinder/das Kind kümmern? Wer hat welche Aufgaben im Haushalt? Wer schläft wo und bei wem? Soll das so bleiben – oder wollen Sie es lieber ändern?

Lassen Sie sich helfen

„Ich leite eine PEKiP-Gruppe. In diesen Gruppen treffen sich Mütter und ihre Babys. Hier lernen die Babys schon in den ersten 18 Monaten den Umgang und die Kommunikation mit Gleichaltrigen. Und die Mütter haben Gelegenheit, ihre Erfahrungen auszutauschen. In fast jeder PEKiP-Gruppe gibt es ein bis zwei Kinder mit Durchschlafproblemen samt ihren übernächtigten Müttern. Meist sind diese Babys diejenigen, die das Zusammensein mit Gleichaltrigen besonders genießen. Sie sind neugierig, aufgeweckt und sehr interessiert an den Geschehnissen ihrer Umwelt.

Die Mütter klagen über Durchschlafprobleme ihrer Kinder und berichten, dass sie oft stündlich von ihren weinenden Babys geweckt werden und sie nur durch Stillen bzw. Füttern und Herumtragen wieder zum Schlafen bringen können. Ich versuche dann, den Eltern das Schlafverhalten von Säuglingen und Kleinkindern zu erklären, zum Beispiel, dass häufiges kurzes Aufwachen normal ist. Und wie wichtig es ist, den Kindern ein selbständiges Einschlafen zu ermöglichen und sie darin zu unterstützen.

Wird das Problem in der Gruppe immer wieder thematisiert und zeigt sich keine Besserung im Schlafverhalten, dann empfehle ich, eine kompetente Schlafberatung in Anspruch zu nehmen. Eltern sollten zu diesem Zeitpunkt noch über genügend Kraftreserven verfügen, um Verhaltensänderungen durchführen zu können. Ich erlebe in den Gruppen aber immer wieder einen sehr zurückhaltenden Umgang mit diesem Angebot. Schläft das Kind mal eine Nacht einfach durch, wird die Telefonnummer der Beraterin zur Seite gelegt und gewartet, bis der Leidensdruck sich wieder neu aufgebaut hat.“

Marika Marliani, PEKiP-Gruppenleiterin

Wie stellen Sie und Ihr Lebenspartner sich die optimale Schlafsituation vor? Wollen Sie, dass die Wiege oder das Kinderbett im Elternschlafzimmer steht? Warum ist das wichtig? Soll Ihr Kind in seinem eigenen Zimmer schlafen? Was spricht dafür, was dagegen? Wünschen Sie sich ein gemeinsames Familienbett? Gibt es weitere Alternativen?

Jede dieser Möglichkeiten hat ihre Vor- und Nachteile, keine ist „falsch“ oder „richtig“. Das Einzige, was in diesem Zusammenhang wirklich zählt: Sie haben sich gemeinsam dafür entschieden. Und Sie stehen dazu. Reden Sie offen miteinander darüber. Nehmen Sie sich ausreichend Zeit für Ihre Entscheidung. Und wenn Sie sich entschieden haben, dann bleiben Sie dabei.

Elternaufgabe

Bitte entscheiden Sie sich:

Entweder ...
Ich bin grundsätzlich mit der Schlafsituation in meiner Familie zufrieden und lese dieses Buch nur, um mich selbst in meiner Position zu stärken.

oder ...
Ich will was verändern. Ich lasse mich auf etwas Neues ein. Ich bin bereit, dafür auch etwas auszuhalten. Auch wenn die Übergangssituation mir nicht hundertprozentig behagt, wenn sie Ängste bei mir auslöst und mich Zweifel begleiten. Ich entscheide mich trotzdem dafür und ziehe es durch. Die Unsicherheit werde ich aushalten.

oder ...
„Dusch mich, aber mach mich nicht nass.“ Ich würde schon gern etwas verändern, aber auf eine Auseinandersetzung oder gar darauf, auch mein eigenes Verhalten zu ändern, will ich mich nicht einlassen. Warum sollte ich etwas ändern? Mein Kind muss sich ändern, das genügt.

Fangen Sie nichts an, was Sie nicht wirklich wollen

Trauen Sie das, wofür Sie sich entschieden haben, Ihrem Kind zu? Und vor allem: Trauen Sie es sich selbst zu? Beginnen Sie nichts, was Sie nicht wirklich wollen. Ändern Sie nur etwas, das Sie wirklich ändern wollen. Nachdem Sie es ausführlich besprochen und sich alle Pros und Kontras überlegt haben. Tun Sie nichts, was Sie „eigentlich" nicht wollen. Ihr Kind spürt das sofort.
Ein Kind reagiert weniger auf das, was Sie sagen. Es nimmt viel eher wahr, was Sie ihm mehr oder weniger unbewusst vermitteln. Über Ihre Gesten, die Festigkeit Ihrer Stimme, Ihre Körpersprache. Ihr Kind spürt Ihre Unsicherheit, wenn Sie etwas ohne innere Überzeugung tun. Und es reagiert mit Unsicherheit. Umgekehrt registriert es auch sehr deutlich, wenn Sie sich Ihrer Sache sicher sind. Es spürt Ihre innere Haltung. Nur Ihre eigene Klarheit, die Sicherheit, die Gelassenheit, die Sie ausstrahlen, vermitteln Ihrem Kind Orientierung und Vertrauen.

Jeder muss seinen eigenen Weg finden

Viele Eltern sind verzweifelt und erschöpft, weil ihre Kinder abends nicht einschlafen und sie nachts immer wieder wecken. Es gibt unterschiedliche Strategien, wie Sie das ändern können. Dabei ist es hilfreich, einige Hintergründe und Zusammenhänge zu kennen, die Sie in diesem Buch kennenlernen.
Aber über eins sollten Sie sich im Klaren sein: Es gibt keine für alle und jeden passende Patentlösung. Warum? Weil jedes Kind einmalig und wunderbar ist. Weil jedes anders „tickt". Weil die Situation in jeder Familie anders ist. Wir leben eben nicht in einer genormten Welt mit perfekten Menschen. Mit Kindern „von der Stange", die sich in ein Raster stecken lassen und programmgemäß reagieren.
Für sich selbst, für Ihr Kind, für Ihre Familie müssen Sie letzten Endes den Weg allein finden. Aber Sie werden ihn finden. Denn Sie als Eltern sind die wichtigsten Experten für Ihr Kind und Ihre Familie. Sie haben die „intuitive Eltern-Kompetenz". Das heißt: Folgen Sie Ihrem Gefühl und hören Sie „auf Ihren Bauch". Denn unbewusst wissen Sie schon jetzt viel mehr, als Sie vielleicht denken.
Was Sie sonst noch brauchen? In erster Linie ganz viel Liebe zu Ihrem Kind. Und die Geduld, seine wirklichen Bedürfnisse zu erkennen und sich auf sie einzulassen. Die sind nämlich vielleicht in einigen Punkten ein wenig anders, als Sie bisher dachten.

Nicki

„Ich sehe mich neben Nickis Bett stehen, als sie etwas über ein Jahr war. Damals nahmen die Situationen spürbar zu, in denen ich sie einmal, zweimal, dreimal aus dem Bett nehmen musste, noch mal singen, noch mal schaukeln, wieder hinlegen, wieder aufnehmen.
In diesem Augenblick war es mir wirklich zu hundert Prozent ernst und ich sagte mit sehr fester Stimme zu ihr: ‚So, meine Grenze ist erreicht, ich kann jetzt nicht mehr. Du musst jetzt einschlafen – oder schreien. Ich will jetzt nicht mehr aufstehen. Ich bin auch müde. Das ewige Aufstehen hat keinen Sinn. Schlaf jetzt.' In diesem Augenblick habe ich meine Worte gefühlt wie nie vorher und habe selbst gespürt, dass ich es bis dahin eben nie so richtig ernst gemeint hatte und immer ein bisschen ein schlechtes Gewissen dabei gehabt hatte. Und was ist passiert? Nicki hat zwar noch ein bisschen gemeckert, aber vielleicht eher aus Erstaunen, dass ich so mit ihr spreche. Und innerhalb kürzester Zeit schlief sie ein und hat danach auch nie wieder solche Probleme gemacht. Deshalb nehme ich an, dass ...

... es einen richtigen Zeitpunkt gibt für eine solche Aktion, den man vielleicht durch viel Umstand und Mühe erreichen muss
... man wirklich hinter dem stehen muss, was man sagt
... man das dann glaubhaft umsetzen und sich daran halten muss
... man die Unsicherheit aushalten muss, ob das, was man tut, richtig ist. Und das ist besonders schwer.

Wenn ich sagen soll, was ich heute auf keinen Fall mehr machen würde: Um Gottes Willen nie mehr tausend Dinge ausprobieren und die ganzen gut gemeinten Ratschläge von anderen Leuten annehmen! Im Gegenteil: Bei einer Methode bleiben und nicht das Baby zum Versuchskaninchen werden lassen! Auch wenn die guten Freunde und Verwandten mit Sicherheit nur helfen wollen. Niemand, der nicht selbst in dieser Situation ist, kann nachempfinden, wie man sich als Eltern dabei fühlt, dass es einen einfach verrückt macht."

Sonst hat es keinen Sinn.

Sollte es nicht klappen: Lassen Sie sich helfen

Es gibt Familien, die auch beim besten Willen, auch mit noch so viel Geduld und Mühe die Ein- und Durchschlaf-Probleme ihres Kindes nicht allein lösen können. Weil ihre Situation so speziell ist – aus welchen Gründen auch immer. Weil sie die Erklärungen, die sie ganz persönlich brauchen, in diesem Buch nicht finden. Und auch in keinem anderen Buch.
Wenn das bei Ihnen so ist, dann werfen Sie nicht die Flinte ins Korn. Gehen Sie zu einer professionellen Schlafberatung. Die gibt es inzwischen überall. Zögern Sie nicht. Warten Sie nicht, bis Sie wirklich „auf dem Zahnfleisch gehen". Nehmen Sie die Hilfe an, die diese erfahrenen, ausgebildeten Spezialisten und Expertinnen Ihnen bieten. Lieber heute als morgen. Denn es geht um Ihre Lebensqualität. Um Ihren gesunden Schlaf – und den Ihres Kindes.

Vorbeugen ist besser als Heilen

Wer monate- oder gar jahrelang zu wenig Schlaf bekommt, für den wächst erheblich das Risiko, ernsthaft krank zu werden. Die häufigsten Folgen von andauerndem Schlafmangel sind psychische Probleme. Klinische Untersuchungen haben nachgewiesen, dass Menschen mit zu wenig Schlaf viermal häufiger depressiv werden als ausgeschlafene. Niedergeschlagenheit, Reizbarkeit, Unruhe und Erschöpfung sind die Symptome. Aber auch für erhöhten Blutdruck, hormonelle Störungen oder ein geschwächtes Immunsystem sind diese Menschen anfälliger.

Ruhige, erholsame Nächte sind also nicht nur für das Kind wichtig, sondern auch für die Eltern. Denn: Gesunde Eltern, gesunde Kinder – das geht nicht ohne gesunden Schlaf.

Kapitel I: Das Wichtigste in Kürze

- Im Laufe ihrer Entwicklung haben viele Kinder Phasen, in denen sie schwer ein- und durchschlafen können. Das ist ganz normal.
- Ein Problem wird erst daraus, wenn solche Ausnahme-Phasen zur Regel werden.
- Manche Kinder geraten leichter in Stress, andere nicht. Es gibt aber Stressfaktoren, die fast alle Kinder gleichermaßen beunruhigen: Stress durch Personen, durch Mangel und durch Lebensumstände.
- In diesem Kapitel lesen Sie, was Sie gegen diese Stressfaktoren tun können.
- Wenn die nächtlichen Wachphasen eines Kindes seinen Eltern nachhaltig den Schlaf rauben, kann das zum ernsthaften Problem werden.
- Um dieses Problem zu lösen, klären Sie zunächst die aktuelle Schlaf-Situation in Ihrer Familie.
- Gehen Sie dann den Weg, der Ihnen und Ihrer Familie am besten entspricht. Folgen Sie dabei Ihrer Intuition.

2

Schlafen ist so wichtig wie Essen und Trinken

In diesem Kapitel erfahren Sie:

- Wie wichtig Schlaf für die körperliche und psychische Gesundheit ist
- Welche unterschiedlichen Schläfer-Typen es gibt
- Welche Faktoren den Schlaf-Wach-Rhythmus beeinflussen
- Wie Sie die verschiedenen Schlaf- und Wachzustände Ihres Kindes erkennen und dadurch besser auf Ihr Kind eingehen können
- Woran Sie merken, dass Ihr Kind müde ist

Schlaf ist das Gegenteil von Stress

Was fällt Ihnen als erstes ein, wenn Sie an Schlaf denken? Pause, Auszeit. Ruhe, Gesundheit, Erholung. Das Gegenteil von Stress. Wir schlafen, damit unser Körper sich nach einem aktiven Tag ausruht und neue Kräfte sammelt. Wir sind fit und leistungsfähig, nachdem wir gut geschlafen haben. Und „gut" heißt: tief, fest und ungestört.
Seit vielen Jahren wird das Schlafen wissenschaftlich erforscht. Die Forscher wollen herausfinden, was genau im Schlaf mit uns passiert. Sie waren dabei schon recht erfolgreich. Aber bis heute wissen sie noch nicht genau, warum wir zum Schlafen unser Bewusstsein ausschalten. Wenn es darum geht, unseren Körper auszuruhen – warum genügt es dann nicht, Körpertemperatur, Puls, Atmung und Herzfrequenz herunterzufahren und die Augen zu schließen, um zur Ruhe zu kommen? Warum sinken wir in eine regelrechte körperliche und geistige Lähmung? Warum nehmen wir in diesem Zustand gar nicht mehr wahr, was um uns herum geschieht? Trägt das absolute Ruhen der Sinnesorgane zur allgemeinen Entspannung im Schlaf bei? Oder gibt es dafür noch einen tiefer gehenden Grund?

Organe auf Sparflamme ...

Sicher ist: Die lebenserhaltenden Körperfunktionen laufen im Tiefschlaf in einer Art „Sparmodus". Schlafforscher vermuten, dass die Organe auf diese Weise geschont werden sollen. Die Nebennierenrinde reduziert die Produktion des Stresshormons Cortisol. Stattdessen schüttet die Hirnanhangdrüse speziell in der ersten Tiefschlafphase besonders große Mengen des Wachstumshormons aus. Es sorgt zusammen mit anderen Hormonen dafür, dass unsere Kinder wachsen und gedeihen. Es repariert beschädigte Zellen und lässt neue entstehen. Gleichzeitig regt es den Stoffwechsel an.

... Gehirn in Aktion

Während die Organe also auf „Sparflamme" arbeiten, ist unser Gehirn besonders im Schlaf über weite Strecken hochaktiv. Muss es dazu vielleicht erst mal alle Außenreize ausschalten? Denn im Schlaf durchlebt das Gehirn noch einmal alle Erlebnisse, die Erfahrungen, das Gelernte des Tages. Es baut das

Gedächtnis auf und aus. Dazu bildet es neue Hirnzellen, verknüpft sie miteinander, speichert wichtige Informationen im Langzeitgedächtnis und sortiert unwichtige aus.
Schlafforscher vermuten, dass dabei die beiden wichtigsten Schlafphasen, der Tiefschlaf und der Traumschlaf, unterschiedliche Rollen haben. Bei Säuglingen besteht noch rund die Hälfte ihrer Schlafenszeit aus Traumschlaf. Dieser Anteil geht mit zunehmendem Alter immer mehr zurück. Bei Erwachsenen macht der Traum- oder REM-Schlaf nur noch rund 20 Prozent aus.

Wer nicht schläft, wird krank

Auch unser Immunsystem ist im Tiefschlaf besonders aktiv. Diese Erfahrung haben Sie vermutlich auch schon gemacht: Bei leichten Infekten ist ein langer, erholsamer Schlaf oft schon die halbe Genesung. Daher kommt der gute Rat, den wir schon von unserer Mutter und Großmutter kennen: *„Jetzt schlaf dich erst mal gesund.“* Und auch wer mit einer schlimmeren Krankheit kämpft, erholt sich besser, wenn er seinem Körper und seinem Geist viel Ruhe gönnt, wenn er also viel schläft.
Aber auch der Umkehrschluss stimmt: Wer zu wenig schläft, wird krank. Wer nicht regelmäßig im Schlaf seine Immunabwehr wieder aufbaut, bei dem baut sie sich Schritt für Schritt ab. Damit wird der Mensch anfällig. Bluthochdruck, hormonelle Störungen, ein geschwächtes Immunsystem und damit häufigere Infektionen sind die häufigsten Folgen. Wer zu wenig schläft, altert auch rascher. Denn im Schlaf werden Körperzellen, die durch Umweltgifte und freie Radikale angegriffen sind, repariert. Deshalb sieht man es einem Erwachsenen am nächsten Tag meistens an, wenn er schlecht geschlafen hat: Seine Haut, das größte Sinnesorgan des Menschen, wirkt blass, müde, angegriffen.

Schlafmangel ist schlecht für die Psyche

Mehr noch als körperliche Krankheiten sind psychische Erkrankungen Folge von Schlafmangel. Zu den häufigsten Symptomen gehören Unruhe, Reizbarkeit, Erschöpfung und Niedergeschlagenheit. Bereits nach sechs Monaten ohne ausreichenden Schlaf verdoppelt sich beispielsweise für Mütter von schlafgestörten Kindern das Risiko, an einer „Erschöpfungsdepression“ zu erkranken. Laut einer Studie der Universitätsklinik in Heidelberg sind Schlafstörungen mit Depressionen assoziiert. Laut dieser Studie werden Menschen, die über Schlafstörungen klagen, viermal häufiger depressiv als gut schlafende. In einer anderen Studie reagierten Versuchspersonen schon nach 60 Stunden ohne Schlaf mit Wahnvorstellungen und Halluzinationen. Schlafentzug gehört weltweit zu den schlimmsten Foltermethoden.

Jeder Mensch hat sein individuelles Schlafbedürfnis

Das natürliche Schlafbedürfnis ist individuell sehr verschieden. Im Durchschnitt geht man von acht Stunden aus. Aber es gibt Menschen, die nur sechs Stunden brauchen. Andere benötigen mindestens zehn. Napoleon zum Beispiel war ein bekannter Kurzschläfer. Angeblich kam er mit vier Stunden Schlaf pro Nacht aus. Ähnlich wie Thomas Alva Edison, der Erfinder der Glühbirne. Der vertrat die Meinung, zu viel Schlaf mache dumm und faul. Aber er kannte Albert Einstein nicht. Der schlief etwa zwölf Stunden pro Nacht. Und Johann Wolfgang von Goethe war auch eher ein Langschläfer.

Umfragen zufolge schlafen rund 60 Prozent der erwachsenen Bevölkerung in Deutschland zwischen sieben und neun Stunden pro Nacht. Die anderen schlafen entweder kürzer oder länger.

Was für Erwachsene gilt, ist auch schon bei Babys zu beobachten. Es gibt allgemeine Durchschnittswerte für das Schlafbedürfnis von Säuglingen, an denen man sich grob orientieren kann. In den ersten Wochen schlafen sie rund 16 Stunden am Tag. Später sinkt ihr Schlafbedürfnis langsam. Aber auch sehr junge Säuglinge können schon ausgeprägte Individualisten sein. Wundern Sie sich also nicht, wenn Ihr Kind nicht 16 Stunden lang schläft – sondern deutlich mehr oder weniger.

Sie können leicht feststellen, ob Ihr Kind genug Schlaf bekommt. Wenn es tagsüber aufmerksam, wach und neugierig ist, wenn es überwiegend zufrieden und gut gelaunt ist, dann bekommt es auch ausreichend viel Schlaf. Wenn nicht, sollten Sie die folgenden Kapitel sehr aufmerksam lesen und herausfinden, was Ihr Kind daran hindert, ausreichend lange zu schlafen.

Durchschnittliche Schlafzeiten von Kindern

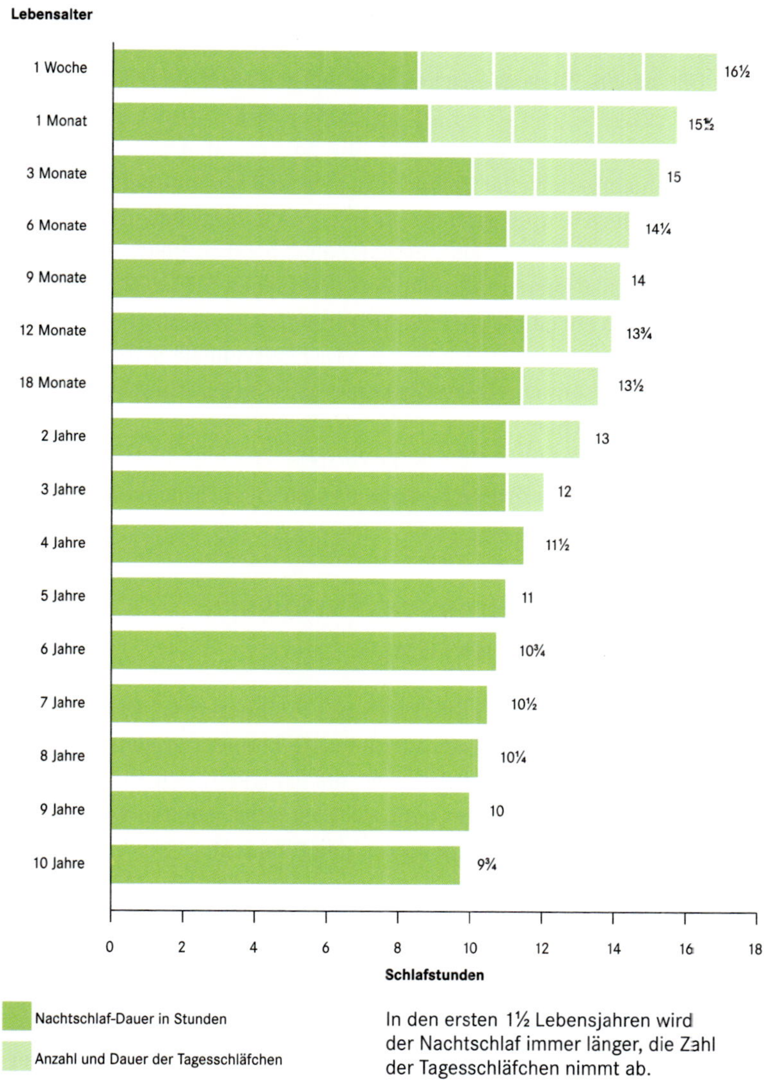

In den ersten 1½ Lebensjahren wird der Nachtschlaf immer länger, die Zahl der Tagesschläfchen nimmt ab.

Nach: Ferber

Lerchen und Eulen

Auch die persönliche Leistungskurve eines Menschen kann sehr unterschiedlich sein. Die meisten Menschen haben ein Leistungstief zwischen 14 und 16 Uhr, ein weiteres zwischen 21 und 22 Uhr und den absoluten Tiefstpunkt gegen drei Uhr nachts. Diese Menschen sind morgens und am frühen Abend am aktivsten.
Aber es gibt auch „Morgenmenschen", die sogenannten Lerchen. Das sind Leute, die frühmorgens voller Tatendrang sind und nachmittags rapide nachlassen. Eine weitere Gruppe sind die „Eulen". Vormittags haben sie ein ausgesprochenes Leistungstief und kommen erst am Abend so richtig in Fahrt. Spätestens als die Schlafforscher diese unterschiedlichen Schlaf-Wach-Rhythmen entdeckten, haben sie damit die frühere Vorstellung widerlegt, es gebe einen für alle Menschen gültigen „Norm-Schlaf". Das individuelle Schlafbedürfnis ist ebenso wie die persönliche Leistungskurve genetisch vorbestimmt. Dagegen kann man nichts machen.
Wie ist das in Ihrer Familie? Gibt es da Vertreter der einen oder anderen „Vögel"? Eulen oder Lerchen? Wenn ja, kann es sein, dass Ihr Kind diese Veranlagung geerbt hat.

Verschiedene Faktoren beeinflussen den Schlaf-Wach-Rhythmus

Zuständig für den Schlaf-Wach-Rhythmus ist die „innere Uhr" eines Menschen. Sie steuert alle wichtigen Körperfunktionen: die Temperatur, den Stoffwechsel, die Funktion der Nieren und des Herzens, die Fähigkeit, sich zu konzentrieren – und auch die Zeiten, in denen man wach ist oder schlafen will. Wie diese „innere Uhr" tickt, hängt weitgehend von den Genen ab.
Aber auch kulturelle Einflüsse beeinflussen das Schlafbedürfnis. Bei uns schläft der erwachsene Durchschnittsschläfer etwa von 23 Uhr bis kurz nach sechs Uhr morgens. Das sind rund sieben Stunden. Amerikaner brauchen laut Statistik eine halbe bis eine Stunde weniger Schlaf. Dabei dauerte der Nachtschlaf in unserem Kulturkreis vor der Erfindung des elektrischen Lichts sogar rund zweieinhalb Stunden länger als heute. Der Tag-Nacht-Wechsel in der Natur hat also natürlicherweise auch einen gewissen Einfluss.

Die „innere Uhr“ steuert unsere Körper-Rhythmen

Die „innere Uhr“ ist ein kleiner Nervenkern in unserem Gehirn. Er liegt auf der Höhe des Nasenrückens und steuert Körpertemperatur, Blutdruck, Hormone und unseren Schlaf-Wach-Rhythmus. Ob jemand eine „Eule“ oder eine „Lerche“ ist, entscheidet dieser etwa reiskorngroße Nervenknoten („Nucleus“).

Ein weiterer wichtiger Faktor für die Dauer des Nachtschlafs ist das Lebensalter. Während Säuglinge rund um die Uhr etwa zwischen 16 und 20 Stunden lang schlafen, sind es bei Kindergartenkindern noch zehn bis zwölf Stunden pro Nacht. Schulkinder brauchen rund neun Stunden Schlaf, in der Pubertät sogar wieder etwas mehr. Erst um den zwanzigsten Geburtstag herum pendelt sich das persönliche Schlafmaß ein. Je nach Veranlagung.

Träumen beginnt im Bauch

Gerade in den letzten Monaten der Schwangerschaft entwickelt sich Ihr Baby in rasantem Tempo. Und zwar im Schlaf. Ab dem siebten Schwangerschaftsmonat, so vermuten die Schlafwissenschaftler, schläft das Ungeborene 14 bis 16 Stunden rund um die Uhr. Die einzelnen Schlafphasen sind relativ kurz, ebenso wie die dazwischen liegenden Wach-Zeiten. In dieser Zeit durchläuft der kleine Mensch in der Gebärmutter riesige Entwicklungsschübe. In seinem Blut konzentrieren sich während der Schlafphasen die Wachstumshormone in besonders hohem Maße.

Ab der dreißigsten Schwangerschaftswoche entwickelt sich besonders rasant das Gehirn des Fötus. Etwa von da an können die Gehirnströme mit dem Elektroenzephalogramm (EEG) gemessen werden. Man weiß heute, dass sich das Gehirn hauptsächlich während des Traumschlafs entwickelt. Deshalb nennt man ihn auch Entwicklungsschlaf: Nervenzellen entstehen. Sie werden durch sogenannte Synapsen miteinander verknüpft. Die wesentlichen Gehirnfunktionen werden aufgebaut.

Träume in Mamas Bauch

Was kann so ein ungeborenes Baby überhaupt träumen? Das weiß niemand so genau. Träume sind insgesamt noch nicht so richtig erforscht. Wissenschaftler vermuten, dass sich dabei die Gehirnströme eher chaotisch entladen. Dabei tauchen Bilder und Eindrücke zufällig auf und werden mit Dingen verbunden, die im Gedächtnis bereits irgendwo vorhanden sind.
Und auch das Ungeborene, so vermuten die Forscher, verbindet in seinen Traumphasen Eindrücke miteinander, die es während seiner aktiven Phasen im Mutterleib sammelt. Weil es aber keine Bilder kennt, verarbeitet es vermutlich erste Bewegungserfahrungen und Geräusche, die in seine enge Welt dringen. Zum Beispiel die Stimmen der Mutter und des Vaters. Oder Musik. Hatten Sie nicht auch den Eindruck, Ihr Baby habe Ihre Stimme nach seiner Geburt gleich erkannt? Oder dass es Musik, die Sie vor der Entbindung hörten, besonders mag?

Die erste Zeit ist voller Umstellungen

Ist das Baby dann geboren, muss es erst mal lernen, dass das Essen nicht mehr automatisch durch die Nabelschnur kommt. Sondern durch den Mund. Und nicht mehr rund um die Uhr. Es ist noch darauf eingestellt, dass wie im Schlaraffenland alles einfach da ist. Und hat nun alle zwei bis drei Stunden Hunger. Wie soll es Ihnen das sagen? Es ruft Sie lautstark. Der Wechsel zwischen seinen Schlaf- und Wachzeiten ist zu Beginn noch ähnlich wie im Mutterleib. In kurzen Phasen, die erst allmählich länger werden. In dieser Zeit nimmt der Entwicklungsschlaf, der Traumschlaf Ihres Kindes, noch rund die Hälfte seiner Schlafzeit in Anspruch.
Nach einem Vierteljahr hat sich die Schlafenszeit in der Nacht bei etwa sechs bis acht Stunden eingependelt. Manche schlafen auch länger. Außerdem schläft es tagsüber noch – in zwei bis drei Schüben – ein paar Stunden. Und nach und nach beginnt es seinen Schlaf nicht mehr im Traumschlaf, sondern fällt gleich nach dem Einschlafen in den Tiefschlaf. Wie die Großen. Ihr Baby hat sich an den Tag-Rhythmus der Welt um sich herum gewöhnt.

Ihr Kind ist einmalig

Vom Tage seiner Geburt an ist jedes Kind eine kleine Persönlichkeit. So individuell und einmalig wie jeder andere Mensch jedes anderen Alters auch. Es ist bereits durch vielerlei geprägt. Zum Beispiel durch seine Gene, in denen vieles von dem angelegt ist, was sein ganzes Leben beeinflussen wird. Durch sein persönliches Temperament. Durch die Erlebnisse bei seiner Geburt. Oder auch schon durch seine Eindrücke während der Schwangerschaft.

Jedes Kind ist anders. Es gibt kein Klischee, nach dem man das Verhalten und den Tagesrhythmus eines Kindes bewerten kann. Man kann sich lediglich an bestimmten Grundmustern orientieren, die bei allen Kindern ähnlich sind. Beobachten Sie Ihr Kind aufmerksam. Finden Sie heraus, wie es reagiert. Nicht alles, was ich Ihnen dazu sagen kann, wird genau so auch für Ihr Kind gelten.

Die sechs Schlaf- und Wachzustände

Bei Ihrem Baby können Sie sechs verschiedene Verhaltenszustände beobachten. Sie klar zu unterscheiden, ist am Anfang gar nicht immer so einfach. Aber Sie werden einen Blick dafür bekommen, wenn Sie Ihr Kind genau beobachten. Dadurch lernen Sie es sehr bewusst kennen. Achten Sie auf die Verhaltensmuster und Aktivitäten, die von Ihrem Kind selbst ausgehen. Reagieren Sie darauf und auf seine Signale.

Drei Schlafzustände	
In den ersten drei Monaten	**Ab dem vierten Monat**
• Halbschlaf • REM- oder Traumschlaf • Tiefschlaf	• Halbschlaf • Tiefschlaf • REM- oder Traumschlaf

Drei Wachzustände
Von Geburt an
• Aufmerksamer Wachzustand • Quengeliger Wachzustand • Schreien

Die drei Schlafzustände

• Der Halbschlaf ist ein hochsensibles Stadium

Der Halbschlaf ist das Zwischenstadium zwischen Wachen und Schlafen. Die Zeit, in der Ihr Baby langsam sein Aufmerksamkeitslevel herunterfährt, um in den Schlaf zu gleiten.

Die Muskeln entspannen sich langsam. Die Augen pendeln unter den Lidern von oben nach unten. Die Wahrnehmung nimmt ab, der Schläfer gleitet in Phantasiebilder hinüber. Der Schlaf wird immer tiefer. Die inneren Bilder verschwinden, die Hirnströme werden ruhiger.

Das sind hochsensible Momente. Wenn Ihr Kind jetzt hochschreckt, nehmen Sie es nicht hoch. Jede Lageveränderung und jedes Geräusch trägt nur zum Wachwerden bei. Beruhigen Sie Ihr Kind durch Ihre Anwesenheit. Eventuell sprechen Sie leise und beruhigend mit ihm. Damit es weiß, dass Sie bei ihm sind und es beschützt ist.

Babys haben einen ähnlichen Schlafrhythmus wie die „Grossen“

Der Ablauf der verschiedenen Schlafphasen ist schon beim Kleinkind ähnlich wie bei den „Großen“. Ein Baby fällt ab dem dritten oder vierten Lebensmonat – wie die Großen – gleich nach dem Einschlafen in eine Tiefschlafphase. Ein Schlafzyklus mit Tiefschlaf- und REM-Phase dauert bei einem Einjährigen 45 bis 50 Minuten. Beim Fünf- bis Zehnjährigen hat er sich schon auf 60 bis 70 Minuten verlängert und erreicht beim Erwachsenen durchschnittlich 90 Minuten. Nach jedem Zyklus ist der Schlaf vorübergehend sehr flach und man kann auch aufwachen. Das sind die Momente, in denen Kinder manchmal nicht allein zurück in den Schlaf finden.

• Im Tiefschlaf erholt sich der Körper

Dauer und Intensität des Tiefschlafs richten sich danach, wie weit das zentrale Nervensystem Ihres Kindes schon entwickelt ist. In dieser Phase entspannt sich sein Körper. Hirnströme und Puls werden ganz ruhig. Die Muskeln sind völlig schlaff. Die Hirnströme verlaufen in gleichmäßigen flachen Wellen.
Ihr Kind ruht sich aus, stellt seine verbrauchten Kräfte wieder her. Und es wächst. Etwa ab dem dritten oder vierten Lebensmonat beginnt es seinen Schlaf mit einer Tiefschlafphase. Dabei schüttet die Hirnanhangdrüse schon während des Einschlafens verstärkt Wachstumshormone aus. Am intensivsten lassen sich diese Wachstumshormone während der Entwicklung im Mutterleib im Blut nachweisen. Aber auch während des ersten Lebensjahrs wächst Ihr Kind sehr schnell. Später lässt dieses Tempo etwas nach. In der Tiefschlafphase wird das Immunsystem gegen Krankheitserreger aktiviert. Wenn Sie Ihr Baby aus dem Tiefschlaf wecken, braucht es erst mal etwas Zeit, um sich zu orientieren.

Das Schlafmuster eines Kindes ab dem 6. Lebensmonat

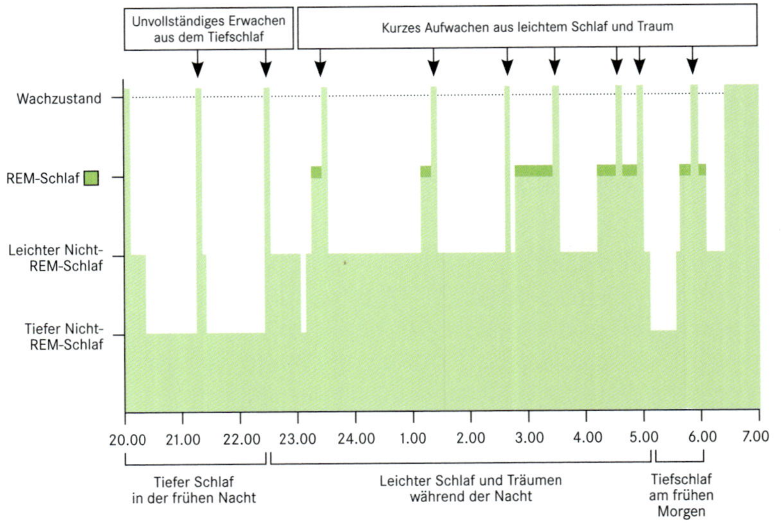

Mit zunehmender Schlafdauer wird der Schlaf des Kindes immer häufiger unterbrochen. Die Abstände zwischen den Traumphasen (REM) werden kürzer, die REM-Phasen selbst werden länger.

Nach: Ferber

• Traumschlaf ist Entwicklungsschlaf

Den Traumschlaf nennt man Entwicklungsschlaf. Die Schlafforscher sagen dazu auch REM-Schlaf. Das ist die Abkürzung von „Rapid Eye Movement“ und bedeutet übersetzt: „schnelle Augenbewegungen“. Denn dabei bewegt sich der Augapfel unter dem geschlossenen Lid unwillkürlich hin und her, auf und ab. Es passiert etwas. Puls und Atmung werden unruhig, die Gehirnströme sind in Bewegung. Der Mensch – der Säugling, das Kind, der Erwachsene – träumt. Er verarbeitet die Eindrücke des Tages. Erfahrungen. Gefühle. Erlebnisse. Das Gehirn bildet zusätzliche Nervenbahnen. Es verknüpft Neues mit bereits Gespeichertem und sortiert, was ausgesondert und was abgespeichert wird. Erinnerungsvermögen wird aufgebaut.

REM: Lernen im Schlaf

200 Milliarden Nervenzellen entstehen während der Schwangerschaft im Gehirn eines Babys. Sie sind das Rohmaterial, aus dem sich die Nervenbahnen entwickeln. Bereits ab der 24. Schwangerschaftswoche stellt das Elektroenzephalogramm (EEG) beim Ungeborenen Gehirnströme fest – die Entwicklung des Gehirns hat begonnen. Ab der 30. Schwangerschaftswoche beweist das EEG, dass das Kind im Mutterleib schläft. Bis zur 36. Schwangerschaftswoche kennt es nur den REM-Schlaf. Das ist der Leichtschlaf mit den schnellen Augenbewegungen (Rapid Eye Movements) Dabei beugt und streckt es Ärmchen und Beinchen: Es „turnt" im Mutterleib, entwickelt Muskeln und trainiert Bewegungsabläufe. Erst danach hat es auch zunehmend Tiefschlafphasen, in denen es sich regeneriert und sein Immunsystem aufbaut.

Schon früh verarbeitet das Gehirn des Ungeborenen vermutlich auch Signale „von außen". Musik zum Beispiel, die Stimmen seiner Eltern, freundliche oder weniger freundliche erste Eindrücke. Damit stimuliert es schon vor der Geburt im REM-Schlaf die Nervenzellen in seinem Gehirn. Man geht heute davon aus, dass ungeborene Babys ihre Eindrücke etwa ab dem achten Schwangerschaftsmonat im Gedächtnis behalten können.

Auch nach der Geburt bleibt der REM-Schlaf ein wichtiges Lernprogramm für das kindliche Gehirn. Erst nach etwa fünf Jahren ist es voll entwickelt. Dafür hat es ungefähr die Hälfte der ursprünglichen Nervenzellen benötigt. Die übrigen 100 Milliarden Nervenzellen sind abgestorben.

Man könnte meinen, damit seien REM-Phasen nicht mehr notwendig. Irrtum. Sie werden zwar immer weniger, begleiten uns aber fast unser ganzes Leben lang. Bei Erwachsenen beherrschen REM-Phasen nur noch etwa ein Fünftel des Schlafs und können im Alter sogar ganz ausbleiben.

Wir träumen. Das dauert bei einem Erwachsenen nur etwa fünf bis zehn Minuten. Würde er jetzt geweckt, könnte er sich vermutlich ziemlich genau an seinen letzten Traum erinnern. Nach diesem Stadium ist der Schlaf sehr leicht und man wird manchmal kurz wach, schläft aber normalerweise sofort wieder ein und erinnert sich daran am nächsten Tag nicht.

Dieser Traumschlaf beherrscht vor der Geburt rund 70 Prozent der gesamten Schlafdauer, nach der Geburt immer noch die Hälfte und nimmt immer mehr ab. Beim Erwachsenen sind es im Durchschnitt je Schlafzyklus noch etwa fünf bis zehn Minuten.

Alle Stadien zusammengenommen dauern bei einem gesunden Erwachsenen im Durchschnitt anderthalb Stunden und wiederholen sich pro Nacht vier- bis fünfmal. Zu Beginn der Nacht sind die Tiefschlafphasen lang und die Traumphasen kurz. Gegen Morgen dreht sich dieses Verhältnis zunehmend um. Deshalb können wir uns an Träume manchmal gut erinnern.
Beim Säugling dauern die Schlafzyklen zunächst insgesamt nur eine knappe Stunde: etwa 50 Minuten. Je älter er wird, umso mehr ähnelt sein Schlafrhythmus aber dem eines Erwachsenen. Mit einem Jahr ist er schon sehr ähnlich.

Gina

Als Gina im Alter von etwa zwei Jahren anfing, das Träumen und die Träume zu entdecken und wir ihr erklärt hatten, was Träume sind, wurde sie eines Morgens wach und sagte: „Papa, ich hab diese Nacht keine Bilder bekommen."

Die drei Wachzustände

- **Im wachen, aufmerksamen Zustand lernt Ihr Baby**

In diesem Zustand ist Ihr Kind neugierig und interessiert. Es ist besonders aufnahmefähig und lernt am besten. Es freut sich über Anregung und Zuwendung und „kommuniziert" je nach Entwicklungsstand mit den Menschen in seiner Umgebung. Neue Eindrücke nimmt es gut auf und sammelt Erfahrungen. Mit zwei bis drei Monaten beobachtet es schon sehr genau seine Umgebung und beschäftigt sich vergnügt mit den eigenen Fingern oder greift nach Dingen in seiner Nähe. Diese Phasen werden immer länger, je älter Ihr Kind wird.
Am intensivsten ist dieser Zustand bei sehr kleinen Babys in der kurzen Wachphase nach dem Nachtschlaf. Meist dauert sie nur etwa zwei Stunden – aber dann ist Ihr Kind ausgeruht und friedlich, beschäftigt sich selbstzufrieden allein. Damit verführt es leider oft seine Mutter dazu, diese Zeit für

Hausarbeiten und andere Dinge zu nutzen. Dabei ist das die Zeit, in der Sie Ihr Kind am intensivsten genießen und mit ihm „kommunizieren" könnten. Hier können Sie die schönen gemeinsamen Eindrücke und Erlebnisse sammeln, die Ihnen dann über schwierige Phasen des Tages hinweghelfen. Probieren Sie es aus. Reagieren Sie nicht nur auf Ihr Kind, wenn es quengelt oder schreit, sondern schenken Sie ihm und sich selbst diese intensive gemeinsame Zeit am Morgen.

Nach jedem Schlafzyklus Leichtschlaf. Warum?

Warum folgt auf jeden Schlafzyklus ein Leichtschlaf, der so flach ist, dass Ihr Baby leicht aufwacht?

- Das hat entwicklungsgeschichtliche Ursachen. Als unsere Urahnen noch in „freier Wildbahn" zusammen mit wilden Tieren lebten, hatten sie ein eingebautes Sicherheitssystem: Nach jedem Schlafzyklus wurden sie kurz wach, um zu kontrollieren, ob alles in Ordnung war und keine Gefahr drohte. Diese Systematik steckt heute noch in uns. Ihr Baby wacht kurz auf um zu sehen, ob alles in Ordnung ist.

Warum fällt es Babys oft so schwer, nach dem „Kontroll-Aufwachen" wieder einzuschlafen?

- *„Es ist alles in Ordnung"* heißt für Ihr Baby: Nachts beim Aufwachen ist alles genauso, wie es abends beim Einschlafen war. Wenn nicht, fängt es an zu schreien. Wenn Ihr Baby also zum Beispiel auf Ihrem Arm eingeschlafen ist und sich dann nachts allein in seinem Bettchen wieder findet, ist eben nicht alles in Ordnung. Wenn es aber allein in seinem Bettchen eingeschlafen ist, findet es nachts beim Aufwachen dieselbe Situation vor – und alles ist in Ordnung. Ihr Baby kann beruhigt weiterschlafen. Deshalb ist es für ruhige Nächte so wichtig, dass Ihr Baby lernt, abends allein in seinem Bettchen einzuschlafen.

• Aufmerksam, aber quengelig – was ist passiert?

Ihr Kind ist wach, aber nicht ausgeglichen und zufrieden. Sondern irgendetwas stimmt nicht. Es quengelt und schimpft. Jeden Moment könnte die Stimmung kippen und es könnte zu schreien anfangen. Offenbar geht es ihm nicht gut. Oder es fühlt sich nicht wohl. Es ist schwierig, herauszufinden, woran das liegt. Vielleicht braucht es Ruhe und will schlafen. Oft denken Eltern, es will, dass sie mit ihm spielen. In vielen Fälle ist aber das glatte Gegenteil gemeint: Das Kind fühlt sich durch zu viele Aktivitäten überreizt und will endlich seine Ruhe haben.

• Schreien

Ein Kind, das schreit, braucht Zuwendung und Hilfe, um wieder zur Ruhe zu kommen. Oft glauben besorgte Eltern, wenn ihr Kind schreit und sich nicht beruhigen lässt, müssten sie immer neue Wege finden, um es zur Ruhe zu bringen. Sie geben ihm zu trinken – dabei hat es gar keinen Hunger oder Durst. Das erkennen Sie zum Beispiel daran, wie viel es am Ende tatsächlich getrunken hat. Sie schaukeln es und spielen mit ihm. Sie nehmen es aus dem Bettchen und tragen es herum. Sie spielen mit ihm und versuchen es mit den vielfältigsten Anregungen abzulenken. Je mehr das Baby schreit, umso größer wird die Zahl der Reize, mit denen die besorgten Eltern es abzulenken versuchen. Lassen Sie es zur Ruhe kommen und helfen Sie ihm dabei, indem Sie es sanft und möglichst „langweilig" beruhigen.

BABY-MASSAGEN FÖRDERN DIE ENTWICKLUNG

Baby-Massagen sind in vielen Kulturen eine alte Tradition und sind entstanden aus deren altem Wissen. Sie sind eine sehr gute Möglichkeit, in den ersten Wochen und Monaten nach der Geburt mit Ihrem Kind zu kommunizieren. Die bewusste und achtsame Berührung stärkt Ihre Beziehung zu Ihrem Baby. Über Körperreaktionen und Gesten antwortet es Ihnen, ob ihm die Art der Berührung gefällt.

Es stärkt Ihr Selbstvertrauen als Eltern, wenn Sie spüren, was Ihr Kind braucht und wie Sie die Entwicklung Ihres Kindes über den Kontakt Ihrer Hände fördern.

Durch die Massage werden auch das Vertrauen Ihres Kindes und seine Selbstwahrnehmung gestärkt: Es spürt, dass seine Hände, Beine und Füße zu ihm gehören. Muskelspannungen, die durch das häufige Liegen entstanden sein können, oder auch seelischer Stress – manchmal schon während der Geburt hervorgerufen – können gelöst werden.
Körperkontakt und Berührung vertiefen die Aktivität des Atmungssystems, d.h. der Sauerstoffspiegel steigt im Blut. Außerdem wird das physische und auch das geistige Wachstum angeregt. Sie bilden ein stärkeres und differenzierteres Immunsystem. Das Immunsystem entwickelt sich im ersten Lebensjahr Ihres Kindes und wird u.a. in der Haut gebildet. Körper- und Knochenbau werden stärker ausgebildet. Die Entwicklung des Gehirns und des Nervensystems hängt weitgehend von der Art der körperlichen Stimulation ab, ebenso wie die Funktion der Hypophyse und der Wachstumshormone.
Kinder mit viel Köperkontakt haben eine größere Gefühlsstabilität und sind ruhiger und entspannter in fremder Umgebung. Ich nenne das Urvertrauen in das Leben. Die Kinder erfahren, dass gut für sie gesorgt wird auf allen Ebenen. Die Massage ist neben dem Stillen eine der besten Gesundheitspräventionen, die Sie Ihrem Kind geben können.
Körperkontakt gehört zur Grundlage einer gesunden Verhaltensentwicklung. Er ist die Voraussetzung für Bindungsfähigkeit. Mängel führen zur Verhaltensauffälligkeit. Nachdem ich meine beiden Kinder von Anfang an massiert habe und dies immer wieder altersbedingt auf ihre Bedürfnisse abgestimmt habe und seit nun über 17 Jahren Baby-Massage-Kurse leite, kann ich das voll und ganz bestätigen. In den 6 Wochen, in denen die Eltern mit ihren Babys (4 Wochen bis zu 6 Monate alt) zu mir kommen, werden die Kinder ruhiger, vertrauensvoller und entspannter.
Der französische Geburtshelfer Frederick Leboyer hat es in einem Satz sehr eindrucksvoll beschrieben: *„Ein Kind mit Berührung zu füttern, seine Haut und seinen Rücken zu nähren, ist ebenso wichtig, wie seinen Magen zu füllen."*

Kola B. Brönner
Körpertherapeutin, Geburtsvorbereiterin

Ihr Kind sagt Ihnen, wann es müde ist

Um die Mittagszeit und abends zwischen 17 und 19 Uhr haben fast alle Menschen einen sogenannten „toten Punkt". Besonders Babys und kleine Kinder. Wissenschaftler sprechen von sogenannten Schlaf-Fenstern. Ein Kind, das zu diesen Zeiten ins Bettchen gelegt wird, hat mit dem Einschlafen weniger Probleme. Im besten Fall sagt es Ihnen genau, wann es schlafen will. Mit der Zeit werden Sie herausfinden, auf welche Signale Sie achten und reagieren müssen.

Der Blick ins Leere

Bei Neugeborenen werden die Augen zuerst müde. Er wendet den Blick ab. Ist das Baby ein wenig größer, dreht es den Kopf zur Seite oder es drückt - wenn Sie es auf dem Arm halten - den Kopf an Ihren Körper. Größere Babys werden still und hören auf zu spielen. Sie weichen Ihren Kontaktversuchen aus und wenden sich ab. Manche reiben sich mit Fingern oder Fäusten durchs Gesicht oder spielen selbstvergessen mit den Fingern in ihren Haaren.

Kein Interesse

Auch die liebsten Spielsachen sind jetzt uninteressant. Das Baby lässt sie fallen oder schiebt sie zur Seite. Warum? Weil es müde ist. Es ist satt von Eindrücken, es will keine neue Ablenkung oder Anregung, sondern Ruhe. Viele Eltern verwechseln diese Reaktion aber mit Langeweile und bieten etwas anderes an. Wenn Sie jetzt versuchen, es mit seinem Spielzeug zu locken, ist das eine neue Aufforderung zum Spiel. Ihr Kind lässt sich verführen und geht darauf ein, obwohl es eigentlich müde ist. Achten Sie darauf: In so einer Situation geht die Aktivität von Ihnen, den Eltern aus und nicht vom Kind, das eigentlich schlafen will. Entwickeln Sie Aufmerksamkeit für solche Situationen.

Wackelig auf den Beinen

Wenn Ihr Baby schon in der Lage ist, sich auf die Beine hochzuziehen, erkennen Sie seine Müdigkeit daran, dass es wackeliger wird und sich bei Mama oder Papa am Bein festklammert.

Auf der Flucht vor dem Schlaf

Ein Zwei- oder Dreijähriges ist mitunter wie aufgedreht, wenn es müde ist. Es scheint, als wolle es dem Schlaf davonrennen. Am liebsten würde es vor Müdigkeit umfallen - aber es hüpft und springt herum. Die Eltern haben den Eindruck, es wehrt sich gegen den Schlaf. Manchmal kann man einem solchen Kind helfen zur Ruhe zu kommen, indem man es sanft festhält und in den Armen wiegt. Oder es auf den Schoß nimmt und ihm eine Geschichte erzählt oder ein kurzes, ruhiges Spiel anbietet, um sich „herunterzufahren". Oder es in sein Bettchen legt.

Tipp: Lassen Sie sich auf Ihr Baby ein

Säuglinge sind nicht einfach wach oder schlafen. Lassen Sie sich auf die sechs verschiedenen Verhaltenszustände Ihres Babys ein. Dabei lernen Sie Ihr Kind und seine unterschiedlichen Verhaltensformen genau kennen. Beobachten Sie, wie es reagiert. Sie werden staunen, wie gut Sie sich bereits mit Ihrem Neugeborenen „unterhalten" können – wenn Sie die Initiative ihm überlassen und achtsam auf seine Signale reagieren.

Dazu können Sie sich zum Beispiel auf einer weichen Decke auf dem Boden neben Ihr Baby legen. So sind Sie „auf Augenhöhe". Und nun tun Sie es ihm nach: Wenn es schläft, schlafen Sie auch. Oder lesen Sie ein Buch. Wenn es im Halbschlaf döst, lassen Sie es. Ist es wach und aufmerksam, wenden Sie sich ihm zu und reagieren Sie auf seine Kommunikationsversuche. Es ist ein Abenteuer der besonderen Art. Genießen Sie es. Lassen Sie sich so oft wie möglich darauf ein. Diese Momente kehren nie zurück.

Reaktionen auf Reize

In meiner langjährigen Tätigkeit als PEKiP-Kursleiterin hatte und habe ich viel Kontakt mit Müttern, manchmal auch mit Vätern, und ihren Babys.
Die Eltern sind in der Regel stolz auf ihr Kind, wollen alles richtig machen und sind in vielen Fällen übernächtigt.
Die Babys sind WUNDER-bar – alle. Und alle sind vielen neuen Eindrücken, Empfindungen, Geräuschen und Anreizen ausgesetzt. Nun beobachtet man in der Gruppe, dass es Kinder gibt, denen scheint der „Lärm des neuen Lebens" recht wenig auszumachen. Sie schlafen mitten in der PEKiP-Stunde ein, im größten Trubel, wenn sie müde sind und genug haben. Dann gibt es Babys, die nicht „abschalten" können. Sie scheinen alle Eindrücke ungefiltert in sich aufzunehmen. Und wenn sie nicht mehr können, dann weinen sie untröstlich.
Während man bei den erstgenannten Babys gut beobachten kann, ob sie aufmerksam, müde oder schläfrig sind, wirken die anderen Kinder oft nur unruhig und reagieren eher zufrieden, wenn ein neuer Reiz kommt. Das stellt sich jedoch als Falle, als unglückliche Spirale, heraus, weil so die Reizüberflutung immer größer wird.
Vor diesem Hintergrund wird gerade am Beginn einer PEKiP-Gruppe, wenn die Babys in der Regel 10-12 Wochen alt sind, über die so genannten Verhaltenszustände gesprochen.
Durch Beobachtung im Spiel und in Ruhephasen werden die Eltern begleitet, die Äußerungen ihres Kindes immer feiner zu beobachten und entsprechend zu reagieren.
Babys teilen sich mit – nur verstehen wir Erwachsenen die Botschaften nicht immer richtig. Und viele Babys brauchen unsere Hilfe, um einen Rhythmus zu bekommen, um abschalten zu können, um zur Ruhe zu kommen.
Für die Angebote an ein Baby gilt oft „weniger ist mehr". Das Kind sollte genügend Zeit haben, sich in der neuen Umgebung zurechtzufinden und mit all den neuen Gegenständen und Eindrücken anfreunden zu können.

Petra Müller, Dipl. Soz. Päd.
PEKiP-Kursleiterin und Ausbilderin

KAPITEL 2: DAS WICHTIGSTE IN KÜRZE

- Im Tiefschlaf laufen die lebenswichtigen Körperfunktionen in einer Art „Sparmodus". Dadurch werden die Organe geschont.
- Wer nicht oder zu wenig schläft, wird krank. Schlafmangel ist auch schlecht für die Psyche.
- Säuglinge schlafen tagsüber und nachts insgesamt 16–20 Stunden, Kindergartenkinder 10–12 Stunden pro Nacht.
- Das Träumen beginnt schon in Mamas Bauch.
- Es gibt bei Ihrem Baby drei verschiedene Wachzustände und drei Schlafzustände.
- Je besser Sie diese Zustände erkennen, umso besser können Sie auf Ihr Kind eingehen – und so viel Stress vermeiden.
- Ihr Kind sagt Ihnen, wann es müde ist – auch wenn es noch nicht sprechen kann.

3

Was Sie wann von Ihrem Kind erwarten können

In diesem Kapitel erfahren Sie:

- Wie Ihr Baby sich vom ersten Augenblick an in Riesenschritten entwickelt
- Wie wichtig eine sichere Bindung für das körperliche und geistige Wachstum Ihres Kindes ist
- Was Sie in den verschiedenen Entwicklungs-Phasen der ersten drei Lebensjahre von Ihrem Kind erwarten können
- Dass Entwicklungstabellen Durchschnittswerte liefern und nur Anhaltspunkte bieten, weil sich jedes Kind individuell entwickelt
- Wie Ihr Kind lernt, sich selbst zu regulieren

Entwicklung in Riesenschritten

In meiner täglichen Arbeit mit jungen Eltern stelle ich immer wieder fest, dass den meisten gar nicht bewusst ist, mit welch enormer Leistung sich ihr Baby in seinen ersten drei Lebensjahren vom Säugling zum Kleinkind entwickelt. Sie können nur ahnen, welche Entwicklungssprünge ihr Kind dabei macht und wozu es wann schon in der Lage ist – oder eben noch nicht. Denn Erwachsene sehen die Welt nun mal aus ihrer eigenen Perspektive. Daraus leiten sie ihre Erwartungen an das Kind ab – mit denen es mitunter einfach nicht Schritt halten kann.

Unrealistische Erwartungen und falsche Vorstellungen bezüglich der Entwicklung können ein Kind dauerhaft überfordern und die Beziehung zwischen ihm und seinen Eltern belasten. Das können Sie verhindern. Schauen wir uns also gemeinsam an, was in der jeweiligen Entwicklungsphase wirklich möglich ist. Und zwar aus Sicht des Kindes. Jedes Kind hat sein eigenes Tempo – und das ist auch gut so.

Ihr Baby entwickelt sich vom ersten Augenblick an in Riesenschritten. Nie mehr im Leben lernt ein Mensch so viel und rasch wie im ersten Lebensjahr. Innerhalb seines ersten Lebensjahres durchläuft es mehr einzelne körperliche Entwicklungsstufen als im gesamten Rest seines Lebens. Es lernt täglich Neues und übt es in jeder wachen Minute. Unermüdlich, wieder und wieder. Denn all das muss ja auch verarbeitet und schließlich im Gehirn verankert werden.

Und das passiert weitgehend nachts: Die vielen Eindrücke beschäftigen den kleinen Menschen und verfolgen ihn oft bis in seine Träume. Den einen mehr, den anderen weniger. Kein Wunder: Selbst wir Erwachsenen reagieren ja noch ganz unterschiedlich auf Neues. Wo für den einen jede Veränderung erst mal bedrohlich ist, ist sie für einen anderen in erster Linie spannend und aufregend. Und ein Dritter geht mit vorsichtiger Neugier an Unbekanntes heran. Die Reaktionen sind so unterschiedlich wie die Temperamente und Erfahrungshintergründe der Menschen. Das ist bei kleinen Kindern nicht anders.

Nachts im Traum wird das, was am Tage erlebt und gelernt wurde, noch einmal durchlebt. Dass sich das auf das Schlafverhalten auswirken und ein Kind mitunter um den Schlaf bringen kann, ist verständlich. Und genau hier finden Sie einen ersten wichtigen Hinweis darauf, wo der Schlüssel für einen ruhigen Schlaf zu suchen ist: in einem ruhigen, strukturierten Tagesablauf. Wer das verstanden hat, hat den ersten Schritt getan, um Schlafprobleme nachhaltiger in den Griff zu bekommen (mehr dazu in Kapitel 5).

Angeborene Neugier

„Das Neugeborene ist von Anfang an fähig und motiviert, seine Umwelt mit allen Sinnen wahrzunehmen, seine Wahrnehmungen zu integrieren, zu speichern, sich mit der Umwelt vertraut zu machen, Regeln zu entdecken und sein Verhalten darauf abzustimmen. Von wichtiger Bedeutung in seiner frühkindlichen Erfahrungswelt ist all das, was es durch eigenes Tun bewirken kann."

Prof. Dr. med. Mechthild Papousek,
Institut für Soziale Pädiatrie und Jugendmedizin
der Maximilians-Universität München.

Auf den folgenden Seiten finden Sie in Stichworten einen groben Überblick über die einzelnen Entwicklungsstufen und Schritte Ihres Kindes, auf die Auswirkungen, die seine neuen Erfahrungen und Kompetenzen auf sein Schlafverhalten haben können, und darauf, wie Sie jeweils konkret reagieren können. Dabei sollten Sie immer daran denken: Jedes Kind entwickelt sich anders. Jedes Kind ist von Anfang an eine individuelle Persönlichkeit. Mit eigenen Vorlieben, Bedürfnissen und Wünschen. Daher kann es keine einfache „Bedienungsanleitung" für ein Kind geben. Die folgenden Informationen können deshalb nur Orientierungshilfen sein. Machen Sie sich also keine Sorgen, wenn Ihr Kind im einen oder anderen Bereich langsamer oder schneller ist. Das ist ganz normal. Wenn Sie keine der regelmäßigen Vorsorge-Untersuchungen beim Kinder- und Jugendarzt versäumen und dabei die Gewissheit erhalten, dass sich Ihr Kind körperlich normal und gesund entwickelt, ist alles okay. Scheuen Sie sich nicht, bei Ihrem Kinder- und Jugendarzt nachzufragen, wenn Ihnen etwas auffällig erscheint oder Sie beunruhigt.
Die folgenden Informationen und Denkanstöße sollen Sie darin bestärken, Ihren eigenen Weg im Umgang mit Ihrem Baby zu finden.

Die ersten Tage nach der Geburt: Willkommen im Leben!

An das Leben außerhalb des Mutterleibs muss sich Ihr Baby erst gewöhnen. Und Sie müssen lernen, Eltern zu sein: Alles ist neu. So zerbrechlich und hilflos Ihr Neugeborenes wirkt – es weiß sich bereits erstaunlich gut zu helfen. Und so gibt es Ihnen von Anfang an deutlich zu verstehen, dass es etwas will: z.B. Trinken, Schlafen, Schmusen. Zwischen diesen drei Polen bewegt sich seine kleine Welt.

Gut vorbereitet?

„Wenn sich junge Mütter in den Geburtsvorbereitungsgruppen über ihre schlaflosen Nächte unterhalten, kann ich ein Lächeln nicht unterdrücken. Die Frauen fragen mich dann natürlich, weshalb ich das so lustig finde. Worauf ich ihnen zu erklären versuche, sie sollten sich doch mal überlegen, was das Kind ihnen damit sagen will.
Ich bin der Meinung, dass die Kinder im Bauch versuchen, ihre Mutter auf die kommenden unruhigen Nächte vorzubereiten. Es ist doch eine schöne Geste des Kindes, bereits in der Schwangerschaft darauf hinzuweisen, dass das mit dem Durchschlafen für die nächsten Jahre vorerst vielleicht vorbei ist."

Ingeborg Stadelmann,
Hebamme und Autorin des Buches „Die Hebammensprechstunde"

Es gibt wenige Menschen, die nicht von diesem Zauber ergriffen werden, den ein Kind ausstrahlt. Den Blick oft in die Ferne gerichtet, scheint es etwas wahrzunehmen, das uns verborgen ist. Die Gesichter von Neugeborenen wirken meist reif, erfahren, ja weise. Wer sich die Zeit nimmt, dem nachzuspüren, wird reich beschenkt. Diese seelische Stärke steht im Gegensatz zu der völligen Unfähigkeit, ihre eigenen existenziellen Bedürfnisse zu befriedigen.

Bindung als Voraussetzung für körperliches, seelisches und geistiges Wachstum

Wir haben die Verantwortung für dieses kleine Kind – es wird ohne uns nicht überleben. Wir möchten ihm alles geben, stehen aber so oft ratlos vor ihm und fragen uns, was es wohl braucht. Psychologische Forschungen belegen, dass die Qualität der Bindung in den ersten Lebensjahren sich auf die gesamte menschliche Entwicklung im körperlichen, seelischen und im geistigen Bereich auswirkt. Die „Bindungstheorie" geht davon aus, dass Bindung eines der elementaren Lebensbedürfnisse von Menschen ist, gleichrangig mit der Nahrungsaufnahme. Eine so genannte „sichere Bindung" – einige wenige Menschen, die sich dem Kind verlässlich, verständnisvoll und einfühlsam zuwenden – ist die Voraussetzung, dass das Kind Vertrauen zum Erwachsenen, aber auch Vertrauen in sich selbst und in die Welt gewinnt.

Eltern sind Entwicklungshelfer

Der libanesische Philosoph Kahlil Gibran sagt: *„Eure Kinder sind nicht eure Kinder."* Dieser Satz wirkt fast schockierend, vor allem für Eltern mit kleinen Kindern, die ihnen noch so nah und die noch so sehr auf sie angewiesen sind. Gibran deutet damit auf die Herkunft der Kinder und auf die Aufgabe der Eltern hin. Kinder kommen mit einem eigenen Wesenskern auf die Welt und bringen Begabungen mit, die sie im Lauf ihres Lebens entwickeln möchten. Für die Eltern bedeutet das, die Eigenständigkeit ihres Kindes zu akzeptieren, ihm zu helfen, seinen Wesenskern zu erkennen und seine Persönlichkeit zu entwickeln. Die Eltern sind Entwicklungshelfer.

Die ersten drei Monate: Erst einmal ankommen

In dieser Altersspanne ist viel los. Besonders am Anfang ergeben sich viele Neuigkeiten und Fragen für alle Eltern.

0 bis 3 Monate: Entwicklungsinformationen

IN BAUCHLAGE	IN RÜCKENLAGE	GREIFEN	SOZIALER KONTAKT/ SPRACHE	SEHEN UND BEGREIFEN
Liegt asymmetrisch (schief) mit gebeugten Armen und Beinen, Wange liegt auf der Unterlage; hebt den Kopf nur kurz hoch	Liegt asymmetrisch (schief), Gliedmaßen sind gebeugt, Kopf zur Seite gedreht, reagiert auf laute Geräusche mit Moro-Reflex	Handgreifreflex, Hände meist zur Faust geballt	Hautkontakt ist wichtigstes Kommunikationsmittel, teilt sich durch Schreien mit	Sieht klare Umrisse aus 22 bis 25 cm Entfernung, fixiert Gegenstände und Gesichter kurz
Beugung der Arme und Beine lässt nach, Kopf wird einige Sekunden hochgehalten	Kann den Kopf kurz in der Mitte halten, Beugung der Arme und Bein lässt nach	Hände öfter geöffnet, vergebliche Greifversuche, der ganze Körper bewegt sich dabei mit	Hautkontakt bleibt wichtig, manchmal reflektorisches Lächeln, Vokallaute wie a, ä	Folgt mit den Augen einem Gegenstand, der sich seitlich bewegt, fixiert länger
Liegt mit geradem Rumpf, stützt sich auf Unterarme und Becken, hält den Kopf fast eine Minute hoch, dreht ihn nach beiden Seiten	Liegt mit geradem Rumpf, Moro-Reflex lässt nach	Ballt die Hände nur noch selten zur Faust, bringt sie vor dem Gesicht zusammen, betrachtet die Finger und spielt mit ihnen	Lacht menschliche Gesichter an, produziert Gurgel- und Kehllaute	Dreht den Kopf zur Seite, wenn es nach einer Geräuschquelle sucht

Quelle: PEKiP

Elementare Reflexe: Saugen und Greifen

Wenn Sie Ihr Baby am Mund oder seiner Wange berühren, wird es den Kopf zur Seite drehen und nach der Brust suchen. Was immer es mit dem Mund zu fassen bekommt, es wird daran saugen. Dieser Saugreflex ist in den ersten Wochen besonders ausgeprägt. Geben Sie ihm aber trotzdem nicht jedes Mal sofort zu trinken, wenn es wach wird. Lassen Sie in den ersten Tagen etwa zwei Stunden zwischen den Mahlzeiten verstreichen. Diese Phasen ohne zu essen verlängern sich mit wachsendem Alter. Nur so kann Ihr Kind ein Hunger- und ein Sättigungsgefühl entwickeln. Geben Sie ihm in der Zwischenzeit etwas anderes zum Nuckeln. Zum Beispiel einen Schnuller oder ein Schmusetuch, das nach Mama duftet.

Der Moro-Reflex (Klammerreflex/Umklammerungsreflex)

Dieser Reflex ist benannt nach dem Arzt Ernst Moro: Wenn man ein Neugeborenes aufhebt oder die Unterlage, auf der es liegt, erschüttert, streckt es ruckartig den Oberkörper, öffnet die Hände, breitet die Arme und eventuell auch die Beine aus und zieht sie dann zum Körper. Dann wird die Arm- und Handbewegung rückgängig gemacht und endet in einem festen Faustschluss. Auch Schrecksituationen können den Moro-Reflex auslösen. Von Eltern wird er oft als Zusammenzucken empfunden.

Der Moro-Reflex ist überlebenswichtig für den jungen Säugling, denn er ermöglicht zum Beispiel den ersten Atemzug und hilft, die Luftröhre zu öffnen, wenn das Neugeborene zu ersticken droht. Er ist ein Relikt der menschlichen Entwicklungsgeschichte: Bei den Urmenschen, die ihre Kinder am Rücken trugen, hat dieser Reflex verhindert, dass sie unterwegs herunterfallen konnten. Er tritt auch bei anderen Säugern auf und bildet sich beim Menschen in der neunten Schwangerschaftswoche. Ab dem dritten bis vierten Lebensmonat verliert er sich wieder, wenn das Nervensystem reift.

(Quelle: Wikipedia)

Ihr Neugeborenes bewegt Arme und Beine noch unkoordiniert und kann sein Köpfchen nicht allein aufrecht halten: Die Nackenmuskulatur ist noch zu schwach. Wenn Sie seine Handfläche berühren, greift es aber schon erstaunlich fest zu. Dieser Greifreflex – der sogenannte Moro-Reflex – war in Urzeiten überlebenswichtig, damit sich das Neugeborene an seiner Mutter festklammern konnte.
Im Laufe der ersten drei Monate lächelt Ihr Baby immer breiter und häufiger. Es ist öfter und länger wach. Sie können es mit Ihrer Stimme beruhigen und es reagiert mit kleinen Lauten, wenn Sie es ansprechen: Die ersten „Dialoge" zwischen Ihnen und Ihrem Kind beginnen.

Kohldampf!

Nie mehr in seinem Leben nimmt Ihr Baby mehr zu – an Größe wie an Gewicht – als in seinem ersten Lebensjahr. Von Zeit zu Zeit macht es regelrechte Wachstumsschübe durch und passt plötzlich nicht mehr in seine Kleider. In solchen Phasen ist es meist hungriger als sonst und manchmal schlecht gelaunt, weil die gewohnten Milchrationen es nicht mehr satt machen. Immer dann wenn, wenn Sie den Verdacht haben, dass Ihr Kind einen Wachstumsschub durchläuft, sollten Sie öfters als sonst stillen oder die Menge in der Milchflasche erhöhen, um seinen „Hunger"-Ansprüchen gerecht zu werden. Lassen Sie sich nicht durch diese vorübergehenden Stolpersteine in der Routine Ihres Kindes beeinflussen. Wenn es Hunger war und Ihr Baby deshalb nicht schlafen konnte, dann ist das Problem schnell gelöst. Wenn nicht – mehr dazu in Kapitel 5.

Ob und wie lange Ihr Kind nachts ein- und durchschläft, hängt offenbar eng mit seiner körperlichen Reife zusammen – und die entwickelt sich von Kind zu Kind sehr unterschiedlich. Die Deutsche Akademie für Kinderheilkunde und Jugendmedizin e.V. berichtet in ihrer Broschüre „Die optimale Schlafumgebung für Ihr Baby" von einer Befragung bei 500 Müttern anlässlich der regulären Vorsorgeuntersuchungen. Diese Studie ergab, dass nur sechs Prozent aller Babys im Alter zwischen vier und sechs Wochen durchschlafen. Ab dem dritten bis vierten Monat sind es schon 36 Prozent, aber auch sechs bis sieben Monate alte Babys schlafen nur zu 38 Prozent durch. Dabei wird jeweils ein einmaliges spontanes Erwachen pro Nacht noch nicht als Unterbrechung des Durchschlafens gezählt. Sie sehen also: Nächtliches Aufwachen ist bei Babys eher die Regel als die Ausnahme.

Das bedeutet die neue Situation für den Schlaf Ihres Kindes:

- Ihr Kind gewöhnt sich schrittweise an sein Leben außerhalb des Mutterleibs. Seine Grobmotorik ist noch sehr unausgereift (Arme, Beine, Gleichgewicht).
- Es lernt erst nach und nach, Reize von außen und neue Eindrücke zu verarbeiten. Dabei kann es noch schnell seine innere Fassung verlieren, denn auch die Selbstregulation baut sich erst nach und nach auf.
- Die Zeiten, in denen es wach ist oder schläft, orientieren sich Schritt für Schritt am Tag-Nacht-Rhythmus seiner Eltern.
- Schlafphasen können zwischen 45 Minuten und vier Stunden, aber auch länger dauern.
- Insgesamt schläft Ihr neugeborenes Baby 15 bis 16 Stunden täglich, verteilt auf etwa sechs Schlafphasen.
- Die Hälfte seines Schlafs verbringt Ihr Säugling im Traum- oder Entwicklungsschlaf. Sie erkennen das daran, dass er unter den geschlossenen Lidern deutlich erkennbar mit den Augen rollt und im Schlaf eine lebhafte Mimik hat.

WAS IST EIGENTLICH PUCKEN?

Ein Baby, das schlafen soll, wird in ein oder zwei Tücher von den Schultern bis zu den Zehen so eingewickelt, dass es sich nur noch begrenzt bewegen kann. Es ist nun ein festes Bündelchen, das sich im Ganzen bewegt, ohne dass Arme und Beine in unwillkürlichen Reflexen ausschlagen können. Die Grenze des Tuchs hält die reflexartigen, selbststimulierenden Bewegungen an, durch die sich das Kind selbst wach hält oder immer wieder zu früh aus dem Schlaf reißt. Es ist wichtig, dieses vollständige Pucken sorgfältig durchzuführen. Lassen Sie sich deshalb dabei von jemand Fachkundigem anweisen.

(Quelle: Weleda Kinder Welt Heft 3 2004)

Das ist für Sie wichtig zu wissen:

- Im gesamten ersten Lebensjahr stehen Sicherheit und Geborgenheit ganz klar an erster Stelle. Babys brauchen die Nähe ihrer Eltern – manchmal auch nachts.
- Wenn ein Säugling wach ist, ist er nicht nur hungrig, sondern auch neugierig. Sprechen Sie mit ihm, beobachten Sie ihn, reagieren Sie auf seine Signale, lernen Sie ihn genau kennen: Werden Sie „Säuglingsforscher“. Vielleicht notieren Sie Ihre Beobachtungen. Das hilft Ihnen, Reaktionen wiederzuerkennen – und ist später eine hübsche Erinnerung.
- Viel liebevoller Hautkontakt ist wichtig für Ihr Kind. Nicht nur wegen der Zärtlichkeit, Liebe und Zuwendung, die Sie ihm damit vermitteln. Auch nicht nur wegen der Sicherheit und Nähe, die es dabei „tankt“. Sondern ebenso, weil es dadurch ein Gefühl für seinen eigenen Körper und seine Körpergrenzen entwickeln kann.
- Ihr Kind braucht in jeder seiner Entwicklungsstufen auch erholsame Rückzugsphasen. Ruhe, leise Töne, wenig „Action“, um auch diese Seite des Lebens kennen- und genießen zu lernen. Auch schon im frühen Säuglingsalter. Geben Sie ihm Zeit für sich allein, zum Beispiel um friedlich die eigenen Finger und Füße zu „erforschen“.
- Spielzeug brauchen Kinder in diesem Alter kaum. Für Neugeborene ist es am spannendsten, die Gesichter in ihrer Umgebung kennenzulernen. Ab etwa zwei Monaten kann eine Rassel oder ein Mobile interessant werden und ungefähr bis zum vierten Monat Greifspielzeug in kräftigen Farben.
- Geben Sie Ihrem Baby die Chance, ein eigenes Gefühl dafür zu entwickeln, wann es hungrig oder satt ist. Stillen Sie es deshalb nicht zu häufig: Lassen Sie mindestens zwei Stunden Pause zwischen den Mahlzeiten. Wenn seine Sauglust größer ist als sein Hunger, bieten Sie ihm als Ersatz für Brust oder Fläschchen einen Schnuller oder ein Schmusetuch an.
- Entscheiden Sie sich für einen Einschlafort. Ständiges Wechseln mögen Babys nicht.
- Manche Säuglinge können besser schlafen, wenn sie „gepuckt“ sind und sie eine Begrenzung spüren. Sie fühlen sich nach der Enge im Mutterleib verloren, wenn plötzlich um sie herum so viel Platz ist.
- Sollte Ihr Baby in der ersten Zeit sehr viel weinen und gar nicht schlafen, ist es wichtig, körperliche Ursachen bei Ihrem Kinderarzt auszuschließen.

Folgende Ursachen sollten meiner Erfahrung nach abgeklärt werden: Allergien und Nahrungsunverträglichkeit, Reflux, Kiss-Syndrom (Kopfgelenk-induzierte-Symmetrie-Störung), Mittelohrentzündung, Harnwegsentzündung.

Probieren Sie die Anderthalb- bis Zwei-Stunden-Wach-Regel aus: Legen Sie Ihren Säugling anderthalb bis zwei Stunden, nachdem er aufgewacht ist, wieder ins Bettchen. Meist ist er dann wieder müde. Vor allem: Vertrauen Sie Ihrer Intuition. Lassen Sie sich nicht verunsichern, wenn andere sich einmischen. Sie selbst kennen Ihr Baby am besten und wissen, was Sie tun müssen.

Schreien und Weinen gehören zur kindlichen Entwicklung

Zum einen ist für die ganz Kleinen das Schreien die einzige Möglichkeit, sich Gehör zu verschaffen, wenn sie sich nicht wohl fühlen – zum Beispiel weil sie Hunger oder Schmerzen haben, müde sind, schwitzen, frieren oder weil die Windel voll ist.
Aber es hat auch eine andere wichtige Funktion: Sehr junge Babys schreien oft aus einer inneren Anspannung heraus. Sie haben noch nicht gelernt abzuschalten, wenn sie müde sind. Das Schreien ist dann für sie ein Ventil, das ihnen hilft, diese innere Anspannung abzubauen. Dadurch finden sie – so paradox das klingt – zur Ruhe und Entspannung. Geben Sie Ihrem Kind Nähe und Zuwendung, wenn es weint. Zeigen Sie ihm: Du bist nicht allein, ich bin für dich da und hab dich lieb, auch wenn du weinst und schreist. Weinen Sie mit ihm, wenn Ihnen danach ist. Das schadet Ihrem Baby nicht und es hilft Ihnen, Ihre eigene Anspannung zu bewältigen.
Tränen können verschiedene Ursachen haben. Beispielsweise können sie durch einen Reiz ausgelöst werden – wie Kälte, Schmerz oder eine volle Windel. Oder durch negative Gefühle wie Zorn oder Frustration. Forscher haben beide „Tränensorten“ untersucht und fanden in der zweiten Gruppe große Mengen von Stresshormonen. Diese Stresshormone werden beim Weinen mit den Tränen buchstäblich aus dem Körper herausgespült. Weinen hilft demnach offenbar, zu große Mengen von Stresshormonen im Körper zu reduzieren und damit wieder eine innere Ausgeglichenheit zu erreichen. Weinen ist also eine ebenso natürliche wie effektive Methode, um innere Spannungen

abzubauen. Sie haben sicher auch schon an sich selbst beobachtet und festgestellt, dass Sie nach dem Weinen beruhigter und entspannter waren als zuvor.
Vielen Eltern ist das nicht bewusst. Sie versuchen mit aller Macht, Ihr Kind vom Weinen abzubringen. Probieren Sie es doch mal mit dem Gegenteil: Lassen Sie Ihr Kind ruhig weinen. Bestärken Sie es darin, sich auszuweinen, und nehmen Sie es in den Arm. Egal ob es ein Säugling oder ein Schulkind ist: Weinen kann gut tun.

Angelika Bratke
Heilpädagogin

Der richtige Schlafplatz

Die Frage „Darf ich mein Baby mit ins Elternbett nehmen?“ ist ein viel- und heiß diskutiertes Thema zwischen Eltern. Auch bei Fachleuten gibt es darüber kontroverse Meinungen. Informieren Sie sich so früh wie möglich. Und sprechen Sie mit einer Vertrauensperson Ihrer Wahl.
Jede Alternative hat ihre Vor- und Nachteile für Kinder und Eltern. Es gibt verschiedene Möglichkeiten, wo Ihr Kind am Besten schlafen sollte – und für jede Möglichkeit gibt es gute Argumente.

- Familienbett
- eigenes Bettchen im Elternschlafzimmer
- im Kinderzimmer

Die Frage ist: „Was wollen Sie als Eltern?“ Letztlich müssen sie allein entscheiden und die Verantwortung tragen. Spüren Sie in sich hinein und fragen sich ganz ehrlich: Wie möchte ich am liebsten schlafen? Was ist für uns alle das Beste? Hören Sie auf Ihre Intuition und treffen Sie gemeinsam mit ihrem Partner die Entscheidung. Die kann nach ein paar Monaten wieder anders aussehen – nichts ist für immer.
Wenn Sie sich entscheiden, Ihr Kind in der Anfangszeit mit ins Bett zu nehmen, heißt das nicht, dass es sein Leben lang im Elternbett schlafen wird. Sie

als Eltern entscheiden, wie es weitergeht. Informationen dazu: „Die optimale Schlafumgebung" – eine Broschüre, die Sie auch im Internet finden unter www.schlafumgebung.de

Schreien kann auch körperliche Ursachen haben

Wenn Ihr Baby ausdauernd schreit, kann das auch körperliche Ursachen haben: zum Beispiel eine Dysregulation des vegetativen Nervensystems. Ist das gestört, kommt das Kind nicht zur Ruhe, fühlt sich unbehaglich, schreit. Dadurch sind Schlucken, Trinken und Verdauung gestört. Das führt zu Koliken: Der Bauch tut weh, das Kind schreit – und überreizt damit das Nervensystem noch mehr. Die Beschwerden steigern sich, die Eltern sind hilflos. Auch ihr Nervensystem wird über kurz oder lang überstrapaziert – die ganze Familie ist gestresst.
Es gibt bewährte Techniken, um die Verspannungen und Disharmonien, die der Quell des Übels sind, zu erkennen und zu normalisieren. Wenn Ihr Kind also besonders viel schreit, lohnt es sich auf jeden Fall, Ihren Kinder- und Jugendarzt aufzusuchen, um mögliche körperliche Ursachen abzuklären.

Elisabeth Dietze
Physiotherapeutin

Vier bis sechs Monate: Schon jetzt sind Rituale wichtig

Im Alter zwischen vier und sechs Monaten schlafen die meisten Kinder am besten. Die ersten Anpassungsschwierigkeiten sind vorbei. Die Verdauung hat sich eingespielt. Das Kind hat seine Umgebung und seine Familie kennengeernt. Es ist nicht mehr auf ständigen Körperkontakt angewiesen. Und es lernt auch seine Körpergrenzen immer besser kennen.

Ab dem vierten Lebensmonat entwickelt Ihr Kind eine Erwartungshaltung. Es erkennt wiederkehrende Handlungsmuster und erinnert sich, was als Nächstes passieren wird. Man nennt das sein Episodengedächtnis. Verwirren Sie Ihr Baby jetzt nicht mit allzu viel Abwechslung. Stattdessen werden Rituale immer wichtiger, also immer wiederkehrende Handlungen, die stets nach dem gleichen Muster ablaufen.

Mit vier Monaten wächst auch sprunghaft die Neugier Ihres Babys auf seine Umwelt. Anreize von außen drängen sich zwischen Mutter und Kind, werden immer interessanter. Mütter sehen oft mit gemischten Gefühlen, dass sich ihr Kind plötzlich sogar beim Stillen oder beim Fläschchentrinken ablenken lässt. Das sind seine ersten bewussten Schritte in seine eigene Selbständigkeit. Fast wie ein zweites Abnabeln. Nehmen Sie es als Anlass für eine kleine Feier – wie bei jedem Schritt Ihres Kindes in sein eigenes Leben. Wenn Sie das ein wenig traurig macht, bedenken Sie: Ihr Kind wird jedenfalls noch lange auf Ihre Hilfe angewiesen bleiben. Und mit jedem kleinen Schritt in seine eigene Unabhängigkeit gewinnen auch Sie wieder etwas Zeit für sich selbst.

Zwischen dem fünften und siebten Lebensmonat kommt eine „Saure-Gurken-Zeit" auf Sie zu, die Eltern und Kind das Leben ganz schön schwer machen kann. Es ist eine Zeit zwischen zwei wichtigen Entwicklungsschritten: Ihr Baby hat mittlerweile gelernt, sich ganz allein in die Bauchlage zu drehen. Aber da bleibt es dann liegen. Es will weiterkommen, vorwärtsrobben – aber so weit ist es in diesem Alter meist noch nicht. Und nichts macht unzufriedener, als wenn man etwas will und nicht kann. Ihr Baby schimpft also wie ein Rohrspatz – aber das hilft ihm nichts.

Machen Sie jetzt lieber nicht den Fehler, ihm ständig „helfen" zu wollen. Seien Sie sicher: Sobald der kleine Körper reif dazu ist, wird Ihr Kind losrobben wie eine Lokomotive. Solange es das noch nicht kann, ist es eben noch nicht so weit. Diese Frustration muss es leider aushalten – und Sie auch. Hier lernt Ihr Kind Frustrations-Toleranz.

4 BIS 6 MONATE: ENTWICKLUNGSINFORMATIONEN

IN BAUCH-LAGE	IN RÜCKEN-LAGE	GREIFEN	SOZIALER KONTAKT/ SPRACHE	SEHEN UND BEGREIFEN
Stützt sich sicher auf die Unterarme, spielt mit Gegenständen, hält dabei das Gleichgewicht, hebt manchmal einen Arm	Betastet seine Oberschenkel, später die Knie, rollt von einer Seite auf die andere	Übt bewusst das Greifen, betastet alle Gegenstände und untersucht sie auch mit dem Mund	Lacht viel und jauchzend, aber auch so genannte „Drei-Monats-Angst" kann auftreten	Schließt seine Augen, wenn plötzlich ein Gegenstand vor ihm erscheint (Schutzfunktion)
Streckt ab und an beide Arme nach vorn, versucht immer häufiger, in Bauchlage zu spielen	Übt in Rückenlage die spätere Sitzhaltung, rollt sich auf die Seite	Greift bewusst nach Dingen, gibt sie von einer Hand in die andere, greift nicht mehr mit der ganzen Faust	Blasreibelaute werden geübt, das Baby lächelt nicht mehr alle spontan an	Sucht prompt nach einer Geräuschquelle
Liegt im sicheren Hand-Becken-Stütz (Arme gestreckt), „kippt" manchmal auf den Rücken	Betastet seine Füße, rollt manchmal fast auf den Bauch	Greif diagonal über seinen Körper hinweg nach einem Spielzeug	Unterscheidet Bekannte von Fremden; bildet Silbenketten, wie „da-da-da"; beginnt, mit Lautstärke zu spielen	Schaut einem zufällig heruntergefallenen Spielzeug nach

Quelle: Anne Pulkkinen, PEKiP: Babys spielerisch fördern

Das bedeutet die neue Situation für den Schlaf Ihres Kindes:

- Die Selbstregulierungs-Kompetenz Ihres Kindes ist schon deutlich gewachsen. Es ist schon besser in der Lage, auf etwas zu warten. Zum Beispiel darauf, dass Mama nicht sofort kommt, wenn es ruft.
- In der Zeit zwischen seinem dritten und sechsten Lebensmonat schläft Ihr Baby vermutlich am allerbesten. Es hat die Anpassungsschwierigkeiten an das Leben außerhalb des Mutterleibs bewältigt, die Kennenlernphase ist vorbei und seine Verdauung ist eingespielt.
- Ab dem vierten Lebensmonat entwickeln Babys eine Erwartungshaltung. Deshalb werden spätestens jetzt ständig wiederkehrende Rituale und ein klar strukturierter Tagesablauf immer wichtiger – besonders auch für den ruhigen Nachtschlaf. Ihr Kind kann sich nun auf wiederkehrende Abläufe einstellen und weiß, was jeweils auf es zukommt. Das gibt ihm Sicherheit.
- Noch etwas passiert im vierten Lebensmonat: Die Welt wird immer größer und bunter für Ihr Kind. Es nimmt immer mehr Dinge um sich herum immer bewusster wahr. Damit wächst auch seine Neugier. Es kann immer öfter passieren, dass Außenreize es sogar beim Stillen ablenken – die Mutter ist plötzlich nicht mehr allein der Nabel seiner Welt.

Das ist für Sie wichtig zu wissen:

- Ihr Baby ist in diesem Alter besonders neugierig. Es hat ständig Angst, irgendetwas zu versäumen. Deshalb könnte ein Sichtschutz am Kinderbett ihm helfen, zur Ruhe zu kommen.
- Das Baby ist nun nicht mehr so auf andauernden Körperkontakt angewiesen wie in seinem ersten Vierteljahr. Es kennt seine eigenen Körpergrenzen immer besser.
- Ab dem vierten Lebensmonat können viele Säuglinge nachts schon vier bis zwölf Stunden lang durchschlafen. Sie werden aber – wie übrigens auch wir Erwachsenen – jede Nacht mehrmals wach und müssen dann möglichst allein wieder in den Schlaf zurückfinden.
- Wenn Ihr Baby nachts weint und schreit, hat es noch nicht gelernt, nach dem nächtlichen Aufwachen allein wieder in den Schlaf zurückzufinden. Gehen Sie hin, wenn Ihr Kind schreit. Nehmen Sie es aber nicht auf den Arm. Helfen Sie ihm, in seinem Bett wieder einzuschlafen – auf die gleiche Art, wie zuvor beim Einschlafen am Abend.

- Eltern helfen ihrem Kind, seine Fähigkeit zu entwickeln, sich selbst zu trösten, indem sie es nachts auch kurz allein lassen, wenn es wach geworden ist. Der englische Kinderarzt und Psychologe *Dr. Donald W. Winicott* hat betont, dass die Fähigkeit, allein zu sein, in der emotionalen Entwicklung eines Menschen eines der wichtigsten Zeichen für Reife ist. Das bedeutet nicht, dass Sie Ihr Kind schreien lassen oder vernachlässigen sollen. Aber geben Sie ihm ein wenig Zeit, sich womöglich allein zu beruhigen, ehe Sie an sein Bett eilen.
- Als Säugling beginnt ein Kind zwischen sich und seiner Mutter zu unterscheiden. Es zeigt dann ganz natürlich erste Ansätze einer sich bildenden Unabhängigkeit. Kein Kind leidet später an emotionalen oder psychologischen Problemen, weil es aus Protest nachts geweint hat, während es sich im allein Einschlafen geübt hat, hat die Kinderpsychologin *Dr. Margret Mahler* herausgefunden.
- Beide Psychologen meinen damit nicht: Lassen Sie Ihr Kind schreien! Aber sie meinen, dass es keinem Kind schadet, wenn es ein wenig schreit und nach und nach lernt, sich auch selbst zu beruhigen.
- Spätestens ab dem vierten Monat sollten übermüdete Mütter dafür sorgen, dass sie Unterstützung bekommen und mindestens zwei Nächte pro Woche durchschlafen können, damit sie selbst wieder genügend ungestörten Tiefschlaf finden und sich regenerieren können.

Durch die Augen des Kindes

„Manches Mal wünschte ich mir, Eltern würden die Welt nur einmal für einen Moment durch die Augen ihrer Kinder betrachten. Jeden Tag unendlich viele neue Eindrücke, Geräusche, Gerüche, eine Million Dinge, die es gilt auszuprobieren und zu erforschen. Viele Rechner würden bei dieser Datenflut Probleme mit ihrer Prozessorleistung bekommen, vielleicht würde sogar das System komplett abstürzen. Ich wünschte, Eltern hätten mehr Verständnis für die Gewohnheiten ihrer Kinder, die einfach nichts von einer programmierten Welt verstehen, in der man nur alle vier Stunden trinkt, dann sofort wieder schläft und nachts überhaupt nicht wach wird. Bildlich gesprochen können sich Kinder abends nicht neben ihre Eltern auf das Sofa setzen und erzählen, dass sie müde und k.o. sind, und dass das heute mal wieder ganz schön viel war. Statt dessen sind sie unruhig und weinen vielleicht sogar, wie man meinen könnte, ohne Grund. Seien Sie einfach für Ihre Kinder da, halten sie ganz fest und vermitteln Sicherheit und Geborgenheit."

Carina Bresser, Hebamme

Sieben bis zwölf Monate: Die Zeit der Entdecker und Eroberer

Viele Kinder haben in ihrem zweiten Lebenshalbjahr Schlafprobleme. Kein Wunder, schließlich haben sie eine Menge Neues zu verarbeiten. Neue Perspektiven, wenn sie vom Liegen in die Sitzposition kommen, dann Robben und Krabbeln lernen und schließlich aufstehen und laufen. Das ist alles so aufregend, dass es einen schon mal um den Schlaf bringen kann. Und dazu die ersten Trennungsängste und die Erkenntnis, dass es ringsum furchtbar viele Menschen und vielfältige neue Erfahrungshorizonte gibt. Das kann ebenfalls Angst machen. Deshalb „fremdeln" kleine Kinder und halten sich mit aller Kraft am Bekannten fest – zum Beispiel an den Eltern und Bezugspersonen.

7 bis 12 Monate: Entwicklungsinformationen

In Bauchlage	In Rückenlage	Greifen	Sozialer Kontakt/ Sprache	Sehen und Begreifen
Versucht, Bauch und Po hochzuheben	Führt Füße zum Mund, spielt mit ihnen, spielt in Seitenlage	Greift mit beiden Händen gut, kann gleichzeitig in jeder Hand ein kleines Spielzeug halten	Schaut Fremde skeptisch an; spielt weiterhin mit der Lautstärke, flüstert	Beugt sich vor, um heruntergefallenem Spielzeug nachzusehen (Höhe – Tiefe erkannt)
Dreht sich im Kreis, hebt einen Arm, stützt sich dabei mit dem anderen gut ab	Dreht sich vom Rücken auf den Bauch	Fasst Spielzeug mit Daumen-, Zeige- und Mittelfinger an	Fremdelt deutlich	Sucht verstecktes Spielzeug (z.B. unter einem Becher)

7 bis 12 Monate: Entwicklungsinformationen

IN BAUCH-LAGE	IN RÜCKEN-LAGE	GREIFEN	SOZIALER KONTAKT/ SPRACHE	SEHEN UND BEGREIFEN
Dreht sich vom Bauch auf den Rücken, rollt über beide Seiten, beginnt zu robben	Bleibt kaum auf dem Rücken liegen	Lässt Spielzeug bewusst nach unten fallen	Mag Kuckuck-Spiele, bildet Doppelsilben, da-da, ba-ba usw.	Tastet in einen Becher hinein (Tiefe wird untersucht)
Dreht sich aus der Rückenlage sofort auf den Bauch, krabbelt, zieht sich an niedrigen Gegenständen hoch		Zeigefinger und Daumen gestreckt; schlägt Dinge aneinander	Kennt einige Begriffe, ahmt Tätigkeiten Erwachsener nach	Interesse für Details, untersucht diese mit dem Zeigefinger
Kommt aus dem Vierfüßlerstand zum Sitzen (zuerst seitlich, dann Langsitz)		Zangengriff: Zeigefinger und Daumen gebeugt	Sagt zum Auto „brr“, zum Hund „wau-wau“	Zieht ein an einer Schnur befestigtes Spielzeug zu sich heran
Zieht sich an Möbeln hoch, läuft seitlich an ihnen entlang, erste Schritte (50% der Kinder) bis zum ersten Geburtstag		Hält in jeder Hand zwei kleine Bauklötze	Bitte-Danke-Spiele, eventuell erste Worte: Mama, Papa	Findet ein Spielzeug unter einem von drei Bechern

Quelle: Anne Pulkkinen, PEKiP: Babys spielerisch fördern

Das ist für Sie wichtig zu wissen:

- In die zweite Hälfte des ersten Lebensjahrs fallen viele aufregende Ereignisse: Zahnen, Krabbeln, Laufen, bewusste Trennungen – und damit verbunden Trennungsängste und das Fremdeln.
- Etwa im siebten bis achten Monat fangen bei den meisten Babys ihre ersten aktiven Autonomiebestrebungen an. Sie bewegen sich immer weiter weg von der Mutter und verlassen damit die sichere Nähe aus eigener Initiative.

- In diesem Alter kann das Kind sich meist schon allein umdrehen. Es kann robben, krabbeln und sitzen. Die meisten Kinder können sich jetzt schon ganz allein hinsetzen. Manch eines will dann auch schon selbst essen.
- Je mehr Ihr Kind kann, umso mehr will es auch allein machen. Der eigene Wille entwickelt sich jeden Tag ein wenig mehr: Ihr Kind wird immer selbständiger.
- Am Ende des achten Monats kann Ihr Kind schon Doppelsilben sprechen (Ma-ma, Pa-pa, Da-da) und Gegenstände im „Pinzettengriff" (mit Daumen und Zeigefinger) greifen.
- Die Zeit etwa ab dem siebten Monat ist die Zeit des Fremdelns.
- Die Welt Ihres Kindes wird immer größer – damit aber auch immer fremder und manchmal auch erschreckender. Deshalb ist das Alter zwischen sieben und acht Monaten oft auch der Gipfel der Schlafprobleme.
- Bis zum 12. Monat macht Ihr Kind große motorische Fortschritte. Es kann sich in den Stand hochziehen und stehen, an Möbeln entlanglaufen, indem es sich dort festhält, letztlich sogar die ersten Schritte ganz allein im freien Raum machen.
- Es reagiert auf seinen Namen und versteht schon mehrere wichtige Botschaften (zum Beispiel: *„Nein!"*).
- Es kann seine Wünsche schon deutlich machen, ohne zu schreien. Zum Beispiel deutet es mit dem Finger auf Dinge, die es haben will, weiß schon, wer Mama und wer Papa ist und sagt das auch. Auch andere Wörter kann es schon sprechen.
- Im Traum verknüpft Ihr Kind all die vielen neuen Erfahrungen und Gefühle, die damit verbunden sind, und seine inneren Impulse.
- Verabschieden und Wiederkommen können Sie tagsüber spielerisch üben.

Das hilft Ihnen weiter in Bezug auf den Schlaf Ihres Kindes

- Oft entstehen „Rechenfehler" bei schlafbedürftigen Eltern, die in den frühen Morgenstunden nur ungern akzeptieren wollen, dass ihr Kind schon ausgeschlafen hat. Prüfen Sie anhand eines „Schlaftagebuchs" den Schlafbedarf Ihres Kindes.
- Durchschlafprobleme heilen Sie am besten, indem Sie erst mal den Tagesablauf strukturieren. Lassen Sie Ihr Kind tagsüber schlafen, wenn es müde ist – aber maximal 1–2 Stunden.

- Wie viel Ihr Kind tagsüber schlafen sollte, richtet sich nach seinem Verhalten. Wenn es wach ist, sollte Ihr Kind zufrieden und aktiv sein. Dass es zu wenig schläft, erkennen Sie, wenn es quengelig wird und beim Spielen deutlich lustlos ist.
- Wenn Ihr Kind nachts häufiger wach wird, gilt für Sie als Eltern als oberstes Gebot: Schichtdienst! Sorgen Sie dafür, dass der Elternteil, der „immer" nachts aufsteht, regelmäßig vom anderen abgelöst wird. Zumindest an den Wochenenden beziehungsweise in Zeiten, in denen der andere am nächsten Morgen nicht früh zur Arbeit muss. Damit verhindern Sie, selbst Durchschlafstörungen zu entwickeln.

Fremdeln ist ein Schutzreflex

Babys zwischen sechs und acht Monaten machen große Fortschritte in der Entwicklung und Ausdifferenzierung ihrer Wahrnehmung. Nun können sie zutreffend zwischen vertrauten und unbekannten Gesichtern unterscheiden und empfangen nicht mehr jeden Gast mit einem Lächeln. Stattdessen wirken sie ängstlich und abweisend. Manche Forscher meinen, dass sie dabei nicht nur auf das fremde Gesicht reagieren, sondern auch den Geruch des Fremden wahrnehmen. Das würde erklären, dass viele Kinder besonders abweisend sind, wenn man sich ihnen zuneigt. Im Laufe der vorausgegangenen Monate haben sich zwischen Mutter beziehungsweise Vater und Kind eindeutige Kommunikationsmuster gebildet. Gegenüber fremden Menschen funktioniert diese Kommunikation nicht. Das Kind fühlt sich hilflos, weil es diese missliche Situation nicht ändern kann, reagiert deshalb verstört und weint. Fremdeln kann man auch als „Kindersicherung der Natur" sehen. Denn in diesem Alter werden Kinder deutlich lebhafter: Sie fangen an zu krabbeln, sich aufzurichten, sie probieren zu stehen und zu laufen. Fremdeln hindert sie daran, sich allzu weit von den Eltern zu entfernen. Einige Kinder fremdeln übrigens nur kurz und sind bald wieder aufgeweckt und eroberungslustig, andere bleiben lange zurückhaltend und vorsichtig.

Eltern sind die emotionale Tankstelle ihrer Kinder

In meinen PEKiP-Kursen konnte ich immer wieder beobachten: Wenn Babys anfangen, sich aktiv fortzubewegen, entdecken Sie ihre Welt.
Zuerst entdecken sie ihr Spielzeug. Dann machen sie erste Raumerfahrungen und begegnen anderen Babys und ihren Müttern. Sie werden mutig und entfernen sich langsam immer weiter von ihrer Mutter – ohne sie aber dabei aus den Augen zu lassen. Oft kommen sie dann schnell wieder zurück, um danach erneut auf Entdeckungstour zu gehen. Sie brauchen also zwischendurch die vertraute Nähe der Mutter und eine Umarmung – als „Rückversicherung", dass alles in Ordnung ist.
Sobald Kinder sich fortbewegen können, bestimmen sie auch die Nähe und die Distanz, die sie zu Mama und Papa und zu anderen Menschen halten möchten. Jetzt entscheiden sie schon selbst, wie viel Rückversicherung sie brauchen und kommen von allein zum „Auftanken" an die elterliche Tankstelle zurück.

Julia

Julia war schon achteinhalb Monate alt und liebte warme Möhrchen. Schon morgens früh um fünf. Seit ihre Mutter vor Monaten auf die Idee gekommen war, ihr diese Leckerei anzubieten, wenn die Kleine um diese Uhrzeit wach wurde. Sie dachte es war Hunger, denn nach den Möhrchen drehte Julia sich immer zufrieden um und schlief noch ein Weilchen. Und ihre erschöpfte Mutter konnte so auch weiterschlafen. Nacht für Nacht.
Julias Mutter wusste allerdings nicht, dass sie das auch einfacher hätte haben können. Ohne Möhrchenwärmen und Füttern in der Nacht. Morgens zwischen vier und fünf haben fast alle Kinder – und auch die meisten Erwachsenen – noch einmal einen Wechsel vom Traumschlaf in den Tiefschlaf. Oft werden sie dann kurz halb wach – und schlafen wieder weiter. Seit Julias Mutter das weiß, gibt es keine Fünf-Uhr-Möhrchen als Wiedereinschlafhilfe mehr. Nach einer anstrengenden, konsequenten Zeit der Abgewöhnung der Möhrchen, schlafen Mutter und Tochter morgens friedlich aus – meistens bis um halb sieben.

Ab sechs Monaten: Krabbeln. Loslassen. Fremdeln.

Schlafschwierigkeiten treten im zweiten Lebenshalbjahr häufiger auf. Alle Beteiligten hatten das Schlafen zuvor einigermaßen „unter Kontrolle", speziell die Mutter hatte sich an eine gewisse Regelmäßigkeit gewöhnt – und nun gibt es Rückfälle. Warum schläft das Baby nun wieder schlechter? Sind es die Zähne? Oder kündigt sich eine Krankheit an?

Beides ist möglich. Aber es gibt eine weitere Möglichkeit: Im zweiten Halbjahr ihres Lebens beginnen Kinder zu krabbeln. Das heißt, sie bewegen sich eigenständig fort von ihrer Mutter. Diese selbst gesteuerte Fortbewegung ist etwas sehr Spannendes und mit ganz neuen Eindrücken verbunden. Kinder erforschen ihre Umgebung aus eigener Kraft und erweitern ihren Aktionsradius. Die Fülle neuer Eindrücke, die damit verbunden ist, trägt zu unruhigerem Schlaf der Kinder bei. Dieses Wissen lässt so manches Schlafproblem verständlicher werden.

In diesem Entwicklungsalter geht es um die Eigenständigkeit des Kindes – und für die Eltern ums Loslassen. Loslassen als Aufgabe begleitet Eltern. Von der Geburt über das Abstillen, das Krabbeln, den Kindergarten ... immer wieder ein kleines Stückchen.

Damit sie sich nicht zu weit von Mama entfernen, hat die Natur kleinen Kindern eine Hilfe mitgegeben: das Fremdeln. Babys weinen, wenn sie zu weit weggekrabbelt sind oder die aus dem Zimmer gegangene Mutter nicht mehr sehen können.

In meiner Beratungsarbeit mit Eltern von Säuglingen ist es mir immer wichtig zu erkennen, was die Eltern konkret verändern wollen. Welche Wünsche haben sie? Was passt für sie? Manche Eltern haben im zweiten Lebenshalbjahr ein Problem, ihr Kind loszulassen und ihm Raum zu geben, sich abzugrenzen. Dann müssen sie lernen, dem Kind zuzutrauen, allein einzuschlafen und ihm die dazu notwendigen Hilfen zu geben. Nicht mehr und nicht weniger. Diese Hilfen können im Einzelfall sehr unterschiedlich aussehen."

Elke Swalve, Dipl.-Psychologin

Mama, wo bist du?

Ein Säugling unter einem Jahr ist darauf angewiesen, dass die Eltern in seiner Nähe sind. Er hat noch wenig inneren Handlungsspielraum und ist in diesem Alter auch noch nicht in der Lage zu verstehen und zu begreifen, dass Mama oder Papa da sind, obwohl er sie nicht sieht. Noch weniger kann er verstehen oder sich gar „vorstellen", dass sie wiederkommen, nachdem sie weggegangen sind. Deshalb ist es so wichtig, dass Sie Ihrem Kind, wenn es schreit, immer wieder zeigen, dass es nicht allein ist. Dass Sie da sind. Diese „Rückversicherung" braucht Ihr Kind immer wieder. Dieses Vertrauen wird mit der Zeit wachsen und irgendwann genügt es, dass Ihr Kind Ihre Stimme hört, um sich erst mal zu beruhigen. Es lernt: Wenn meine Mama nicht zu sehen ist – nicht da ist, dann kommt sie trotzdem wieder.
Es lernt die Fähigkeit sich von der Mutter zu trennen und sich selbst zu trösten, wenn sie herbeigesehnt wird, aber nicht erreichbar ist. Das ist ein wichtiger Entwicklungsschritt – und viele Eltern erkennen gar nicht, welche Leistung er für ihr Kind darstellt. Sie vermuten – und erwarten – einfach, dass es das ganz von selbst kann.
Oft sind es die Eltern selbst, die nicht loslassen können und ihr Kind deshalb „überbehüten". Denken Sie darüber nach. Wie war das bei Ihnen, als Sie klein waren? Hatten Sie besonders starke Trennungs- und Verlassensängste? Kann es sein, dass Sie deshalb ähnliche Gefühle bei Ihrem Kind vermuten? Was hat es mit Ihnen als Erwachsene zu tun?

„Siesta" – der Mittagsschlaf

Die Schlafzeiten verändern sich im Laufe der Entwicklung Ihres Kindes. Um das erste Lebensjahr haben Kinder am Tag noch zwei Schlafzeiten: morgens und nachmittags. Danach halten die meisten Kinder nur noch einen Mittagsschlaf – in der Regel 1–2 Stunden lang.
Manche Kleinkinder möchten keinen Mittagsschlaf mehr machen und sind am Spätnachmittag oft todmüde und „knatschig". Wenn sie dann einschlafen und wieder aufwachen, sind sie oft bis spät in den Abend topfit. Damit stellen viele Zweijährige die Nerven ihrer Eltern, besonders die ihrer Mütter, auf eine harte Probe.

Warten Sie nicht, bis Ihr Kind vor Müdigkeit umfällt, sondern geben Sie ihm einen klaren Tagesrhythmus vor. Kleinkinder brauchen ihren Mittagsschlaf. Fernsehen ist für kleine Kinder keine Alternative zum Mittagsschlaf im eigenen Bettchen. Hier sitzen die Kinder zwar meistens ruhig vor dem Fernseher. Sie bekommen dabei aber immer neuen „Input" und können nicht abschalten.
Einige Kinder brauchen erst mal etwas Zeit um zur Ruhe zu kommen. Wenn das bei Ihrem Kind auch so ist, dann legen Sie es einfach in sein Bettchen. Es darf ruhig singen, erzählen und sich bewegen. Die Müdigkeit ist da und wird es ins „Träumeland" holen.
Ihr Kind ist noch zu klein, um zu entscheiden, ob es ins Bettchen möchte oder nicht. Diese Entscheidung müssen Sie ihm abnehmen.

Was die Mittagsruhe fördert:

- Anregende Spiele und viel Bewegung an der frischen Luft am Vormittag
- Ein kurzes Einschlaf-Ritual (nicht so ausgiebig wie am Abend)
- Wenn Sie als Eltern selbst „Siesta" machen (sagen Sie Ihrem Kind deutlich: *„Ich hab jetzt auch Pause"*)
- Ein klarer Mittagsschlaf-Rhythmus auch bei der Tagesmutter und am Wochenende (obwohl Papa jetzt zum Spielen da ist)

Sogar Kindergartenkinder brauchen zu Beginn der Kindergartenzeit noch ihre Mittagsruhe. Sie müssen zwar nicht schlafen, aber sie sollten zur Ruhe kommen. Sie dürfen sich leise beschäftigen, zum Beispiel Bilderbücher anschauen. Dabei kann leise Entspannungsmusik laufen. Und die Spielregel heißt: Solange die Musik läuft, ist Pause und Ruhe.

1 bis 3 Jahre: In Siebenmeilenstiefeln ins Kindergartenalter

Die Kleinkind-Zeit bis ins Kindergartenalter ist eine spannende Reise ins Leben. Ihr Kind erobert immer aktiver seine Welt – und entfernt sich dazu immer weiter von der schützenden Hand seiner Mutter. Sich trennen, loslassen, dem Kind etwas zutrauen – das sind die zentralen Themen in diesem Alter. Im Grunde sind es die zentralen Themen während der gesamten Entwicklung Ihres Kindes, bis es irgendwann endgültig auf eigenen Füßen steht. Sich trennen, das ist ein Thema, das Sie und Ihr Kind noch Ihr Leben lang begleitet. Deshalb: Üben Sie es spielerisch.
Wichtig ist: Sich zu trennen lernt ein Kind tagsüber. Nicht erst abends, wenn es sich trennen soll, um zu schlafen. Die wichtigste Voraussetzung, eine Trennung zu akzeptieren: Das Kind ist nun in der Lage, sich vorzustellen, dass Sie da sind, auch wenn es Sie nicht sieht. Oder dass Sie wiederkommen, nachdem Sie weggegangen sind.

Ein Jahr: Für Kleinkinder ist die ganze Wohnung ein Spielzeug

Entwicklungs-Informationen:

Bis Ihr Kind etwa 16 Monate alt ist, lernt es allein zu laufen, manche Kinder auch schon früher. Es wird immer geschickter darin, mit dem Löffel zu essen und kleckert dabei immer weniger, außer es will matschen, weil das so einen Spaß macht. Es will alles nachmachen, was Sie tun. In diesem Alter beginnt es in der Küche zu „kochen“, während Sie das Essen zubereiten, und die Küchenschränke auszuräumen. Eigentlich braucht es kein Spielzeug – Schneebesen, Kochtöpfe und Plastikschüsseln sind viel interessanter. Seine Feinmotorik wird immer ausgeprägter. Mit etwa 15 Monaten kann es schon wunderschön mit einem Buntstift kritzeln – pardon: Bilder malen.
Kurz vor dem zweiten Lebensjahr beginnt die Phase seiner bewussten Selbstwahrnehmung. Es beginnt von sich selbst zu sprechen und nennt sich beim Namen. Auf Bildern, Plakaten und in Büchern erkennt es andere Babys als seinesgleichen. Es versucht schon das eine oder andere Kleidungsstück selbst

ausziehen. Es kann schon ein paar Bauklötze aufeinander stapeln und Treppen steigen, wobei es sich am Geländer festhält. Aber aufgepasst: Runter ist es schwerer.

Plötzlich entwickelt Ihr Kind Trennungsängste

Zum Thema „Trennungsangst" sagt die Kinder- und Jugendärztin Dr. Annelli Homann:

„Trennungsangst ist eine normale Reaktion in der Entwicklung von Säuglingen ab einem Alter von 7-12 Monaten. Die Angst bei der Trennung des Kindes von Mutter oder Vater nimmt an Intensität zu bis zum Alter von 15-18 Monaten. Danach lässt sie allmählich nach. Die meisten Kinder in diesem Alter zeigen ein bestimmtes Maß an Angst vor realer oder befürchteter Trennung von Menschen, an die sie gebunden sind.

Beispiel: Der neun Monate alte Niklas spielt zufrieden. Seine Mutter verlässt kurz den Raum, Niklas sieht sich um und sucht die Mutter. Er wird unruhig und schreit. Die Mutter kommt zurück, nimmt Niklas auf den Arm und spricht beruhigend mit ihm. Er hört auf zu schreien, beruhigt sich nach kurzer Zeit und spielt weiter.

Trennungsangst als emotionale Störung gibt es ab dem 2. bis 3. Lebensjahr. Sie unterscheidet sich von normaler Trennungsangst durch den außergewöhnlichen Schweregrad der Angst. Die Kinder haben unrealistische und anhaltende Sorgen, dass den Eltern etwas zustoßen könnte, dass sie für immer weg sein könnten, tot sein könnten oder dass das Kind selbst verletzt oder getötet werden könnte.

Beispiel: Die sechsjährige Laura weigert sich, ins Bett zu gehen, sie steht nachts häufig auf, um nachzusehen, ob die Eltern noch da sind und will ins Elternbett. Sie lehnt Einladungen von Freundinnen ab. Sie hat Alpträume, dass sie gekidnappt wird. Morgens vor der Schule hat sie Bauchschmerzen und Übelkeit. Sie klammert sich an die Mutter. Die Schmerzen lassen sofort nach, wenn sie zu Hause bleiben darf. Wenn abends der Babysitter kommt, schreit und weint sie. Sobald die Eltern sich verabschieden wollen, erbricht sie das Abendessen.

Risikofaktoren für die Entwicklung einer exzessiven Trennungsangst sind:

- *Die familiäre Häufung von Angsterkrankungen.*
- *Ein angeborenes vorsichtig schüchtern gehemmtes Temperament.*
- *Ein Erziehungsstil mit Überbehütung oder stark kontrollierendem Elternverhalten.*

- *Das Fehlen von emotionaler Wärme und Feinfühligkeit der Eltern.*
- *Eine unsichere oder unsicher ambivalente Bindung an die Bezugspersonen.*
- *Wiederholte frühe Erfahrungen unvorhersehbarer Ereignisse.*

WAS KÖNNEN ELTERN TUN?

Kinder brauchen ehrliches und eindeutiges Sprechen und Handeln ihrer Eltern. Kinder wollen fühlen, dass die Eltern ihnen etwas zutrauen. Und sie brauchen die Sicherheit, dass sie ihren Eltern vollkommen vertrauen können.
Beispiel: „Jetzt bin ich ganz für dich da. Ich bin hier bei dir mit meiner vollen Aufmerksamkeit. Ich halte dich in meinen Armen. Ich hab dich lieb. Jetzt werde ich gehen. Du kannst allein schlafen. Du bist nicht allein im Haus. Oma/der Babysitter ist da. Du bist mein mutiges großes Kind. Ich bin stolz auf dich. Ich freue mich, dass du schon ein bisschen allein bleiben kannst. Wie schön, dass du es kannst. Ich werde wieder da sein, wenn du aufwachst. Du kannst dich auf mich verlassen.“
Kinder brauchen Eltern, die in sich hineinfühlen und sich selbst vertrauen.
Beispiel: „Ist das richtig, was ich tue? Bin ich mir selbst sicher, dass mein Kind das kann, was ich von ihm erwarte? Was sagt mir mein Gefühl?“
Nur wenn Eltern selbst überzeugt sind vom eigenen Handeln, nur wenn sie sich selbst sicher sind, kann ihr Kind ihnen vertrauen.
Bei dem Gefühl der Unsicherheit sollten Eltern innehalten und Unterstützung suchen.
Beispiel: „Wem vertraue ich? Wen kann ich um Rat fragen? Wer kann mich unterstützen? Mein Partner? Die Großeltern? Die gute Freundin, der gute Freund? Der Kinderarzt? Der Psychologe einer Beratungsstelle?“
Und wenn einmal alles schief gegangen ist und Kind und Eltern völlig erschöpft sind? Dann ist es Zeit für Eltern, Nachsicht mit sich zu haben, sich selbst in den Arm zu nehmen und die eigene Unvollkommenheit zu verzeihen.“

Eva

Als meine Tochter Eva 17 Monate alt war hatten wir unendlich viele sehr unruhige Nächte. Sie wachte irgendwann zwischen 1 Uhr und 3 Uhr auf, war einerseits noch sehr schläfrig aber zugleich zu unruhig, um wieder in den Schlaf zu finden.

Das gelang ihr weder allein noch mit unserer Hilfe. Waren mein Mann oder ich nicht bei ihr, schrie sie herzzerreißend und fand kein Ende. Blieb einer von uns bei ihr, weinte sie nicht mehr, fand aber trotzdem keine Ruhe und leider auch nicht wieder in den Schlaf zurück. Sie kramte durch ihr Bett, suchte ihr Schmusetier, setzte sich, legte sich wieder anders herum ins Bett usw. Manchmal verlangte sie nach einiger Zeit nach einer Milch. Die Annahme, dass sie wegen Hunger aufgewacht war, war eher unwahrscheinlich, denn dann wäre sie nach dem Trinken schnell wieder eingeschlafen. Dem war aber nicht so. Die Unruhe setzte sich noch eine Weile fort. Sie schlief dann irgendwann nach 2-3 Stunden wieder ein.
Nach vielen leider erfolglosen Versuchen, die Situation für uns alle wieder zu verbessern, nahmen wir eine professionelle Schlafberatung in Anspruch. Die präzisen Fragen und das möglichst genaue Analysieren der Situationen und Abläufe war extrem hilfreich. Am Ende unseres Gesprächs stellten wir fest, dass wir die Lösungsideen mit Hilfe der Schlafberaterin selbst entwickelt hatten. Sie gab Hilfe zur Selbsthilfe - nur so konnte sich die Schlafsituation verbessern. Wir konnten somit auf das Einschlaf-Programm verzichten, weil wir tagsüber die „3 R's" umgesetzt haben: Regeln, Rhythmus, Rituale.

Zwei Jahre: Schon ganz schön geschickt und doch noch klein

Entwicklungs-Informationen:

Bis zum zweiten Geburtstag lernt Ihr Kind wieder eine Menge hinzu. Zum Beispiel kann es jetzt mit seinen Bauklötzchen schon richtige kleine Türme bauen. Es hat seine eigenen Worte für Dinge, Menschen und Tiere und benutzt sie, um sich verständlich zu machen. Es kann aber auch schon Zwei-Wort-Sätze mit einfachen Aussagen zusammenbauen. Zum Beispiel „Mama komm". Ihr Kind erkennt das eine oder andere seiner Körperteile und kann es benennen. Es befolgt einfache Anweisungen - zum Beispiel kommt es, wenn Sie es rufen. Außer wenn es gerade etwas besonders Spannendes tut und sich darauf mit aller Kraft konzentriert. Es hilft mit, wenn Sie ihm die Händchen waschen. Und es kann bereits seine Hose selbst anziehen - vielleicht sogar die Socken oder die Schuhe.

Beim Kleinkinderturnen in meinem Kursus „Toben und Turnen im Zwergenland“ werden die Kinder zunehmend aktiver und mobiler. Die Mütter sind anfangs zufrieden und entspannt und freuen sich über die gewonnene Sicherheit und Selbständigkeit ihrer Kinder, die jetzt schon vieles allein machen.
Doch mit der Zeit „kippt“ das Verhalten der Kinder dann: Vor allem Kinder zwischen dem 16. und 19. Lebensmonat klammern sich dann plötzlich wieder an Mamas Rockzipfel. Manche Mütter sind dann genervt, weil ihre Kinder plötzlich so zurückhaltend und verschüchtert sind, obwohl die anderen Kinder und Mütter ihnen doch schon längst vertraut sind. Ständig wollen sie wieder getragen werden.
Selbst zu Hause will das Kind in dieser Phase keinen Augenblick allein sein. Sogar, wenn Mama duscht, möchte es dabei sein. Diese Phase ist für alle Eltern sehr anstrengend. Aber es ist eine ganz normale Entwicklungsphase, die bei jedem Kind unterschiedlich lange dauert, und die auch irgendwann wieder zu Ende ist.
In dieser Zeit sind Schlafprobleme ganz normal. Sie gehören zur Entwicklung dazu. Eltern suchen dann natürlich nach Erklärungen: Was ist bloß mit meinem Kind los? Sie verstehen das neue Verhalten einfach nicht. Kinder machen in dieser Zeit innerlich einen großen Entwicklungsschritt. Sie müssen starke ambivalente Gefühle verarbeiten. Einerseits möchten sie die Welt entdecken und anderseits am liebsten in Mutters Schoß bleiben.
In dieser Zeit braucht Ihr Kind viel Zuwendung und Rückversicherung von seinen Eltern und anderen Bezugspersonen. Sparen Sie bitte nicht daran.
In dieser Entwicklungsphase ist es für Ihr Kind besser, wenn Sie eine „sanfte“ Einschlafmethode anwenden – eine der Methoden, bei der Sie Ihr Kind nicht in seinem Zimmer allein lassen, sondern bei ihm bleiben, bis es eingeschlafen ist.

Anna-Marie

Ich dachte, ich versinke im Erdboden, als ich meine kleine Tochter dabei beobachtete, wie sie sich selbst stimulierte. Was soll ich bloß machen? Ist das normal? Wenn Sie beobachten, dass Ihr Kind auf körperlicher Entdeckungsreise seine Geschlechtsteile streichelt und reibt, ist das völlig normal für die Ent-

wicklung. Es hilft dem Kind, sich selbst zu entdecken und schöne Gefühle zu haben. Der Nebeneffekt ist, dass Ihr Kind danach gut und zufrieden schläft.
Sehr empfehlenswert zu diesem Thema ist eine Broschüre, die man kostenlos bei der BZgA bestellen kann: „Ein Ratgeber für Eltern zur kindlichen Sexualentwicklung: Körper, Liebe, Dokterspiele – 1. bis 3. Lebensjahr“

Clara

Als unsere Tochter Clara zwei Jahre alt war, waren wir bei einer Schlafberatung. Wie uns geraten wurde, sind wir schrittweise nach der „Stuhl-Methode“ vorgegangen. Wir haben mit Clara über das Einschlafen gesprochen und sind dann nach dem Abendritual schrittweise mit dem Stuhl aus ihrem Zimmer gewandert, Abend für Abend ein wenig mehr. Clara machte wunderbar mit, bestand allerdings darauf, dass wir uns auch dann weiter auf den Stuhl setzten, wenn der für sie schon längst nicht mehr zu sehen war. Morgens hat sie sich immer über den neuen Mond gefreut, den Sie zur Belohnung an der Wand vorgefunden hatte und war ein bisschen stolz. Das waren wir auch.
Wir sind froh, eine „sanfte“ Lösung gefunden zu haben, bei der wir Clara in dieser sensiblen Entwicklungsphase langsam und liebevoll an das Allein-Einschlafen gewöhnen konnten.

Drei Jahre: Endlich Kindergartenkind

Entwicklungs-Informationen:

Mit drei Jahren übt Ihr Kind von morgens bis abends. An- und Ausziehen, zum Beispiel. Es ist die Zeit der Schuhe mit Klettverschluss. Denn das mit den Schnürsenkeln ist denn doch noch ein wenig kompliziert. Jetzt stehen Feinmotorik und Selbstkontrolle im Vordergrund. Das Kleinkind kann nun bereits sehr beachtliche Türme mit seinen Bauklötzen bauen. Es kann sogar schon sekundenlang auf einem Bein balancieren oder auf beiden Füßen gleichzeitig hüpfen. Zum Beispiel auf Ihrem Bett – das macht Spaß.

Nun nennt Ihr Kind auf Nachfrage seinen eigenen Vor- und Nachnamen und versteht beschreibende Adjektive. Es kann im Plural sprechen, kennt und benutzt den Unterschied zwischen „Ich“ und „Du“, weiß, wie alt es ist und ob es ein Junge oder ein Mädchen ist.
Außerdem kennt Ihr Kind inzwischen die Grundfarben Rot, Grün, Gelb und Blau und malt schon Bilder, die Sie durchaus an die Wand hängen könnten. Es weiß, wo die Dinge hingehören und hilft mit Feuereifer beim Aufräumen. Andere Kinder hat es längst entdeckt und spielt gern gesellige Spiele wie Fangen und Verstecken. Die Sauberkeitserziehung ist im Gange. Das Töpfchen wird mit der Toilette getauscht. Zeit für den Kindergarten!

Die magische Phase

Dr. Ulrich Rabenschlag, der Erfinder der Freiburger Sanduhr-Methode sagt zu diesem Thema in seinem Buch „So finden Kinder ihren Schlaf“:
„In ihrem magischen Denken – und diese Sichtweise ist nie so stark ausgeprägt wie gerade in diesem Alter – müssen die Kinder sich nicht nur mit realen Gefahren auseinandersetzen, das können sie oft erstaunlich gut. Nein, sie müssen Orientierung finden in einer Welt, die durch die Weite ihrer Phantasien unbegrenzt ist und zu der die Erwachsenne keinen Zugang haben – ja, auch nicht haben sollen. Die für viele Erwachsene so schrecklich klingenden alten Märchen aus „Tausendundeine Nacht“ oder der Sammlung der Gebrüder Grimm handeln von dieser magischen Welt und daher haben sie Kinder vieler Generationen so geliebt und sind gut danach eingeschlafen! Harmlose Gutenachtgeschichten sind gut für die Abende harmloser Tage, aber welche Tage im aufregenden Leben eines Kindergartenkindes sind schon harmlos? Nur die langweiligen! Gerade wenn die „schlimmen“ Märchen immer wieder vorgelesen werden müssen, ist das ein Hinweis darauf, dass sie eine Botschaft enthalten, in der ein von seinen Phantasien angefülltes Kind, das nicht einschlafen kann, sich wiederfindet. Genauso ging es übrigens dem König Schahrirah in „Tausendundeine Nacht“, der immer wieder neue Geschichten von seiner Märchenerzählerin Scheherazade hören musste, bis nach eintausendundeins Nächten seine Schlafstörungen kuriert waren – das sind fast drei Jahre, die ganze Kindergartenzeit!“

Maja 1

Mit 2½ Jahren haben wir das Buch: „Weißt Du, wer die Träume bringt?“ mit eingebaut in unser Schlafritual. Da der Traumbote in diesem Buch mit Sternenstaub und Funkelsternen die Kinder besucht und wunderschöne Träume bringt, habe ich Maja erzählt, dass der Traumbote nur dann kommt, wenn die Kinder tief und fest schlafen. Und wenn man dann auch noch im eigenen Bett liegen bleibt und durchschläft, dass dann der Bote den Kindern schon mal (nicht immer, da er ja zu soooo vielen Kindern muss) einen Funkelstern vor das Bett legt. Ich habe ihr dann den Anreiz gegeben, dass sie sich ein Spiel aussuchen darf, wenn sie 5 Funkelsterne zusammen hat. Immer dann, wenn sie ohne Theater ins Bett ging und auch die Nacht schlief, streute ich kleine goldene Sterne (Dekomaterial) als Sternenstaub und einen großen goldenen Stern (Funkelstern) vor ihr Bett. Sie hatte eine Schatzdose, wo wir alles drin sammelten. Und siehe da: Das Zubettgehen wurde um einiges leichter, selbst das Durchschlafen klappte immer besser.

Ängste

Wenn Ihr Kind zwei Jahre und älter ist, kommt eine Phase der Ängste. Zum Beispiel ist da die Angst vor der Dunkelheit. Die finstere nächtliche Umgebung beflügelt die Phantasie Ihres Kindes. Seine Phantasien erschweren es ihm, beim nächtlichen Aufwachen seine vertraute Umgebung wiederzuerkennen. Die Hose über dem Stuhl wird zu einer Krake, die nebeneinander liegenden Kasperlepuppen werden im Nachtlicht zur riesigen Spinne.

Gegen Abend sind Kinder in diesem Alter oft nicht mehr ganz so souverän und ruhig wie tagsüber. Wenn Ihr Kind dann zum Beispiel sagt, dass es Angst vor Hexen, Monstern oder Gespenstern hat, fangen Sie nicht an, mit ihm darüber zu diskutieren. Versuchen Sie nicht, es davon zu überzeugen, dass es solche Fabelwesen nicht gibt. Bemerkungen wie *„Stell’ dich nicht so an“* oder *„Du bist doch kein Baby mehr“* helfen dann wirklich nicht weiter. Zeigen Sie Verständnis. Nehmen Sie Ihr Kind in den Arm und versichern ihm, dass Sie da sind und es beschützen: *„Ich hab dich sehr lieb. Papa und ich sind bei dir und passen auf dich auf.“* Das Wichtigste ist nun, sich auf die Ebene Ihres Kindes zu begeben und mit ihm gemeinsam Lösungen aus seiner Welt zu suchen, die die Hexen, Monster, Löwen und Krokodile unterm Bett in Schach halten und besiegen.

Ängstlichkeit ist oft ein Signal des Kindes: *„Mama, beschütze mich."* Obwohl es bald drei Jahre alt sein wird, fühlt es sich oft noch klein und hilflos und sehnt sich nach Geborgenheit. Lassen Sie Ihr Kind Ihr Selbstsicherheit spüren. Dann beruhigt es sich, weil es sich bei Ihnen sicher und gut aufgehoben fühlt.

Maja 2

Auch das Buch: „Der klitze kleine Engel" hat uns später dabei geholfen, dass das Zubettgehen besser funktionierte. Als bei Maja Ängste auftauchten, haben wir oft dieses Buch gelesen, und im Anschluss daran ganz still im Zimmer gelegen und gelauscht, ob der kleine Engel auch bei uns ist.
Maja konnte ihn immer hören und meinte dann: „Jetzt bin ich ja nicht allein in meinem Zimmer, du kannst ruhig gehen."

Normale Ängstlichkeit kann ein Kind beunruhigen und auch zum Weinen bringen. Das hat aber nichts mit panikartiger Angst zu tun. Bei panischen Angstattacken klammert sich Ihr Kind an Ihnen fest, steigert sich in hysterisches Schreien hinein und versucht alles, damit es nicht allein bleiben muss. Hier braucht Ihr Kind Hilfe und Unterstützung. Zum Beispiel können Sie eine Ausnahme vom Allein-Einschlafen machen. Aber es sollte die Ausnahme bleiben. Dann aus solchen Ausnahmen entwickeln sich schnell falsche Einschlafgewohnheiten. Vor allem aber sollten Sie versuchen, die Ursache der panischen Ängste Ihres Kindes herauszufinden. Versuchen Sie, der Ursache tagsüber auf die Spur zu kommen. Wenn Ihr Kind sich auch am Tag mit seinen nächtlichen Angst-Themen beschäftigt, kann ein wirkliches Problem dahinterstecken. Versuchen Sie, das Problem herauszufinden. Wenn das nicht gelingt, nehmen Sie professionelle Hilfe in Anspruch.
Manchmal versuchen Kinder auch, ihre Ängste als taktische Maßnahme einzusetzen, um das Abendritual selbst zu bestimmen oder zu verlängern. Deshalb lassen Sie das Abendritual grundsätzlich in gewohnter Weise und in gewohnter Länge ablaufen.
Wenn Ihr Kind Ängste äußert, helfen Sie ihm am besten, wenn Sie ihm zuhören, seine Sorgen und Ängste ernst nehmen, ihm Ihre Liebe und Fürsorge zeigen

– und trotzdem standhaft bleiben, was das Abendritual und das Einschlafen angeht.

Alpträume

Alpträume treten meistens in der zweiten Nachthälfte auf. Dann werden im Traumschlaf die Erlebnisse und Konflikte des Tages verarbeitet. Auch die Verarbeitung von Angst, Wut und Schuldgefühlen kann zu Alpträumen führen. Kleine Kinder können all das noch nicht durch Nachdenken mit „Vernunft" am Tag verarbeiten.

Böse Träume wirken bedrohlich, weil für kleine Kinder oft der Unterschied zwischen Traum und Wirklichkeit verschwimmt. Wenn Ihr Kind aus einem Alptraum aufwacht, fühlt es sich immer noch von den bösen Traumerlebnissen bedroht. Die Angst ist noch da – und Ihr Kind braucht Trost. Nehmen Sie es in den Arm, damit es spürt, dass Sie bei ihm sind. Und sagen Sie ihm, dass alles in Ordnung und alles gut ist.

Ist Ihr Kind schon älter als drei Jahre, können Sie es auf seinen Traum ansprechen. Aber drängen Sie es niemals dazu, seinen Traum zu erzählen, wenn es das nicht selbst möchte.

Nach einem Alptraum ist ein kleines Nachtlicht hilfreich, das Ihrem Kind seine gewohnte Umgebung zeigt. Geben Sie ihm auch ruhig Schutz im Elternbett, bis es sich beruhigt hat.

Von Zeit zu Zeit hat jedes Kind Alpträume. Wenn sie allerdings über einen längeren Zeitraum fast jede Nacht auftreten, dann scheint Ihr Kind ein Problem zu haben, dessen Ursache Sie auf den Grund gehen müssen.

Nachtschreck

Tom

Mit einem Schrei schreckte Tom aus seinem Tiefschlaf, weinte, war sehr unruhig und ließ sich von uns überhaupt nicht beruhigen. Er schien gar nicht richtig wach zu sein.

Streicheln, liebevolle Umarmung, bis hin zum Festhalten, alles wehrte er ab, genauso unsere tröstenden Worte. Alles hatte keine Wirkung. Ich legte ihn vorsichtig

aufs Elternbett und wartete ab. Die Zeit schien unendlich lang. Und so plötzlich, wie der „Nachtschreck“ gekommen war, war die „Attacke“ auch wieder vorbei. Tom schlief weiter, als wäre nichts gewesen. Wir - mein Mann und ich - saßen immer noch im Bett und unsere Herzen schlugen bis zum Hals vor Aufregung. Was war denn das?
Am nächsten Morgen wachte Tom gutgelaunt auf wie immer.

Der Nachtschreck holt den Schlafenden aus dem Tiefschlaf - und nicht aus dem Traumschlaf. Meist in der ersten Nachthälfte. Die Häufigkeit ist unterschiedlich. So sind Abstände von Wochen, Monaten, Jahren möglich, aber auch Nachtschreck-Attacken in mehren Nächten hintereinander.
Schlafmediziner sagen, der Nachtschreck komme meist zwischen dem 2. und 6. Lebensjahr vor. Ich selbst habe es in der Praxis auch bereits bei jüngeren Kindern erlebt.
Dieses Phänomen ist unter Kindern weit verbreitet und in den meisten Fällen harmlos. „Harmlos“ ist jedoch nicht der Schreck, der Eltern in die Glieder fährt, wenn sie aus dem Schlaf gerissen werden. Gelassen bleiben? Für Eltern ist es kaum zu glauben, dass diese erlebte Situation bei ihren Kindern keine Spuren hinterlässt.
Ich selbst habe mich bei dem ersten Nachtschreck unserer Tochter sehr erschreckt und danach viel Literatur gewälzt. Jetzt kann ich die Eltern besser über die Harmlosigkeit der Erscheinung aufklären. Und den „Schrecken“ der Eltern und ihre Reaktionen kann ich viel besser nachempfinden, weil ich den „Nachtschreck“ selbst erlebt habe.

Sicherheit macht Mut

Bis zum Kindergartenalter trennt sich Ihr Kind Schritt für Schritt immer mehr von Ihnen. Um sich allein zu beschäftigen. Um mit seinen Altersgenossen zu spielen - zum Beispiel in Kinderspielgruppen ohne Muttis. Um die Oma zu besuchen. Diese Trennungen eröffnen ihm neue Welten. Aber sie machen auch Angst. Allerdings umso weniger, je intensiver es diese Schritte aktiv, von sich aus, selbst gesteuert tut. Wie lange und wie intensiv sie es dennoch ängstigen, hängt vom Temperament Ihres Kindes ab. Und von seiner inneren Sicherheit. Auf die haben Sie einen gewissen Einfluss.

Trost im Elternbett ist erlaubt

Innerhalb der Entwicklung Ihres Kindes gibt es immer wieder Phasen, in denen es besondere Ängste entwickelt. Oder Zeiten, in denen es schlecht schläft, weil es krank ist. Es spricht nichts dagegen, Ihrem Kind in solchen Situationen zum Einschlafen die Hand zu geben oder es im Elternbett schlafen zu lassen – auch wenn Sie diese Lösung prinzipiell nicht gewählt haben. Sie können Ihrem Kind auch vorübergehend einen Schlafplatz neben dem Elternbett einrichten, bis die schwierige Phase vorüber ist. Damit kann es sein Bedürfnis nach Nähe befriedigen. Irgendwann entscheiden Sie gemeinsam, dass es wieder ins eigene Zimmer umzieht. Dort muss Ihr Kind dann wieder – wie vorher auch – allein in seinem Bettchen einschlafen.

Neues macht Angst

Kleine Kinder erleben jeden Tag Neues. Und was neu, unbekannt, nicht vertraut ist, ruft leicht Ängste hervor. Die Angst, verlassen zu werden, etwas nicht zu können, ausgelacht zu werden. Ein Kind, das Angst hat, sucht Trost, Unterstützung, Hilfestellung. Körperliche Nähe zu seinen Eltern. Geben Sie ihm diese Zuwendung. Aber überwiegend tagsüber.

Hat Ihr Kind schlecht geträumt? Oft können kleine Kinder noch nicht zwischen Traum und Wirklichkeit unterscheiden. Lassen Sie sich den Traum am nächsten Morgen erzählen. Reden Sie darüber. Ängste nehmen an Bedeutung zu, wenn man sich ihnen nicht stellt. Nehmen Sie Ihr Kind in den Arm und trösten Sie es. Fragen Sie es, was es selbst gegen seine Angst tun kann, was ihm helfen kann. Suchen Sie gemeinsam nach Lösungen, z.B. in Bilderbüchern.

Auch die eigene Wut und Aggressionen sind Gefühle, mit denen umzugehen Kinder erst lernen müssen. Oft haben Ängste vor Dunkelheit und vor Monstern hier ihre Wurzel. Besonders in der magischen Phase – in der es Realität und Phantasie verschmilzt.

Ihr Kind kann lernen, sich selbst zu regulieren

Allein zu schlafen bedeutet sich zu trennen

Häufig haben Babys Probleme mit dem Ein- und Durchschlafen, wenn ihre Selbstregulations-Fähigkeit gestört oder noch nicht weit genug entwickelt ist. So nennt man die Fähigkeit eines Kindes, den Grad des Kontakts zu seiner Umwelt selbst zu bestimmen. Abzuschalten, wenn es müde ist. Aufmerksam zu sein, wenn es wach ist. Frustration oder Unwohlsein zu ertragen. Sich auch mal phasenweise mit sich selbst zu beschäftigen. Zufrieden zu sein. Zu ertragen, dass die Mutter oder der Vater sich von ihm trennt und es auch mal eine gewisse Zeit sich selbst überlässt – wenn auch in Hörweite.
Das sagt die Psychologin Christine Rankl: *„Mit dem Begriff Selbstregulations-Kompetenz sind wir nicht nur bei einem grundlegenden Faktor in der Entwicklung seelischer Gesundheit, sondern auch bei einem zentralen Baustein der Fähigkeit, gut schlafen zu können. Für ein Kind ist es Ausdruck einer sehr hohen Selbstregulations-Kompetenz, allein vom Wach- in den Schlafzustand zu gelangen, also allein einzuschlafen – und auch eine Nacht lang durchschlafen zu können."*

Selbstregulation bedeutet, sich selbst zu steuern

Selbstregulation ist die Fähigkeit eines Menschen, seine eigenen Impulse und Bedürfnisse mit den Anforderungen in Deckung zu bringen, die von außen kommen. Und sich abzugrenzen gegen Reize von außen, die den eigenen Bedürfnissen zuwiderlaufen. Der erste Schritt dazu ist für einen Säugling, in seinen ersten drei Lebensmonaten einen Schlaf-Wachrhythmus zu entwickeln. Zur Selbstregulation des Babys gehört auch zu lernen, Außenreize „abzuschalten", wenn es müde ist, und sich in den Schlaf sinken zu lassen.

Ihr Kind lernt, sein Leben in Balance zu bringen

Seine inneren Wünsche, Bedürfnisse und Frustrationen mit der Außenwelt in Einklang zu bringen ist das Erste und Wichtigste, was Ihr Kind bereits im Säuglingsalter lernt. Sich gegen die Außenwelt abzugrenzen. Den Umfang und die Intensität seines Kontakts zu seiner Umwelt selbst zu bestimmen. Sich „selbst zu regulieren" – mit sich selbst klarzukommen.

Schon ein neugeborenes Kind hat sehr ausgeprägte Wünsche und Bedürfnisse. Es will schlafen. Es hat Hunger. Es braucht Nähe, Wärme und Zuwendung. Es fühlt sich wohl – oder es fühlt sich nicht wohl, zum Beispiel weil die Windel nass ist. Es fühlt sich allein und ist damit zufrieden – oder unzufrieden, möchte Anregung oder Streicheleinheiten. All diese gegensätzlichen Wünsche, Bedürfnisse und Impulse wollen bewältigt werden.

Es muss erst lernen, irgendwie damit zurechtzukommen. Ein Gleichgewicht zu schaffen. Es bemüht sich darum, sie zu befriedigen. Oder es lernt damit umzugehen, dass sie nicht befriedigt werden. Oder nicht sofort. Es macht zum Beispiel die Erfahrung, dass es vielleicht ein wenig warten muss. Weil seine Mutter gerade etwas anderes tut, das sie nicht unterbrechen kann oder will. Die inneren Spannungen, die durch dieses Warten ausgelöst werden, muss der kleine Mensch erst mal verdauen.

Dieses Thema wird ihn sein ganzes Leben lang beschäftigen. Zunächst lernt er im Wesentlichen, die sechs verschiedenen Verhaltenszustände auseinanderzuhalten (siehe Kapitel 2). Später werden die Impulse und Gefühle, die Ihr Baby ausbalancieren muss, von Tag zu Tag komplexer. Im Sandkasten und später im Kindergarten oder in der Schule beginnt es richtig spannend zu werden. Von da an gilt es nämlich seine eigenen Wünsche mit denen der anderen Kinder in Deckung zu bringen. Und das ist gar nicht so einfach. Und fast immer spielt das Thema Trennung eine Rolle, wenn Ihr Kind versucht, seine Innenwelt mit der Außenwelt in Einklang zu bringen. Jeder Entwicklungsschritt ist ein Schritt weg von der Mutter. Und vom Vater. In die weite Welt hinaus ...

Scheiden tut weh

„*Wenn sie doch immer so klein blieben*", stöhnt so manche Mutter mit einem wehmütigen Blick auf ihr Neugeborenes. „Kleine Kinder - kleine Sorgen. Große Kinder - große Sorgen", kommentiert der Volksmund bedeutungsschwer. Jedes gesunde, neugierige Kind entwickelt sich von seinen Eltern weg. Die stärkste Kraft im Leben eines Menschen ist sein Drang nach Autonomie.

Die Eltern dagegen kennen die Welt und ihre Tücken. Viele wollen ihr Kind am liebsten so lange wie möglich davor behüten. Sie wollen es vor Kummer bewahren, ihm Schmerzen ersparen. Und Schmerzen, das sind auch Frustrationen. Die allerdings gehören zu den Dingen, mit denen umzugehen man früh lernt. Ebenso wichtig ist es, eine Balance zwischen Autonomie, also Selbermachen, und Abhängigkeit zu finden. Auch dazu gehört es, sich zu trennen. Um beispielsweise allein einzuschlafen.

Trennen muss sich dazu allerdings nicht nur das Kind. Sondern auch die Mutter. Oder der Vater. Trennen bedeutet loszulassen. Dem anderen - in diesem Falle dem Kind - etwas zuzutrauen. Zum Beispiel das Einschlafen ohne Hilfe. Es bedeutet, dem Kind die Chance zu geben, das für sich herauszufinden.

Bindung – der sichere Hafen

Bindung ist die Grundlage jeder gesunden sozialen Entwicklung. Sie wird in den ersten zwölf bis achtzehn Monaten gelegt. Wichtig ist sie für ein Kind vor allem in Situationen, in denen es unsicher ist, Angst hat, Trost braucht und dafür auftanken muss. Sie ist aber auch die Grundlage dafür, dass ein Kind neugierig auf seine Umwelt zugehen kann, bereit zu Erkundungen und Entdeckungen aller Art. Eine sichere Bindung ist der Heimathafen, der dem Kind die Möglichkeit bietet, „auszulaufen" und zurückzukehren.

Psychologen haben festgestellt: Kinder mit sicherer Bindung können leichter auf andere zugehen. Sie sind kooperativer im Umgang mit ihren Eltern und anderen Erwachsenen und beliebter bei Gleichaltrigen. Sie können Stress-Situationen besser bewältigen und zeigen mehr Neugier als unsicher gebundene Kinder.

Und da liegt mitunter der Hase im Pfeffer. Denn einerseits wünschen Sie sich, dass Ihr Kind das allein kann. Aber andererseits haben Sie vielleicht Bedenken. Könnte sich Ihr Kind abgelehnt fühlen, wenn Sie es zum Schlafen ganz allein lassen? Macht ihm das keine Angst, so allein im dunklen Zimmer? Es schreit schließlich. Sind das Hilfeschreie? Erinnert Sie das an eigene Erfahrungen aus Ihrer Kindheit? Augenblicke, in denen Sie sich allein gelassen gefühlt haben? Und Sie haben sich geschworen: So etwas werde ich mit meinen Kindern niemals machen.

So viel Hilfe wie nötig, so wenig wie möglich

Der Psychologe und Psychotherapeut Gero Hufendiek sagt dazu:
„Eigentlich geht es um das uralte Dilemma der Erziehung schlechthin. Wie viel Unterstützung und Hilfe braucht ein Kind? Um es gleich vorwegzunehmen: Es lässt sich nicht ideal ‚lösen', sondern man kann es nur zeitweise gut hinbekommen!
Einem Kind alle Schwierigkeiten und Probleme vorsorglich aus dem Weg zu räumen, verhindert, dass es selber lernen kann, Probleme und Schwierigkeiten zu bewältigen. Die Folge: es bleibt abhängig, unselbständig und traut sich wenig zu. Das andere Extrem führt letztlich zu den gleichen Folgen. Ein Kind, von dem verlangt wird, übermächtige Probleme allein zu lösen, macht eine frustrierende Erfahrung nach der anderen und gewinnt allmählich die Überzeugung, den Anforderungen des Lebens nicht gewachsenen zu sein. In beiden Fällen kann man von einer gelernten Hilflosigkeit sprechen. Es braucht mal wieder ‚Fingerspitzengefühl' und viel ‚Ausprobiererei', um schließlich die richtige Mischung aus Fördern und Fordern hinzukriegen. Dummerweise muss die Mischung in relativ kurzen Abständen verändert werden; aber auch das Mischen kann man lernen, und es gibt ja auch noch Ihr Kind, das da kräftig mitmischt.
Von Geburt an beginnt der sogenannte Autonomieprozess (nicht erst in der Pubertät). Ist ein Säugling beispielsweise noch in sehr hohem Maße von Ihnen abhängig, damit seine existenziellen Bedürfnisse gestillt werden, kann ein Dreijähriger vergleichsweise schon sehr viel selbst machen. Er kann im Gegensatz zum Säugling sagen, was er möchte, den Kühlschrank öffnen, aber eben auch auf die Straße rennen oder ungestüm auf einen Hund zu laufen. Eine 15-Jährige braucht Sie fast gar nicht mehr, aber bei gewissen Themen und Entscheidungen eben doch noch ganz dringend.

Man muss also ständig überlegen: „Was kann mein Kind schon alleine und was ist noch eine Nummer zu groß?" Und ganz besonders wichtig: „Was liegt genau dazwischen?" Denn an dieser Stelle wird es interessant - und genau da wird gelernt. Hier gilt der alte Grundsatz: Genau so viel Hilfe wie nötig (und kein Zoll mehr), viel Zuversicht und Zutrauen, damit Ihr Kind es allein schafft. Absolut out ist es, etwas, was Ihr Kind schon gut kann, ihm wieder abzunehmen, außer unter ganz besonderen Umständen, wie z.B. Krankheit. Zum Glück wehren sich die meisten Kinder heftig, wenn man etwas für sie tun will, was sie schon können.
Entwicklungspsychologen sprechen von sogenannten normalen ‚Entwicklungskrisen' und meinen damit Autonomiekonflikte zwischen Eltern und Kindern, wenn diese plötzlich gerade dabei sind eine Fähigkeit zu erwerben und sich ausprobieren. Da Entwicklung nicht linear verläuft, sondern manchmal sprunghaft, braucht es eben wieder etwas Zeit, bis die Eltern und das Kind wieder unter den neuen Bedingungen aufeinander eingestimmt sind. Beispielsweise die ersten Versuche Ihres Kindes, selbst mit dem Löffel zu essen, wo es bisher doch gefüttert werden musste.
Eine große Falle ist der eigene Stress der Eltern im Alltag. Das Motto „Dann mach ich es doch lieber selbst, weil's schneller geht" sollte die absolute Ausnahme sein. Also machen Sie sich klar, dass man als Eltern meist einen Schlingerkurs fährt zwischen Überbehütung und Überforderung. Es ist schon viel erreicht, wenn die Bögen dabei flacher werden und sie zu beiden Seiten der Ideallinie schwingen."
Manche Eltern haben oft Angst um ihr Kind. Trotzdem ist es wichtig, es loszulassen. Schön ist es, wenn man das Kind mit einer positiven inneren Haltung loslassen kann und ihm Selbstvertrauen mit auf den Weg gibt: *„Geh ruhig mal gucken"*. Wenn es zurückkommt, sollten Eltern emotional zur Verfügung stehen: *„Komm mal her - was hast du denn erlebt?"* Und wenn es weint, trösten, wenn es nötig ist.

Allein einschlafen und gut durchschlafen – eine Frage der Selbstregulation

Nächtliches Aufwachen zwischen Leicht- und Tiefschlafphasen ist völlig normal. Nur das Weiterschlafen ist leider nicht immer völlig normal (auch für uns Erwachsene nicht).
Je besser ein Kind sich selbst regulieren kann, umso leichter fällt es ihm, allein einzuschlafen und gut durchzuschlafen.

In Ihrem Buch „Einschlafen – (k)ein Kinderspiel" sagt die Psychologin Christine Rankl dazu:

„Ein Kind, das den Schritt vom Wachsein zum Einschlafen nur mit fremder Hilfe wie wiegen, gefüttert werden etc. schafft, braucht genau diese Einschlafhilfen, wenn es aufwacht. Und das kann oft der Fall sein. Im Idealfall schafft es ein Kind, seine Tiefschlafblöcke zu 1,5 bzw. 3 Stunden miteinander zu verbinden, und kommt so ‚nur' 4- bis 6-mal pro Nacht. Es gibt jedoch Kinder, die erst gar nicht in die Tiefschlafphase hineinkommen, was etwa 20 Minuten dauert, sondern kurz vorher wieder aufwachen und so sich das nächtliche Aufwachen bis zu 15-mal steigern kann.

Und noch einen Nachteil hat das Benötigen einer Einschlafhilfe von außen: Der kindliche Schlaf ist so viel weniger stabil und dadurch störungsanfälliger. Warum?

Stabilität erreicht man, indem man allein alle Störfaktoren, die einen so beim Einschlafen noch irritieren, wie Geräusche, Verdauungsvorgänge etc., wegblenden kann. Es ist vergleichbar mit einem Großrechner, der langsam runterfährt und sich Teil für Teil abschaltet. So muss auch das Kind Schritt für Schritt vom Zustand der Müdigkeit in den des Einschlafens und Tiefschlafens wandern. Wird es statt diesen anfangs mühsamen Weg lernen zu müssen, immer vom Wach- in den Schlafzustand ‚abgeseilt', fehlt ihm diese Möglichkeit zur Selbstregulation.

Und der Erwerb der Selbstregulationskompetenz ist die zentrale Entwicklungsaufgabe in der frühen Kindheit. Diese Fähigkeit ist Voraussetzung dafür, als Erwachsener mit den – leider – so üblichen Frustrationen, Enttäuschungen und sonstigem Unbill des Lebens gut umgehen zu können, ohne Trost und Stütze ausschließlich in Suchtverhalten oder übertriebener Abhängigkeit vom Partner oder den Eltern zu finden. Sprich, ein ausgeglichener Mensch zu werden."

Kapitel 3: Das Wichtigste in Kürze

- Jedes Kind hat sein eigenes Entwicklungs-Tempo. Deshalb überfordern Sie es nicht mit zu hohen Erwartungen.
- Im ersten Lebensjahr durchläuft Ihr Kind mehr körperliche Entwicklungsstufen als im ganzen Rest seines Lebens.
- Sie als Eltern sind die Entwicklungshelfer Ihres Kindes. Eine sichere Bindung zu Ihnen ist die beste Basis für eine gesunde Entwicklung.
- Sehen Sie das Thema „Ein- und Durchschlafen" immer im Zusammenhang mit der jeweiligen Entwicklungsstufe Ihres Kindes.
- Schreien und Weinen gehören ebenso zur normalen Entwicklung Ihres Kindes wie Fremdeln und Trennungsängste.
- Je besser Ihr Kind sich schon selbst regulieren kann, desto leichter fällt es ihm, allein einzuschlafen und gut durchzuschlafen.

4

Ihr Kind sagt Ihnen, was es will

In diesem Kapitel erfahren Sie:

- Wie Sie schon nach der Geburt mit Ihrem Baby „ins Gespräch" kommen können
- Was Sie dank Ihrer intuitiven Eltern-Kompetenz schon von Anfang an alles richtig machen
- Wie gut Sie Ihr Baby kennenlernen können, wenn Sie auf seine Signale achten
- Wie Ihre elterlichen Gefühle das Verhalten und die Entwicklung Ihres Kindes beeinflussen
- Dass Eltern unter extremer Belastung sogar Wut auf ihr Kind bekommen können – und wie man damit umgeht
- Dass Ihr Baby – auch wenn es noch kein Wort versteht – schon viel mehr versteht, als Sie glauben

Ihr Dialog mit Ihrem Baby

Ihr Kind ist in der Lage, mit Ihnen Kontakt aufzunehmen, auf Sie zu reagieren, Ihre Reaktionen aufzugreifen, zu beantworten, zu verstärken. Von Anfang an. Vom Augenblick seiner Geburt an zieht es Sie in einen sehr spannenden Dialog. Indem Sie sich darauf einlassen, helfen Sie ihm, Schrittchen für Schrittchen seine kleine Welt zu entdecken und zu erobern.
Aber der aktive Teil, derjenige, der diesen Dialog beginnt – ist Ihr Kind. Sie gehen zunächst nur auf seine Signale ein. Und übernehmen dann behutsam die aktive, die Führungsrolle. Damit geben Sie Ihrem Kind die Möglichkeit, seinen Kontakt zur Außenwelt selbst zu regulieren und nicht nur auf Signale von außen zu reagieren. Das lernt es in den ersten zehn Tagen seines Lebens. Es ist eine wichtige Basis für seine Selbständigkeit – nicht zuletzt auch für seine Fähigkeit, allein ein- und durchzuschlafen.
Sie sind in der Lage, sich auf die Ebene Ihres Kindes zu begeben, sich auf seine Bedürfnisse einzulassen. Und zwar ganz von allein, automatisch. Reflexartig. Ohne dass Sie darüber nachdenken müssen. Sie brauchen es nicht zu lernen. Es steckt in Ihren Genen. Sie sind mit dieser Fähigkeit geboren. Das Ehepaar Papousek, Pioniere der Säuglingsforschung, hat diese Fähigkeit beobachtet, beschrieben und ihr einen Namen gegeben: Intuitive elterliche Kompetenz. Jeder hat sie. Alle Menschen in allen Kulturen auf allen Kontinenten.
Schon Kinder etwa ab dem vierten Lebensjahr können auf ein Baby angemessen reagieren. Ich erkläre Ihnen auf den folgenden Seiten, wie das funktioniert. Nicht um es Ihnen beizubringen. Denn Sie können es ja bereits. Sondern um es Ihnen bewusst zu machen. Damit Sie verstehen, was zwischen Ihnen und Ihrem Kind passiert. Was möglich ist. Und um Ihnen zu zeigen: Sie machen es im Grunde schon ganz von selbst richtig.

Was nimmt ein Neugeborenes wahr?

Die Möglichkeiten Ihres Kindes, seine Umgebung wahrzunehmen, sind auf ein Gegenüber ausgerichtet. Und dieses Gegenüber sind Sie. Wie der Deckel auf den Topf passen diese Kommunikationsmöglichkeiten Ihres Kindes mit Ihren Fähigkeiten zusammen, auf Ihr Kind einzugehen. Beide bedingen sich gegenseitig. Und beide haben nur ein Ziel: die gesunde Entwicklung Ihres Kindes zu fördern.

Wenn ein Kind zur Welt kommt, kann es sehen und hören. Und zwar so gut, dass es gleich nach der Geburt Kontakt mit seiner Mutter - seinen Eltern - aufnehmen kann. Erinnern Sie sich an die magischen Momente direkt nach der Geburt. Der erste Blickkontakt. Unvergesslich. Ihr Kind hat Sie angesehen. Es ist in diesem frühen Alter zwar noch kurz- und weitsichtig. Aber auf 20 bis 25 Zentimeter Entfernung sieht auch ein Neugeborenes bereits scharf. Das ist etwa der Abstand, den die Augen von Mutter und Kind beim Stillen haben.

Das Baby, der kleine Seismograph

Während meiner neunjährigen Tätigkeit als PEKiP-Gruppenleiterin habe ich sehr viele Berichte von Müttern gehört, die mich mittlerweile von Babys als „Seismographen" sprechen lassen. Kleine Kinder haben ein sehr feines Gespür für Veränderungen, und viele reagieren sehr heftig darauf. Immer, wenn Mütter über Störungen im Schlafrhythmus ihrer Babys berichten, mache ich mich deshalb zusammen mit ihnen nahezu detektivisch an die Ursachenforschung heran. Und oft lässt sich feststellen, dass die Babys auf etwas reagieren, was sich in ihrem Leben verändert hat oder was sie in ihrem Leben stört. Auch wenn wir nicht immer fündig werden, haben sich doch einige Bereiche herauskristallisiert, die häufig eine Rolle bei Babys verändertem Schlafverhalten spielen.

Nicht selten fällt in die PEKiP-Gruppenzeit (6. Lebenswoche bis Ende des 1. Lebensjahres) die Taufe der Kinder oder ein anderes größeres Familienfest. Oft berichten die Mütter, dass ihre Babys nach solch einem Tag, an dem sie so viele fremde Gesichter sahen, auf so vielen fremden Armen getragen wurden und so vielen Aufforderungen zum Gucken und Lachen folgen sollten, mit einer schlaflosen Nacht reagieren.

Da Paare, wenn sie Eltern werden, oft eine größere Wohnung brauchen, gehören auch Umzüge durchaus in den Erlebnisbereich eines Babys. Auch hier berichten Mütter nicht selten, dass ihre Kinder während der „heißen" Phase des Renovierens und Packens sehr weinerlich, anhänglich sind und/oder unruhiger schlafen. Hat sich die Familie dann endlich eingerichtet, wird auch das Baby in der Regel wieder ruhiger.

Aber es muss nicht gleich ein Wohnungswechsel sein, der das Baby aus dem Gleichgewicht bringt. Manchmal ist es einfach die Schlafstätte, die dem Kind nicht oder nicht mehr zusagt. So gibt es Babys, die lange Zeit sehr gut in ihrer Wiege schlafen. Werden sie dann in ein größeres Bettchen „verlegt", können sie sich nur schwer an so viel mehr Platz gewöhnen. Andererseits kann das Baby durch häufiges nächtliches Aufwachen beziehungsweise Weinen natürlich auch signalisieren, dass es nun nicht mehr genügend Platz in der Wiege hat.

Eine sehr sensible Phase für alle Familienmitglieder ist der Wiedereinstieg der Mutter in ihre Berufstätigkeit. Manche Babys reagieren sehr heftig darauf, wenn sie sich auf einen neuen Tagesablauf oder eine längere Betreuungszeit durch andere Personen einstellen müssen. Häufig sind auch die Mütter unsicher, ob und in welchem Maße sie ihren Kindern diese Trennung zumuten können. So berichtete eine Mutter, dass ihr Baby nach dem ersten Eingewöhnungstag bei den Großeltern nachts fürchterlich schrie und sich durch nichts beruhigen ließ. Da das Baby auch in den folgenden Nächten so außergewöhnlich weinte, wollte die junge Mutter ihre Arbeit schon wieder aufgeben. Ihr Mann ermutigte sie jedoch, und in Absprache mit ihm veränderte sie zwei Dinge:

- Während ihrer Morgentoilette kümmerte sich jetzt ihr Mann um das Kind, sodass sie den Tag entspannter beginnen konnte.
- Sie besprach mit ihren Eltern ein anderes „Übergabe"-Ritual, bei dem sich Mutter und Kind besser voneinander trennen konnten. Nach einer gewissen Zeit nahm das nächtliche Weinen deutlich ab.

Auch auf Urlaubsfahrten können Babys empfindlich reagieren. Viele Eltern freuen sich auf die ersten Ferien mit ihrem Kind. Leider erfreut sich das Baby nicht immer an diesen Reisen. Schließlich strömen in sehr kurzer Zeit viele neue Eindrücke auf das kleine Wesen ein: andere Räumlichkeiten, fremdes Bettchen, unbekannte Umgebung, verändertes Klima. Da ist es gut möglich, dass das Baby unruhiger ist als zu Hause oder nicht so gut schläft.

Glücklicherweise gibt es auch umgekehrte Fälle. Von einem sehr positiven Erlebnis berichtete mir eine Mutter nach einem zweiwöchigen Familienurlaub auf Mallorca. In der Zeit vor der Reise beschrieb die Mutter ihr Baby als wei-

nerlich, es schien unausgeglichen und wachte nachts häufig auf. Die Mutter empfand ihr Kind als recht anstrengend. Nach dem Urlaub berichtete die sichtlich erholte junge Frau, dass sie ihr Kind im Urlaub nicht mehr wiedererkannt habe: Das Baby hatte den ganzen Tag gute Laune und lachte viel, lernte dort unter freiem Himmel das Krabbeln und schlief die komplette Nacht durch. Auch zu Hause hielt diese wundersame Wandlung an. An diesem Beispiel kann man gut erkennen, dass Babys nicht nur negativ auf Unruhe, sondern auch positiv auf ruhige und entspannte Lebenssituationen reagieren.
Die vielen Beispiele sollen Sie nicht davon abhalten, Veränderungen in Ihrem Leben und dem Ihres Kindes vorzunehmen, denn Veränderungen gehören nun mal zum Leben dazu. Ich hoffe jedoch, dass Sie dieser Bericht dazu anregt, sich bei Bedarf auf die Ursachenforschung zu begeben, und vielleicht zeigt ihr kleiner „Seismograph" ja gerade eine Veränderung an, die Sie so noch gar nicht wahrgenommen haben.

Ulrike Wenzel-Schuberth

Jedes Baby ist zunächst besonders fasziniert von ovalen Formen. Von Gesichtern. Zuallererst vom Gesicht seiner Mutter und seines Vaters. Besonders liebt es Kontraste. Zwischen einem Gesicht und seinem Hintergrund. Die Übergänge zum Haaransatz. Papas Bart, wenn er einen hat. Die Teile im Gesicht, die sich bewegen – also die Augen, den Mund, die Augenbrauen.
Bereits ein Neugeborenes betrachtet ein Gesicht im aufmerksamen Wachzustand sehr konzentriert und lebhaft und weiß schon sehr bald genau, wie es auszusehen hat. Es verfolgt das Gesicht mit den Augen. Und es kann bereits kurz nach der Geburt das Verhalten seiner Mutter oder seines Vaters aktiv beeinflussen. Blickt es aufmerksam und wach, wird sein Gegenüber das ganz von selbst richtig als Aufforderung deuten, sich mit ihm zu beschäftigen. Wendet es den Blick ab oder sieht es „durch einen hindurch", also ins Leere, ist das ein klares Signal, dass das Baby eine Pause braucht.

Das Baby liebt Mamas Stimme

Von Geburt an kann Ihr Kind auch hören. Besonders mag es Stimmen von Menschen, am liebsten weibliche. Die seiner Mutter. Also die Stimme, die es bereits aus seiner Zeit im Mutterleib am besten kennt.
Hört ein Neugeborenes eine Stimme, wird es aufmerksam. Seine Bewegungen werden langsamer, sein Herzschlag ebenfalls. Es versucht so bald wie möglich seinen Kopf so zu drehen, dass es sehen kann, woher die Stimme kommt. Säuglingsforscher haben sogar herausgefunden, dass ein Baby schon etwa mit drei Monaten erkennt, ob Sehen und Hören übereinstimmen. Zeigt man ihm jemanden hinter einer Glaswand, der spricht, lässt aber die Stimme über Lautsprecher aus einer anderen Richtung kommen, ist es deutlich irritiert. Es hat also schon früh eine klare Erwartung, was zusammengehört und was nicht.

Haben Sie schon vom „dummen Vierteljahr" gehört?

Es ist noch gar nicht so lange her, da war man in unseren Breiten der Meinung, ein Kind sei bis zum Alter von drei Monaten zu dumm, um irgendetwas um sich herum wahrzunehmen.
„Eine 60-jährige Frau erzählte mir: ‚Natürlich kenne ich das dumme Vierteljahr. Davon waren früher doch alle fest überzeugt. Meine Mutter hat mir zum Beispiel nach der Geburt unseres ersten Kindes nachdrücklich gesagt: Am Anfang darf man nicht darauf reagieren, wenn ein Kind außer der Reihe weint. Es hat zu lernen, dass es nur zur richtigen Zeit etwas bekommt. Zwischen der Zeit haben Kinder niemand zu sehen. Und wenn sie weinen und du unbedingt gucken willst, dann schleich dich ganz leise ins Zimmer, mach nicht hell, sag nichts und lass dich nicht sehen. Mittendrin haben die nicht hochgenommen zu werden.'"

Barbara Diepold: Das „dumme Vierteljahr",
unveröffentlichtes Manuskript eines Vortrags, Göttingen 1992

Lernen Sie Ihr Kind genau kennen

Nehmen Sie sich Zeit, Ihr Baby genau kennenzulernen. Jedes Kind hat individuelle Anlagen, ein ganz eigenes Temperament und entwickelt auch eigene Signale, um mit seinen Eltern in Kontakt zu treten. Um diese ganz persönlichen Besonderheiten herauszufinden, „studieren“ Sie Ihr Kind. Beobachten Sie es. Werden Sie zum „Säuglingsforscher“ an Ihrem eigenen Kind. Sie werden immer wieder Neues, Spannendes und Überraschendes entdecken. Und vergleichen Sie nicht mit anderen. Ihr Kind ist etwas Besonderes. Es ist anders als jedes andere Kind. Eine einzigartige kleine Persönlichkeit mit ganz individuellen Bedürfnissen.

Haben Sie es nicht immer schon gewusst?

Was Eltern schon immer intuitiv gewusst haben, wurde in den letzten Jahrzehnten wissenschaftlich bewiesen: Gleich mit der Geburt hat ein Säugling sehr differenziert am Leben teil. Ein paar Beispiele:

- Spätestens nach einem Monat können Neugeborene bereits Ekel, Schmerz, Überraschung und Neugier empfinden. Etwa mit vier bis sechs Wochen kommt Freude dazu, mit drei bis vier Monaten Traurigkeit und Ärger und ab dem Alter von sechs bis acht Monaten Furcht.
- Neugeborene können bereits verschiedene Sinneseindrücke verbinden. 20 Tage alten Säuglingen gab man zum Saugen einen Schnuller mit Noppen. Danach zeigte man ihnen einen Schnuller mit und einen ohne Noppen. Die Kinder blickten länger auf den genoppten – stellten also eine Verbindung her zwischen dem Gefühlten und Gesehenen.
- Säuglinge erkennen von Anfang an ihre Mutter am Geruch. Sie wenden den Kopf zu der Seite des Bettchens, an der ein Kleidungsstück ihrer Mutter hängt, und ignorieren die andere Seite, auf der ein frisch gewaschenes oder das Kleidungsstück einer anderen Frau hängt.

Begeben Sie sich am besten auf Augenhöhe mit Ihrem Baby und beobachten Sie es sehr genau. Legen Sie es dazu beispielsweise auf das große Elternbett und sich selbst daneben. Wenn es schreit, können Sie es ein wenig streicheln. Beruhigend summen. Oder einfach nur da sein und darauf warten, dass es sich beruhigt. Haben Sie Geduld. Wenn Ihr Kind einschläft, nutzen Sie das als Verschnaufpause für sich selbst. Schlafen oder ruhen Sie auch ein wenig.

„Ich rede mit meinem Baby nicht anders als mit anderen Leuten auch", sagte die junge Frau im Brustton der Überzeugung. Babysprache – wie albern! Dann beugte sie sich über ihr Kind. Sie näherte sich dem kleinen Gesichtchen auf zwei Handbreit, lächelte es an und zog dabei auffordernd die Augenbrauen hoch. Das kleine Mädchen strampelte und strahlte. Die Mutter lächelte zurück und sprach liebevoll mit ihrem Kind. Dabei war ihre Stimmlage deutlich höher als in ihrem Gespräch mit mir. Sie machte eine Pause, beobachtete ihre kleine Tochter, die Augen fragend weit geöffnet, ebenso wie den lächelnden Mund. Das Kind quietschte fröhlich und gab gurgelnde Laute von sich. Die junge Frau sprach wieder ein paar Worte. Dabei wiederholte sie langsam und ruhig, was sie vorher gesagt hatte. Das Baby reagierte lebhaft. So ging es noch ein paar Mal hin und her. Dann richtete sich die junge Frau energisch auf. Und meinte ernsthaft: „Sie versteht mich auch, wenn ich ganz normal mit ihr rede."

Wenn Ihr Kind wach ist, lassen Sie sich bewusst auf es ein. Was tut es? Schaut es Sie aufmerksam an? Sucht es Ihren Blick? Reagieren Sie offen und freundlich – aber bleiben Sie liegen. Auf dem Bauch, auf dem Rücken oder auf der Seite. Egal. Nehmen Sie es nicht hoch. Geben Sie ihm nichts zu trinken – es sei denn, Sie haben Gründe für die Vermutung, dass es nun wieder wirklich Hunger haben könnte. Sprechen Sie mit ihm. Die meisten Kinder lieben es, wenn ihre Eltern mit ihnen sprechen. Sie werden sehen:

- Sie sprechen automatisch in einem anderen Tonfall. Nicht zu laut, aber in einer anderen Stimmlage als mit Erwachsenen. Sie wiederholen einfache Sätze oder einzelne Wörter immer wieder. „Ammensprache" nennt man das. Auf Babys wirken hohe, leise Töne beruhigender als tiefe, laute. Forscher

vermuten als Grund dafür, dass es überwiegend die Stimme der Mutter war, die das Kind im Bauch gehört hat. Diesen Grund kannten Sie vielleicht nicht. Dennoch machen Sie es spontan richtig.
- Sie beginnen mit dem „Augengruß“. Das heißt, Sie heben Ihre Augenbrauen und öffnen Augen und Mund. Auch wenn Sie bisher nicht wussten, dass Ihr Kind Kontraste und Bewegungen in Ihrem Gesicht besonders gut unterscheiden kann und diese Mimik als Aufforderung zum „Dialog“ deutet.
- Sie spiegeln Ihr Kind, Ihr Kind spiegelt Sie. Es wird ebenfalls Mund und Augen aufreißen, lächeln, auf Ihren Gesichtsausdruck reagieren. Sie ahmen einander nach. Die Töne, die Bewegungen.

Dieses gegenseitige Nachahmen ist spannend für Ihr Kind. Schon für das Neugeborene. Es macht ihm Spaß. Es fördert seine Selbstwahrnehmung. Ihr Kind spürt, dass seine eigenen Reaktionen Ihr Verhalten beeinflussen. Es entsteht sehr früh eine tiefe Verbundenheit zwischen Ihnen und Ihrem Kind. Weil Sie es intuitiv richtig machen – mit Ihrer „intuitiven Eltern-Kompetenz“.
Etwa ab seiner sechsten Lebenswoche bis zum vierten Monat ist die Dialogbereitschaft, die Ihr Kind über den Blickkontakt signalisiert, besonders groß. In dieser Phase reagieren Eltern dann auch spontan am intensivsten auf ihr Kind. Jetzt wächst die vertraute emotionale Beziehung. Ihr Kind lernt sehr viel. Über sich selbst und seine Möglichkeiten, bewusst unterschiedliche Formen der Zuwendung zu erreichen. Und über unterschiedliche Reaktionsmuster der Eltern.

Ihr Baby sendet verschiedene Signale

Lernen Sie, die Signale Ihres Kindes zu lesen. Es hat viele Möglichkeiten. Schon mit seiner Stimme kann es Unterschiedliches ausdrücken. Es kann zufrieden vor sich hin brabbeln. Es kann lauter werden, wenn es etwas will und Sie nicht in der erwarteten Weise reagieren. Es kann schreien. Außer der Stimme benutzt es auch seine Mimik, Gestik und die Intensität des Blickkontakts, um zu zeigen, was es will. Eltern, denen es gelingt, auf diese Signale sensibel zu reagieren, ersparen sich selbst und ihrem Kind so manche Frustration.
Finden Sie heraus, ob Ihr Kind Nähe, Kontakt, Anregung sucht – oder ob es ganz im Gegenteil seine Ruhe haben und sich ausruhen will. Meistens beginnt

das Baby mit „leisen Zeichen". Sie können sie erkennen, wenn Sie Ihr Baby geduldig und aufmerksam beobachten. Wenn Sie nicht so reagieren, wie Ihr Kind es sich wünscht oder erwartet, wird es deutlicher. Es fängt an zu „meckern" oder zu weinen. Wenn dann immer noch nichts geschieht, wird Ihr Baby schreien.

Intuitive Förderung der kindlichen Entwicklung

Das Ehepaar Hanus und Mechthild Papousek – er Kinderarzt, sie Fachärztin für Psychologie und Neurologie – gehören zu den Pionieren der Säuglingsforschung. Ab den 60er Jahren erforschten sie verschiedene Bereiche der frühkindlichen Entwicklung und beobachteten mit Hilfe von Videoaufnahmen, wie Eltern und Kinder miteinander umgehen. Sie bewiesen wissenschaftlich, was einfühlsame Eltern aus eigener Beobachtung längst wussten: dass bereits Neugeborene viele Möglichkeiten haben und nutzen, um ihre Eltern auf ihre Wünsche und Bedürfnisse aufmerksam zu machen und zu motivieren, diese zu befriedigen. Dass Eltern und Säuglinge sich gegenseitig fordern und belohnen und ihren Dialog so schrittweise immer mehr ausbauen und verfeinern. Sie nannten das eine positive Gegenseitigkeit. So fordern Babys ihre Eltern durch aufmerksame Blicke zum Dialog auf. Sie reagieren auf deren Zuwendung lebhaft, mit Lächeln und Lauten, die ihr Wohlbehagen ausdrücken. Damit belohnen sie die Bemühungen der Eltern, die mit Freude und Stolz ihrerseits alles tun, um noch mehr Lächeln und Wohlbehagen beim Kind zu erzeugen.

Säugling	**Eltern**
Blickzuwendung	Selbstwertgefühl
Interesse	Stolz
Lächeln, Laute des Wohlbehagens	Belohnung
Bereitschaft zum Dialog	Entspannung
Anschmiegen, Beruhigen	Freude
Gedeihen	Akzeptanz

BABY-SIGNALE

- **Kontaktaufnahme erwünscht**
  Ihr Kind schaut Sie aufmerksam an. Es sucht Ihren Blick.
  Sein Gesichtsausdruck ist lebhaft.
  Es lächelt.
  Die Ärmchen und Beinchen bewegen sich fließend, harmonisch.
  Es streckt Ihnen die Ärmchen entgegen.
  Es gurgelt, gluckst, brabbelt.
  Sein Körper ist entspannt, die Fäustchen sind geöffnet.

- **Annäherung erwünscht**
  Ihr Baby streckt und räkelt sich .
  Es nuckelt an seinem Schnuller oder an seinen Fingern oder Kleidungsstücken.
  Es spielt mit seinen Händchen.
  Es fixiert einen Gegenstand.
  Es stützt seine Beinchen ab.

- **Keine Lust mehr. Ihr Baby ist müde oder gestresst**
  Ihr Baby schreit oder es jammert .
  Es gähnt.
  Es spuckt oder niest.
  Es macht sich ganz steif, überstreckt seinen Rücken.
  Es runzelt die Stirn.
  Es atmet schneller.
  Es dreht den Kopf weg und bricht den Blickkontakt ab.
  Seine ganze Körperhaltung ist angespannt. Die Fäustchen sind geballt.
  Es entstehen rote Flecken auf der Haut oder es wird besonders blass.

Diese Signale wurden bei Säuglingen beobachtet. Sie sind eine Auswahl der Möglichkeiten, die Babys haben können, um ihre Bedürfnisse mitzuteilen. Die Liste erhebt nicht den Anspruch, vollständig zu sein. Wichtig ist, dass Sie herausfinden, ob Ihr Kind diese oder vielleicht ähnliche oder sogar ganz andere Signale benutzt. Legen Sie sich doch einfach eine kleine individuelle Liste für Ihr Kind an. Es ist eine schöne Erinnerung für später. Und bis dahin kann es eine praktische Hilfe im Alltag sein. Vielleicht auch für die Großeltern oder den Babysitter.

Ihr Baby passt sich an – so oder so

Babys sind sehr anpassungsfähig. Diese Fähigkeit hat sich während der Entwicklungsgeschichte des Menschen gebildet und ist eine wesentliche Überlebensstrategie. Die wichtigsten Menschen, die das Überleben eines weitgehend hilflosen Säuglings garantieren, sind seine Eltern. Deshalb wird jedes Baby sich intuitiv sehr rasch den Erwartungen und Verhaltensweisen seiner Eltern anpassen, soweit ihm das möglich ist.

Das hat weitreichende Folgen. Je nachdem, wie feinfühlig und aufmerksam Eltern mit den Gefühlen und Bedürfnissen ihres Kindes umgehen, je nachdem wie berechenbar und vorhersehbar für das Kind die Reaktionen seiner Eltern sind, lernen schon kleine Babys, ihre Gefühle und Bedürfnisse auszudrücken. Oder sie zu unterdrücken. Dadurch, wie Eltern mit den Gefühlen und dem Verhalten ihrer Babys umgehen, zeigen sie ihnen, wie „man" damit umgeht. Wenn Kinder in ihrem ersten Lebensjahr die Erfahrung machen, dass sie getröstet werden, wenn sie sich bedroht, erschreckt oder unwohl fühlen, dass sie angeregt werden, wenn sie neugierig ihre Umwelt erforschen wollen – dann entwickeln sie ein gesundes Selbstbewusstsein. Sie haben die Sicherheit, dass es gut ist, neugierig zu sein, und dass es nicht schlecht ist, zu weinen.

Schreien ist eine Form der Kommunikation

Auch das Schreien ist zunächst einmal nichts anderes als eine Form der Kommunikation. Damit kann ein Baby vielerlei ausdrücken. Grundsätzlich ist es ein Signal, dass das Kind sich nicht wohl fühlt.

Nicht immer ist der Grund für das Schreien – auch bei Neugeborenen – Hunger oder Durst. Vielleicht will Ihr Kind nur wissen, ob Sie in der Nähe sind. Oder es fühlt sich überfordert, weil es müde ist. Oder weil Sie ihm zu viele unterschiedliche Angebote machen und es nicht in der Lage ist abzuschalten. Oder es fühlt sich einsam und möchte Nähe. Vielleicht hat es auch nur seinen Schnuller verloren. Oder es langweilt sich und will spielen. Oder geben Sie ihm einfach die „falsche" Form der Zuwendung? Es will zum Beispiel spielen – aber Sie geben ihm zu trinken. Oder es will schlafen – aber Sie bieten ihm Ablenkung oder Spiele an. Finden Sie heraus, was das Schreien Ihres Kindes in welchen Situationen bedeutet. Beobachten Sie es.

ALLE BABYS SCHREIEN

Alle Babys in allen Kulturen schreien. Forscher haben auch das untersucht. Beispielsweise fanden sie heraus, dass Säuglinge in den Niederlanden und in einem Land mit traditioneller Stammeskultur (Kung San Buschmänner in Afrika) ähnlich häufig schreien. Der Unterschied bestand in der Dauer dieses Schreiens. In dem afrikanischen Stamm wurden die Kinder überwiegend getragen. Dadurch konnte die Mutter frühzeitig erkennen, wenn das Kind zum Schreien ansetzte, und es schneller beruhigen.
Bei Kindern in Industriestaaten dauert das Schreien länger, denn es ist eine Art Distanzsignal. Das Baby, das in seinem Bettchen oder im Kinderwagen liegt, ruft damit seine Mutter. Man könnte es als eine Art SOS-Ruf deuten, den es abschickt, nachdem andere Signale die Mutter nicht erreicht haben.

SCHREIEN MACHT HILFLOS

Das Schreien eines Babys löst bei Eltern vegetative Reaktionen aus. Zum Beispiel beschleunigt sich dann unser Herzschlag. Und in der Regel fühlen wir uns gedrängt, etwas zu unternehmen, um dieses Schreien zu beenden und das Kind wieder zu beruhigen. Das ist mitunter gar nicht so einfach. Eltern, die es nicht schaffen, ihr Kind zu beruhigen, fühlen sich rasch hilflos. Wenn sie es nicht möglichst rasch in den freundlich lächelnden „Wonneproppen" zurückverwandeln können, funktioniert irgendetwas nicht mit dem intuitiven Eltern-Kind-Dialog. Das kann viele Ursachen haben – aber zunächst mal sind die Eltern frustriert. Was haben sie falsch gemacht? Warum funktioniert nicht, was sonst – oder bei anderen Kindern – so offensichtlich einfach klappt?
Eltern von sogenannten Schreibabys können dadurch leicht in einen gewissen „Teufelskreis" geraten. Das Schreien ärgert sie. Sie zweifeln an ihren elterlichen Fähigkeiten – und werden darin von ihrem Umfeld nur allzu häufig bestätigt. Das macht sie noch unsicherer. Diese Unsicherheit nimmt dem täglichen Umgang mit ihrem Kind die Leichtigkeit. Wenn Mutter oder Vater angespannt sind und sich nicht mehr unbefangen mit ihrem Kind beschäftigen können, leidet das Verhältnis zwischen Eltern und Kind. Nicht selten kommt

es vor, dass Eltern zornig auf sich selbst oder sogar auf ihr Kind werden, das sich so gar nicht beruhigen lassen will. Sobald sie das merken, haben sie ein schlechtes Gewissen, denn im Grunde wissen sie: Das Kind *ist* nicht das Problem. Das Kind *hat* ein Problem.

Bei diesem Thema spielt auch das Umfeld der Familie eine Rolle. Denn Ihr Baby und Sie leben ja nicht auf einer einsamen Insel. Viele Dinge aus Ihrer Umgebung beeinflussen auch Ihr Verhältnis zueinander. Ihren Alltag. Und damit auch Ihren ruhigen Schlaf.

Gefühle der Eltern beeinflussen das Kind

Mütter und Väter reagieren nicht nur auf das, was ihr Baby tut oder nicht tut. Unbewusst geben sie jeder Regung ihres Kindes irgendeine Bedeutung. Psychologen würden sagen: Sie projizieren. Da das manchmal eine negative Spirale in Gang setzt, denken Sie bitte einmal kurz darüber nach.

Wenn Ihr Baby Sie zum Beispiel an einen anderen Menschen erinnert, kann es passieren, dass Sie in seinem Verhalten Züge dieses Anderen wiederzuerkennen glauben. Wie die Mutter, die in der Beratung sagte: „Mein Sohn schaut manchmal so wie mein Vater. Ich habe mich als Kind vor diesem Blick gefürchtet. Wenn mein Sohn so schaut, dann erschreckt mich das und ich kann ihm gar nicht in die Augen sehen."

Eltern, denen es so oder ähnlich geht, bewerten die Reaktionen ihres Kindes oft entsprechend. Meistens ist ihnen das gar nicht bewusst. Die Gefühle, die dadurch bei den Eltern ausgelöst werden – sei es Freude, Angst oder Wut – spürt das Baby. Sie bestimmen sein eigenes Gefühl von sich selbst. Denn die Mimik, die Stimmlage, die Körperhaltung, die Handlungen oder Unterlassungen der Eltern sind die Eckpunkte, an denen sich ein Kind orientiert.

So beeinflussen die Gefühle der Eltern die Entwicklung ihres Kindes. Und zwar ebenso sehr wie seine angeborenen Fähigkeiten, die Umwelt wahrzunehmen, seine eigenen Gefühle zu regulieren oder zu lernen. Oft sehen Eltern in ihrem Kind Eigenschaften, die ihnen selbst wichtig sind, und bestätigen und lieben es dafür. Kinder, in ihrem Wunsch nach Bestätigung und Liebe, versuchen, sich entsprechend zu verhalten. In einem solchen Fall sollten Sie unbedingt Beratung und Hilfe von außen in Anspruch nehmen.

ELTERN-BELASTUNG – ELTERN-WUT

Petra Kleinen, Schlafberaterin und Mitarbeiterin beim Deutschen Kinderschutzbund, sagt zum Thema Wut:
„Wenn ein Baby wochenlang nachts nicht schläft und viel schreit, stellt das für die Eltern eine erhebliche physische und psychische Belastung dar. Unter bestimmten Bedingungen sogar eine langfristige Gefährdung der seelischen Gesundheit und der Eltern-Kind-Beziehung. Die Eltern fühlen sich ohnmächtig und hilflos und ihr Selbstvertrauen leidet darunter. Gerade wenn es das erste Kind ist, sind Eltern sehr verunsichert und neben der physischen Erschöpfung auch entmutigt im Umgang mit ihrem Baby. Die Gedanken sind beherrscht von der Frage: *„Was machen wir nur falsch?“*
Gleichzeitig wächst die Unruhe und Sorge um den Gesundheitszustand des Kindes. Selbst der Kinder- und Jugendarzt kann die Eltern meist nicht davon überzeugen, dass ihr Kind gesund ist. Die Eltern sind in ihrer Elternfunktion zutiefst verunsichert. Das wirkt sich natürlich auch auf die Gefühle gegenüber ihrem Baby aus. Nicht selten schlagen die Gefühle um in Enttäuschung über das Baby und in Ärger oder sogar in Wut. Das wiederum führt dazu, dass die Eltern sich in ihren Unfähigkeits- und Schuldgefühlen noch weiter bestärkt fühlen.
Wut auf das eigene Kind zu haben, ist ein absolutes Tabuthema. Eltern verschweigen meist, dass das vorkommt. Darüber wird mit niemandem gesprochen.
Auch die Eltern untereinander vermeiden ein Gespräch darüber. Wut, die durch Überforderung und Verunsicherung ausgelöst wird, trägt die Botschaft in sich: *„Nun strenge ich mich doch so an, mit meinem Baby alles richtig zu machen. Warum schaffe ich es denn nicht, mein Kind zu beruhigen oder zum Schlafen zu bringen? Ich habe völlig versagt.* In Mütter/Eltern-Kind-Gruppen erlebt man häufig, dass Eltern froh sind, über das Thema Wut sprechen zu können und zu erfahren, dass es anderen Eltern auch nicht anders ergeht. Gespräche über diese Gefühle und gegenseitiges Verständnis helfen, zur eigenen Wut eine neue Einstellung zu bekommen und versöhnlicher mit ihr umzugehen.
Häufig entsteht Wut auch dann, wenn Mütter viel Zeit mit ihrem Baby allein sind und sich dann zunehmend isoliert fühlen. Es ist wichtig, sich in solchen Situationen Kontakte zu suchen, zu anderen Müttern oder Mütter-Kind-Gruppen, Freundinnen oder anderen vertrauten Personen. Wenn die Wut nicht

nachlässt, könnten auch tiefer liegende Dinge die Ursache sein. Es kommt vor, dass Eltern in ihrem Kind Charaktereigenschaften sehen, die sie bei sich selbst ablehnen. Oft ist auch eine generelle Unzufriedenheit mit der Lebenssituation der Grund für die Wut. Alle die schönen Fantasien, die die Eltern sich vielleicht gemacht haben, während sie sehnsüchtig auf die Geburt gewartet haben, treffen jetzt nicht ein. Vielleicht sehnt sich die Mutter auch zurück in ihren Beruf, weil sie mehr und mehr überzeugt ist, die Mutterrolle nicht ausfüllen zu können.

Das Baby spürt die Hilflosigkeit und die Verzweiflung der Eltern und reagiert ebenfalls unsicher und wird noch unruhiger, schreit mehr und schläft weniger. So ist ein Teufelskreis entstanden, aus dem Eltern oft allein nicht mehr herausfinden. Die Grenzen der Belastbarkeit sind erreicht. Nicht selten kommt es zum Erschöpfungssyndrom, Depressionen und/oder zu aggressiven Impulsen.

Auch können latente Partnerschaftskonflikte aktiviert werden.

Gerade bei jungen Eltern, die ihr erstes Kind bekommen haben, kommt es zu grundlegenden Veränderungen und neuen Rollenaufteilungen. In das gut funktionierende und gut eingespielte Zweierteam kommt eine neue Person hinein, die zwar lange erwartet und ersehnt wurde, die aber oft entgegen den Erwartungen der jungen Eltern schon eine ganze Menge an natürlichen Forderungen mitbringt: Die jungen Eltern müssen sich damit auseinandersetzen, dass das Baby sie voll und ganz fordert, dass sie nun ihre ganze Zeit mit ihm teilen müssen. Sie können nicht mehr frei ihre Zeit verplanen, sondern sind Tag und Nacht darauf ausgerichtet, die Bedürfnisse des Babys zu stillen.

Die meisten Paare unterschätzen vor der Geburt völlig, wie viel Zeit das Baby denn tatsächlich beansprucht. Vor allem dann, wenn das Baby nicht nur friedlich in seinem Bettchen schläft, sondern wenn es gerade in den ersten Lebenswochen zu jeder Tages- und Nachtzeit durch Geschrei seine Bedürfnisse deutlich macht.

Da ist es nur normal, wenn die übernächtigten Eltern auch gereizt und nervös aufeinander reagieren.

Wenn Eltern an ihre Grenzen stoßen und das Gefühl haben, völlig alleingelassen zu sein, oder in Sorge sind, die Kontrolle über ihre Aggressionen zu verlieren, spätestens dann brauchen sie professionelle Hilfe.

Mittlerweile gibt es in fast allen Städten Beratungsangebote für Eltern mit Babys und Kleinkindern, entweder in Kinderkliniken, Erziehungsberatungsstellen oder bei Kinder- und Jugendlichen-Psychotherapeutinnen. Auch der Kinder- und Jugendarzt kann den Eltern Stellen nennen, an die sie sich wenden können.

In der Beratung haben die Eltern nicht nur die Gelegenheit, die schwierige Zeit mit dem Säugling zu beschreiben und sich den Kummer einmal von der Seele zu reden. In den Gesprächen bekommen sie auch wichtige Informationen über entwicklungspsychologische Merkmale, die ihnen helfen zu verstehen, wie die Entwicklung eines Säuglings verläuft. Das wirkt den Gefühlen der Eltern entgegen, die glauben: *„Das Baby lehnt uns als Eltern ab."*

Außerdem geht es in der Beratung auch um eine Strukturierung des Tagesablaufs, um psychische und physische Entlastungsmöglichkeiten. Zum Beispiel kann es sein, dass die Problematik sich so zugespitzt hat, dass die junge Familie eine zusätzliche Unterstützung von öffentlichen Hilfe-Institutionen braucht. Auch ist eine Unterstützung in der Eltern-Kind-Kommunikation notwendig. Mit dem Ziel der Verbesserung der Selbstregulation des Säuglings und der Steigerung des Vertrauens in die elterliche Kompetenz. Möglicherweise wird auch eine Paar-/Familien- oder Einzeltherapie angeboten.

Die Beratung ist stets vertraulich und immer angepasst an die jeweilige Familie. Die Erfahrung der letzten Jahre hat gezeigt, dass es oft nur weniger Gespräche bedarf, um die Voraussetzungen für Eltern zu schaffen, ruhiger und gelassener auf ihr Baby eingehen zu können. Das führt in der Regel sehr schnell dazu, dass auch das Baby ruhiger wird, weniger schreit und besser schläft. Die Beratung verhilft der Familie meist schnell dazu, den Teufelskreis, in den sie geraten ist, zu verlassen und sich als gute kompetente Eltern zu fühlen."

Ihr Kind versteht mehr, als Sie glauben

Die Körpertherapeutin Mechtild Albers berichtet aus der Praxis:
„Kleine Kinder sind Gefühlswesen. Und weil sie noch nicht – oder noch nicht gut – sprechen können, lassen sie ihren Körper sprechen. Sie lächeln uns an, geben die unterschiedlichsten Laute von sich, um ihr Behagen und ihre Freude zu zeigen. Oder sie signalisieren ihr Unbehagen, indem sie weinen. Jede dieser Botschaften berührt uns direkt im Inneren – und entweder geht unser Herz auf oder wir suchen nach Wegen, um dieses wunderbare Lächeln wieder zu bekommen.
Schlafauffälligkeiten sind nur eine der vielen Formen, mit denen Kinder unstimmige Gefühle ausdrücken. Damit zeigen sie: Irgendetwas stimmt nicht. Es ist jedes Mal eine regelrechte Forschungsaufgabe herauszufinden: Wo sitzt das Problem?
Stress im Alltag, traurige Erfahrungen während der Schwangerschaft, angstbesetzte Erlebnisse während der Geburt – all diese ersten Eindrücke sind im Körper Ihres Kindes gespeichert. Die meisten Kinder reagieren auch sehr sensibel auf Stimmungsschwankungen ihrer Mutter. Sie sind schließlich eng mit ihr verbunden. All das kann zu schlechtem Schlaf führen. Finden Sie heraus, wo Ihr Kind „der Schuh drückt".

Dazu zwei Beispiele:

Daniel und Jenny

- *Daniels Mutter kam mit ihrem Jungen zu mir, als er ein halbes Jahr alt war. Er lag wach und friedlich in seinem Maxi Cosi. Sie hatte eine Auseinandersetzung mit ihrem Mann und beklagte sich mir gegenüber sehr über einige von dessen Verhaltensweisen. Plötzlich fing der Junge an zu weinen. Die Mutter beruhigte ihn. Dann erzählte sie weiter. Wieder weinte er, und sie musste ihn beruhigen. So ging das einige Male, bis wir gemeinsam feststellten: Es liegt am Thema. Sie erzählte über andere wichtige Dinge – und ihr kleiner Sohn blieb friedlich.*

- *Bei Jenny lag der Fall ein wenig anders. In der Mitte der Schwangerschaft war der Vater ihrer Mutter gestorben. Jenny war inzwischen ein Jahr alt und schlief schlecht. Ich ermunterte die Mutter, mit dem Kind über ihre Gefühle zu sprechen. Sie erzählte ihrer kleinen Tochter also von dem Todesfall und dass sie darüber traurig war und ihren Vater sehr vermisste. Dass sie sich aber über das Baby in ihrem Bauch umso mehr gefreut und die kleine Jenny von Anfang an besonders lieb gehabt hat. Wie froh sie froh darüber ist, dass Jenny nun da ist. Jenny weinte, als sie die Trauer ihrer Mutter spürte. Aber offenbar verstand sie, woher sie kam. Anschließend war sie sehr entspannt. Inzwischen hat sich ihr Schlaf deutlich verbessert.*

Auch Geburtserlebnisse oder andere belastende Eindrücke können in Worte gefasst werden. Mutter und Kind können darüber weinen und danach gemeinsam wieder lachen. Es mag erst einmal überraschend und vielleicht unwahrscheinlich klingen. Aber meine Erfahrung ist, dass schon ganz kleine Säuglinge sehr aufmerksam zuhören, wenn man sie direkt anspricht – und auch reagieren. Für mich ist es immer wie ein kleines Wunder, aber sie verstehen uns. Vielleicht nicht die Worte, aber sie reagieren auf die Zuwendung und die Wärme, die wir vermitteln, wenn wir sie dabei in den Arm nehmen und in ruhigem Ton sprechen.

Mütter können schon früh mit ihrem Kind über ihre eigenen Gefühle sprechen. Wenn Sie sich Sorgen machen, erschöpft oder auch – zum Beispiel wegen der Schlafsituation – „genervt" sind, können Sie es Ihrem Kind erzählen. Ruhig so, als würden Sie mit einem vielleicht zehnjährigen Kind oder sogar mit einem Erwachsenen sprechen. Das kann entspannend und klärend wirken. Ihr Kind versteht, dass es nicht selbst für Ihre negativen Gefühle verantwortlich ist. Sondern eine Situation, eine Gegebenheit, ein Auslöser aus der Umgebung. Wenn Sie das Gefühl haben, Ihr Kind hat Angst, kann es Wunder wirken, wenn Sie ihm sagen: *„Es ist alles gut. Du kannst schlafen. Ich habe dich lieb. Ich bin in der Nähe und pass auf dich auf."*

Warten Sie nicht damit, mit Ihrem Kind zu sprechen, bis es „alt genug" ist, Sie zu verstehen. Fangen Sie heute damit an."

Nina

Nina konnte als Baby nicht allein einschlafen. Bis zur Vollendung ihres zweiten Lebensjahres musste sie regelmäßig auf dem Arm in den Schlaf geschaukelt werden. Oft musste sie dann auch nachts stundenlang herumgetragen werden, bis sie wieder einschlief.

Im Verlauf meiner zweiten Schwangerschaft (Nina war damals ca. zweieinhalb Jahre alt) konnte sie plötzlich allein einschlafen. Wahrscheinlich war ich ihr mit meinem dicken Bauch zu unbequem.

Einige Zeit nach der Entbindung meines Sohnes änderte sich Ninas Schlafverhalten ohne ersichtlichen Grund erneut. Wenn wir sie ins Bett bringen wollten, schrie sie hysterisch, stand auf und war nach kurzer Zeit völlig aufgelöst und nassgeschwitzt, so dass wir uns gezwungen sahen, uns zu ihrer Beruhigung zu ihr zu legen, bis sie schließlich einschlief.

Regelmäßig versuchten wir, diesen Zustand zu ändern. Wir probierten wirklich alles: Belohnungssysteme, Bücher vorlesen, Kassetten anhören, Lichtanlassen, Schimpfen usw. – aber nichts half.

Wir fühlten uns furchtbar. Was waren wir nur für Rabeneltern. Unser Kind schrie fürchterlich und wir taten nichts dagegen. Immer wieder dachte ich, dass ich selbst als Kind auch Angst in der Dunkelheit hatte und häufig nicht einschlafen konnte. Schließlich gaben wir die zahlreichen Versuche spätestens nach etwa zwei Tagen wieder auf und legten uns zu unserer Tochter.

Diese Situation belastete jedoch die ganze Familie. Abends, wenn sie endlich eingeschlafen war, war ich schließlich auch so müde, dass ich nur noch von ihrem Bett in meines wechselte.

An gemütliche Abende mit meinem Mann war überhaupt nicht zu denken.

Schließlich entschlossen wir uns, uns von einer Expertin beraten zu lassen. Unserer Tochter, inzwischen vier Jahre alt, erzählten wir von der „Lehrerin", die uns erklärt, wie sie es schafft, allein einzuschlafen. Von dem Gedanken, dass es eine Lehrerin gibt, die solche Sachen kann, zeigte sie sich sehr beeindruckt.

Im Verlauf des Beratungsgespräches bekamen wir viele hilfreiche Anstöße. Aber nicht nur das. Sie machte uns Mut. Mut, dass unsere Tochter allein schlafen kann und dass es für sie auch besser ist. Sie verdeutlichte uns darüber hinaus, dass eine dauerhafte Verhaltensänderung einen Prozess von mindestens zwei Wochen benötigt und nicht von heute auf morgen erreicht werden kann.

Wir erzählten Nina von einigen Ideen und erklärten ihr, dass sie nun allein einschlafen lernt – und zwar genau so, wie es die großen Kinder machen, was sie in gewisser Weise anspornte.
Die erste Woche verlief eigentlich unerwartet gut. Obwohl Nina oft erst sehr spät einschlief (ca. 22 Uhr), schaffte sie es doch wenigstens, allein in den Schlaf zu finden.
Die Schattenseite war allerdings, dass sie unzählbare Male nach uns rief. Für uns bewährte es sich, ihrem Rufen nachzukommen. Meist gingen wir recht zügig zu ihr und lobten sie für die lange Zeit (in der Regel nur einige Minuten), die sie es geschafft hatte, allein durchzuhalten. Das machte sie stolz.
Um das Problem mit dem Rufen zu ändern, gingen wir so vor: Für wenig Geld besorgten wir einen blau glänzenden Schmuckstein, den wir bei unserer Tochter „Mut-mach-Stein" nannten. Den Stein legten wir ihr abends, unmittelbar vor dem Einschlafen auf ihr Herzchen und erklärten ihr, dass der Stein sie ganz mutig macht und alle Ängste vertreibt. Das zeigte Wirkung, da sie an die Magie glaubte und sich an dem hühnereigroßen Stein regelrecht festhalten konnte.
Darüber hinaus platzierten wir im Bereich ihres Bettchens sechs kleine, farbige Bärenfiguren und eine ausrangierte Dose, die wir als Bärenhaus bezeichneten. Wir erklärten Nina, dass sie nun nur noch so oft rufen durfte, wie Bärchen vor dem Bärenhaus stehen. Immer wenn sie rief, musste ein Bärchen ins Häuschen hüpfen. Weiterhin erläuterten wir, dass Mama und Papa nicht mehr zu ihr kommen werden, wenn alle Bärchen ins Häuschen gehüpft sind – auch nicht, wenn sie schreit und weint.
Obwohl sie anfangs austestete, ob auch wirklich ohne Bärchen niemand mehr kommt und sie schrie und zeterte, hielten wir durch. Schon bald gelang es ihr bereits mit vier Mal rufen, d.h. mit nur vier Bärchen auszukommen. Zur Belohnung schenkten wir ihr für diese mutige Leistung weitere kleine Steine, die wir in einem Glas sammelten und als ein Art Trophäensammlung an ihrem Bett aufbewahrten. Für zehn gesammelte Steine wiederum durfte sie sich eine Kleinigkeit wünschen (z.B. ein Buch, ein Puzzle, ein Spiel o.Ä.).
Zurückblickend war es eine harte Zeit, die wir teilweise auch als unharmonisch empfanden, dennoch hat es sich gelohnt und wir bereuen nichts.
Inzwischen ist es so, dass sich ein festes neues Ritual für das Schlafengehen entwickelt hat. Nach dem Umziehen, Waschen und Zähneputzen spielen wir alle gemeinsam ein letztes Spiel auf dem Teppich in ihrem Zimmer (übrigens immer

das gleiche). Danach legt sie sich in ihr Bett, legt ihren „Mut-mach-Stein" auf ihr Herz und ich mache ihr schließlich noch eine Kassette an (übrigens auch immer die gleiche). Die Anzahl der Bärchen haben wir inzwischen auf vier reduziert. Obwohl sie immer noch an der gleichen Stelle stehen, müssen sie nur noch selten in ihr Häuschen hüpfen. Nach einem Nachtkuss verlasse ich schließlich den Raum, wobei das Licht allerdings nicht gelöscht wird. In der Regel gelingt es unserem Mädchen nun innerhalb weniger Minuten einzuschlafen. Wenn wir sicher sind, dass sie schläft, löschen wir das Licht und haben den Rest des Abends für uns. Sowohl Nina als auch wir sind sehr stolz, dass sie das so toll geschafft hat. Heute erzählt sie jedem und wiederholt: „Früher mussten Mama und Papa sich immer zu mir legen, damit ich schlafen konnte. Aber da war ich ja auch noch ein Baby." Inzwischen ist ihr Bettchen für sie zu einem richtigen Freund geworden, den sie nun auch häufig über Tag besucht, um sich ein wenig auszuruhen.

Kapitel 4: Das Wichtigste in Kürze

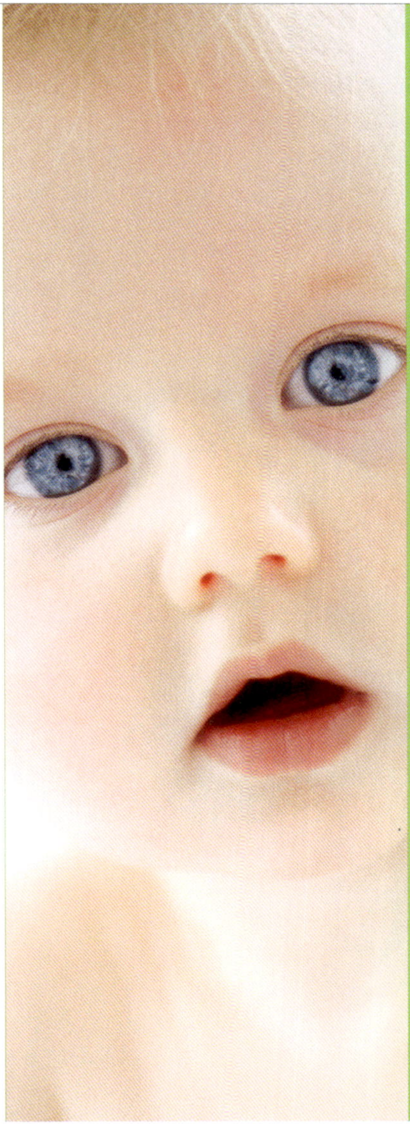

- Der Dialog mit Ihrem Baby beginnt schon kurz nach der Geburt. Dabei ist Ihr Baby der aktive Teil, der den Dialog beginnt.
- Alle Eltern sind in der Lage, sich auf die Ebene ihres Kindes zu begeben und sich auf seine Bedürfnisse einzulassen. Das brauchen sie nicht zu lernen. Es steckt in ihren Genen. Man nennt das die „intuitive Eltern-Kompetenz".
- Ihr Baby sendet ständig Signale. Lernen Sie, diese Signale zu erkennen, richtig einzuordnen und entsprechend gut zu reagieren.
- Ihre Gefühle und Ihr Verhalten wirken sich auf das Verhalten und sogar auf die Entwicklung Ihres Kindes aus – Ihre Unsicherheiten ebenso wie Ihre Ruhe und Sicherheit. Ihr Kind passt sich ihren Gefühlen an.
- Sie können mit Ihrem Baby wie mit einem Erwachsenen sprechen. Es versteht zwar noch nicht den Sinn Ihrer Worte. Aber es fühlt und versteht Ihre Botschaft.

5

Ruhiger Schlaf braucht ein stabiles Haus

In diesem Kapitel erfahren Sie:

- Wie viel Sicherheit ein gut strukturierter Tag Ihrem Baby gibt
- Wie wichtig diese tagsüber gewonnene Sicherheit für ein problemloses Einschlafen und ein gutes Durchschlafen ist
- Wie Sie für Ihr Kind ein stabiles „Schlafhaus" bauen können: Mit Liebe und Verständnis als festes Fundament. Mit Regeln, Rhythmus und Ritualen als tragende Säulen. Mit dem richtigen Einschlaf-Programm als schützendes Dach.

Ein guter Tag bringt eine ruhige Nacht

In meiner Praxis treffe ich immer wieder auf junge Eltern, die an ihre persönlichen Grenzen stoßen. Sie bekommen zu wenig Schlaf, weil ihre Kinder sie nachts immer wieder wecken. Das beansprucht sie oft so sehr, dass sie schließlich den Wald vor lauter Bäumen nicht mehr sehen. Denn sonst würden sie feststellen, dass ihre Schlafschwierigkeiten nichts anderes als Symptome sind. Dass sie nicht die Ursachen, sondern die Folgen von Problemen sind. Denn die häufigsten Ursachen unruhiger Nächte sind am Tag zu suchen. Und sie können sehr unterschiedlich sein.

Das ist für Sie als Eltern oft gar nicht nachvollziehbar. Manchmal erkennen Sie ja schon selbst: Unser Kind hatte heute einen aufregenden Tag, also kann ich mir vorstellen, dass es heute Nacht unruhig schlafen wird. Es kann aber auch sein, dass mehrere Tage eigentlich ruhig und angenehm verlaufen sind, ohne allzu viele aufregende Ereignisse – und trotzdem schläft Ihr Kind schlecht. Warum das so ist und wie Sie es ändern können, werden Sie auf den folgenden Seiten Stück für Stück verstehen.

In der Regel wollen die Eltern von mir wissen, wie sie es schaffen können, dass ihre Kinder gut ein- und durchschlafen – ohne sie, die Eltern, an die Grenzen ihrer Kräfte zu treiben. Warum die Kleinen sie nachts auf Trab halten, anstatt friedlich zu schlafen. Sie wollen die Kräfte zehrenden Schlafgewohnheiten in der Familie ändern. Aber sie wissen nicht, wie. Um diesen Eltern praktische, nachvollziehbare und umsetzbare Hilfestellung geben zu können, habe ich das „Schlafhaus" entwickelt.

Es zeigt übersichtlich auf einen Blick, mit wie vielen anderen Fragen der ruhige und erholsame Schlaf Ihres Kindes – und Ihr eigener – eng zusammenhängt. Dazu zunächst einige grundsätzliche Hinweise.

Eltern machen das meiste von ganz allein richtig

Zunächst das Wichtigste: Lassen Sie sich nicht verunsichern. Nach meiner Erfahrung machen Eltern intuitiv schon das meiste von sich aus richtig. Sie sicherlich auch. Ziehen Sie doch einfach selbst einmal Bilanz. Rufen Sie sich erst einmal ins Gedächtnis, was in Ihrer Familie gut und zufriedenstellend ist. Und überlegen Sie dann, was noch nicht so klappt.

Elternaufgabe: Zwischenbilanz

Machen Sie sich so eine Liste, füllen sie in Ruhe aus und ergänzen sie laufend, wenn Ihnen noch was einfällt. Wahrscheinlich werden Sie bald feststellen, dass schon viel mehr Dinge gut klappen, als Sie selbst geglaubt haben.

Das klappt schon gut	Das klappt noch nicht so gut
______________________	______________________
______________________	______________________
______________________	______________________
______________________	______________________
______________________	______________________

Manchmal braucht es ein wenig Mut, genauer hinzuschauen. Tun Sie sich diesen Gefallen. Das wird Ihnen Klarheit geben, wohin Sie wollen.

Wenn Ihr Baby nicht in den Schlaf findet, stecken meist ganz einfache Gewohnheiten dahinter, die Sie schnell in den Griff bekommen können. Viel schneller, als Sie vermuten.

Der erste Schritt ist, dass Sie die Zusammenhänge verstehen. Und dass Sie sich als Eltern darüber einig sind, ob Sie die aktuelle Situation aktiv verändern oder sich damit arrangieren wollen. Treffen Sie diese Entscheidung bewusst. Nach meiner Erfahrung wird es erst dann wirklich schwierig, wenn Eltern so verunsichert sind, dass sie nicht wissen, was sie eigentlich wollen. Oft scheuen sie auch nur die Auseinandersetzung – miteinander und mit ihrem Kind.

Sie können Ihr Baby nur dann überzeugen, allein einzuschlafen und dadurch gut durchzuschlafen, wenn Sie selbst überzeugt sind, dass Sie das wollen. Wenn das so ist, dann haben Sie schon den ersten wichtigen Schritt getan. Sie wissen aber noch nicht, welche praktischen Verhaltenstipps und welches Einschlaf-Programm Ihnen wirklich weiterhelfen werden. Das müssen Sie erst herausfinden. Und das sollten Sie unbedingt tun. Finden Sie heraus, welche Tipps und Methoden für Sie, Ihr Kind und Ihre Familie am besten passen. Und probieren Sie sie aus.

Nele

war am Wochenende aus der Kinderklinik entlassen worden. Ein frühgeborenes Mädchen, bei der Geburt nur 650 g schwer. Im Krankenhaus hatten die Eltern vom ersten Tag an ihr Baby besucht. Häufige Besuche auf der Intensivstation, bange Stunden in der Sorge um Lungenentzündungen und das Gedeihen der Kleinen. Jedes Gramm ein Erfolg. Jeder Tag ohne Komplikationen war ein Glückstag. Das Ankommen in der Klinik und die tägliche Erleichterung, sie unversehrt vorzufinden. Ans Bettchen treten, die Augen über das faltige kleine Gesicht gleiten lassen. Die kleinen Hände berühren und spüren, wie sie sich um den eigenen großen Finger schließen. Das Gesicht sanft streicheln und mit jedem Tag mehr empfinden: Das ist unser Kind. Neue Gefühle für dieses erste Kind. Der Wunsch, dieses geschenkte Kind behutsam und liebevoll anzunehmen. Beschützen zu wollen. Zum ersten Mal im Leben die Liebe empfinden zu einem Wesen, das uns anvertraut ist und so vollkommen auf unseren Schutz angewiesen ist. Die Eltern sind überrascht von der Wärme, und der überwältigenden großen Kraft dieses Gefühls.
Sie freuen sich auf das erste Wochenende zu Hause. Endlich Nele zu Hause aufnehmen. Zur Ruhe kommen. Gemeinsam eine Familie sein.
Nele schreit am Wochenende der Ankunft. Schreit stundenlang. Ist so unruhig, wie sie im Krankenhaus in den letzten Wochen nie gewesen war. Sie trinkt nur einige Schlucke. Schreit wieder. Die Eltern nehmen sie auf den Arm, trösten sie mit leisen, sanften Worten, streicheln sie, gehen spazieren. So kennen sie ihr Baby nicht. Den Körper angespannt, nach hinten gebogen, das heftige Rudern der Arme und Beine, das Gesicht verzerrt. Und immer wieder nach kurzen Atempausen, in denen die Eltern hoffen, dieser Moment der Stille möge anhalten, neue Unruhe …
Die Nacht kommt, die Dunkelheit, in der jedes Wimmern der Kleinen noch tiefer in die Ohren dringt. Die Not der Eltern wächst. Nach Stunden der vergeblichen Versuche, Nele zu trösten, sind sie erschöpft, suchen gegenseitigen Rat. Sehen das eigene Unvermögen und das des Partners.
Hilflosigkeit. Ohnmacht. Anrufe auf der Kinderstation bei den erfahrenen Kinderkrankenschwestern. Ratschläge, wie die Nahrung zuzubereiten sei. Welche Trageposition auf dem Arm die beste sei. „Machen Sie doch das Radio an, die Kleine ist den Lärm auf der Station gewohnt.“ Die Oma wird befragt. Die erzählt, wie sie es früher immer gemacht hat, und wie sie immer erfolgreich beruhigen konnte. Nele ist weiter unruhig, wird von den zunehmend unruhigen Eltern mehr geschaukelt,

mehr abgelenkt, mehr angesprochen. Mehr im Kinderwagen spazieren gefahren. Und beruhigt sich nur für Momente. Wiederholung des bangen Wartens auf Beruhigung und stete Enttäuschung durch wiederkehrendes Schreien.
Am nächsten Tag wird die Kinderärztin aufgesucht. Sie ist entsetzt über manche Vorschläge und sagt: „Noch mehr Lärm durch Radiomusik! Das kann nicht gut sein. Folgen Sie Ihrem Gefühl für Ihr Kind, versuchen Sie wahrzunehmen, wie Sie Ihrem Kind am besten helfen können. Nehmen Sie sich Ruhe nur für sich und Nele. Zu Hause, ohne fremde Ratgeber. Sie zeigen mir doch hier in der Praxis, wie liebevoll Sie mit Ihrer Kleinen umgehen können."
Aber die Eltern sind nach nur einem Wochenende schon völlig erschöpft, verunsichert. Haben in diesen zwei Tagen die Erfahrung des Versagens und der eigenen Hilflosigkeit gemacht. Gesehen, dass auch der Partner nicht fähig war, Trost und Ruhe zu geben. Und sie haben die Wut wahrgenommen auf dieses Baby, das ihre liebevolle Zuwendung mit Schreien und Abwehr beantwortet. Und mögen die eigene Wut nicht. Sind enttäuscht von sich selbst. Und trauen sich nichts mehr zu.
Es ist erschreckend, in welch kurzem Zeitraum diese vollständige Verunsicherung der Eltern geschieht. Wie kann Hilfe aussehen?
Spätestens, wenn Eltern diesen Grad der Ratlosigkeit und Verzweiflung erreicht haben, sollten sie professionelle Hilfe suchen. Der Kinderarzt oder die Kinderärztin nennt Ihnen spezielle Therapeutinnen und Therapeuten für Schreibabys und für Babys mit Ein- und Durchschlaf-Störungen. Hier finden Eltern nicht nur Rat und praktikable Lösungsangebote. Innehalten wird wieder möglich. Ihr Selbstvertrauen und ihre Zuversicht werden aufgebaut. Und ihre Sicherheit, dass sie selbst mit ihrer natürlichen Intuition die kompetentesten Experten für ihr Kind sind.

Dr. med. Anneli Homann
Kinder- und Jugendärztin

Denn eins ist klar: Schlechter als jetzt kann es kaum werden. Im Gegenteil, es kann nur besser werden. Ihr Risiko ist also minimal – aber die Chance, dass Sie alle mit ein paar kleinen Verhaltensänderungen wieder ausreichend Schlaf bekommen, ist groß. Lassen Sie sich darauf ein. Geben Sie sich selbst und Ihrem Kind einen Vertrauensvorschuss, dass Sie es gemeinsam schaffen werden.

Was Sie zunächst einmal brauchen, ist Klarheit darüber, wohin es gehen soll. Vergleichen Sie erst einmal die folgenden Informationen mit der Situation in Ihrer Familie. Überlegen Sie dann, wo Sie ansetzen können und wollen, um etwas zu verändern. Besprechen Sie das mit Ihrem Partner. Nur was Sie wirklich wollen, werden Sie auch erreichen. Schlafen Sie mal drüber. Orientieren Sie sich aber anschließend bei Ihrer Entscheidung nicht an Müttern, Freundinnen, Großeltern, Nachbarinnen oder anderen wohlmeinenden Menschen, sondern nur an Ihrer eigenen Intuition, an Ihren Wünschen und Vorstellungen. Sie allein entscheiden, was für Sie und Ihr Kind richtig und gut ist. Sonst niemand.

Das Schlafhaus

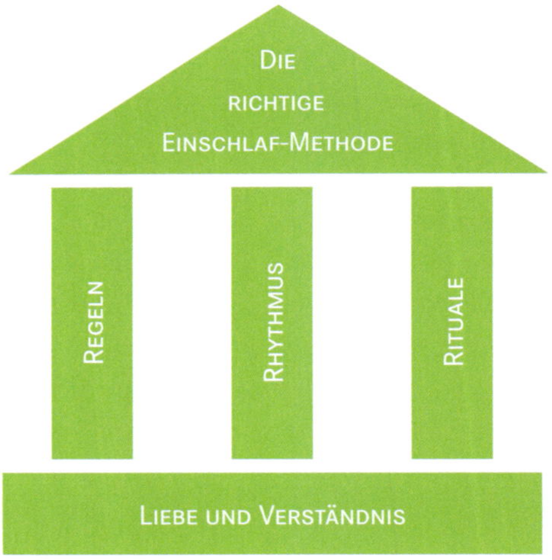

Damit Ihr Kind lernen kann, allein ein- und durchzuschlafen, braucht es ...

- **Liebe und Verständnis: Immer**
- **Regeln, Rhythmus, Rituale: Am Tag**
- **Die richtige Einschlaf-Methode: Am Abend**

Das Fundament des Schlafhauses: Liebe und Verständnis

Liebe und Zuwendung geben Ihrem Kind Geborgenheit

Menschen, die in einem beruhigenden Grundgefühl emotionaler Sicherheit leben, die sich geborgen und geliebt wissen, schlafen besser. Sie fühlen sich entspannt und glücklich, selbstbewusst und ausgeglichen. Das gilt für Menschen jeden Alters – und besonders für Kinder, die noch dabei sind, ihren Standort im Leben Schrittchen für Schrittchen auszuloten und zu erobern. Je jünger ein Kind ist, je weniger eigene Sicherheit es hat, umso wesentlicher ist die Sicherheit, die ihm seine Eltern geben.
Die Basis für den ruhigen Schlaf Ihres Kindes ist also Ihre Liebe und Ihre Zuwendung.

Geborgenheit hat viele Namen

Wenn ich traurig bin, brauche ich
jemanden, der mich tröstet.
Wenn ich wütend bin, brauche ich
jemanden, der mich aushält.
Wenn ich lache, brauche ich
jemanden, der sich mit mir freut.
Wenn ich unsicher bin, brauche ich
jemanden, der mir Zuversicht gibt.
Wenn ich ungeduldig bin, brauche ich
jemanden, der mich beruhigen kann.
Wenn ich an mir zweifle, brauche ich
jemanden, der mir Anerkennung schenkt.
Wenn ich etwas gelernt habe, brauche ich
jemanden, dem ich es zeigen kann.
Wenn ich einsam bin, brauche ich
jemanden, der mich in die Arme nimmt.
Wenn ich selbstsicher aufwachsen soll, brauche ich
jemanden, der mir Geborgenheit schenkt.

Für Ihr Baby ist Geborgenheit ein Grundbedürfnis, das lebensnotwendig ist. Es *will* nicht nur, es *muss* umsorgt werden und sich bedingungslos angenommen fühlen. Nicht allein die Mutterbrust vermittelt einem Säugling das Gefühl von Liebe, Zuwendung und Geborgenheit, sondern die Wärme und der Duft des Körpers von Mutter oder Vater. Der unmittelbare Körperkontakt, das sanfte Wiegen und Schaukeln, das Streicheln. Die Stimme, die liebevoll zu ihm spricht. Und nicht zuletzt die Tatsache, dass Mutter oder Vater zuverlässig da sind, wenn ihr Kind sie braucht. Jederzeit.

Das betrifft übrigens nicht nur Kinder. Auch *„Erwachsene sind mehr von anderen Menschen emotional abhängig und auf zwischenmenschliche Kontakte angewiesen, als sie es wahrhaben wollen ... Tragfähige Beziehungen schützen das Individuum vor den negativen Auswirkungen von übermäßigem Stress“*, schreibt der Psychologe Remo Largo in seinem Buch „Kinderjahre“. Liebe ist für jeden Menschen ein Grundbedürfnis, eine biologische Notwendigkeit, so wichtig wie Essen und Trinken. Mehrere wissenschaftliche Studien belegen, dass Menschen ohne Liebe eine deutlich geringere Lebenserwartung haben.

Ebenso stark wie das Bedürfnis, Liebe zu empfangen, ist auch der Wunsch, Liebe zu geben. Es erfüllt die meisten von uns mit tiefer Befriedigung und Freude, wenn es uns gelingt, die Bedürfnisse unseres Kindes zu befriedigen. Wenn uns das Baby zufrieden anlächelt, sich wohlig streckt und in unsere Arme kuschelt, fühlen wir uns gut und sind ebenfalls befriedigt. Allerdings gilt auch der Umkehrschluss: Ein andauernd schreiendes Baby kann uns zutiefst verunsichern und uns ernsthaft an unseren Fähigkeiten als Eltern zweifeln lassen. Auch dieses irritierende Gefühl haben die meisten Eltern schon mal erlebt.

Haben Sie Verständnis für das individuelle Schlafbedürfnis Ihres Kindes

Das Schlafbedürfnis ist bei jedem Kind anders. Auch bei sehr kleinen Kindern gibt es schon „Eulen“ und „Lerchen“, also solche, die besonders spät einschlafen und solche, die besonders früh aufwachen. Das hängt mit der biologischen Uhr zusammen, die den Tag- und Nachtrhythmus jedes Menschen steuert.

Es gibt zwar „Faustregeln“ dafür, wie lange Kinder in welchem Alter im Durchschnitt schlafen. Aber für Sie ist es wichtig, herauszufinden, wie viel Schlaf Ihr Kind braucht. Und das kann von den Durchschnittswerten abweichen.

Sie können das herausfinden, indem Sie ein paar Tage hintereinander notieren, wann Ihr Kind schläft oder wach ist. Wenn Sie das wissen, können Sie gezielt eingreifen und zunächst im Tagesverlauf schrittweise die Schlafzeiten verändern. Erst wenn das am Tag klappt, wenden Sie sich dem Nachtschlaf zu.
Was Sie nicht verändern können, ist die Schlafdauer insgesamt im Laufe von 24 Stunden. Und was Sie ebenfalls nicht verändern können, ist die Grunddisposition Ihres Kindes – „Eule“ oder „Lerche“.

Quengeliges Kind? Da fehlt Schlaf!

Wenn ein Kind zu wenig Schlaf bekommen hat, geht es ihm genau wie Ihnen: Es ist unausgeglichen, missgelaunt und unkonzentriert. Ihr Kind wird dann quengelig und äußerst anhänglich. Und Sie selbst reagieren entsprechend gereizt. Das bestätigen mir Eltern in der Beratung immer wieder: *„Ich reagiere dann ungerecht. Hinterher tut mir das immer leid – aber in der Situation kann ich nicht anders.“* Diese negativen Gefühle belasten unnötigerweise die Beziehung zwischen Ihnen und Ihrem Kind.
Kinder, die nachts nicht genügend Schlaf bekommen, holen ihn meist tagsüber nach. Und das sollten Sie auch tun, soweit Ihnen das möglich ist. Es sollte aber nicht zur Regel werden. Sehr kleine Kinder brauchen in jedem Fall noch ein gewisses Pensum Tagesschlaf, auch wenn sie nachts durchschlafen. Wie viel das bei Ihrem Kind ist, sagt Ihnen sein individuelles Schlafprotokoll. Durchschnittlich können Sie von folgendem Schlafbedarf ausgehen:

- Neugeborenes: 16,5 Stunden über Tag und Nacht verteilt
- 3 Monate: 10 Stunden nachts, 5 Stunden tagsüber
- 6 Monate: 11 Stunden nachts, 3 Stunden tagsüber
- 12 Monate: 11 Stunden nachts, 2 Stunden tagsüber

Wenn Ihr Kind also schon ein halbes Jahr alt ist, tagsüber stundenlang schläft und Sie nachts auf Trab hält, läuft offensichtlich etwas ziemlich quer. Das wäre ein klassischer Fall, um tagsüber aktiv einzugreifen. Hier ein Muster für ein Schlafprotokoll:

24-Stunden-Protokoll (nach Ferber)

Schlafprotokoll vor der Behandlung

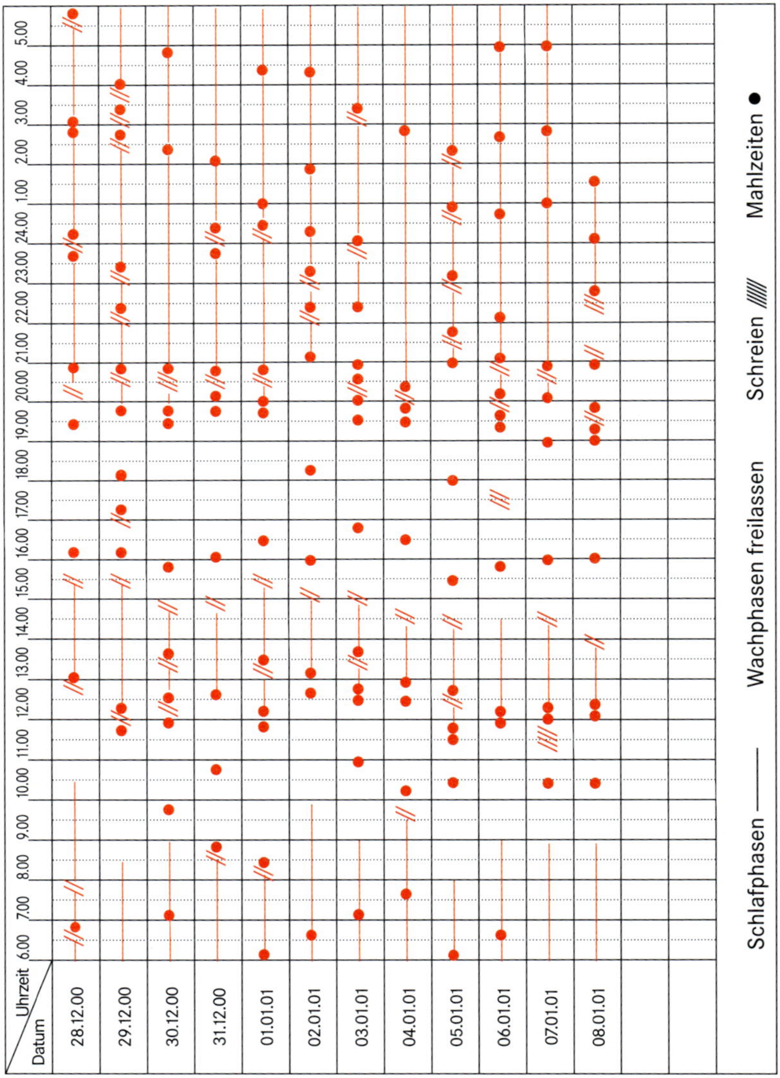

NAME DES KINDES: LEONIE ALTER: 11 MONATE

Schlafprotokoll während der Behandlung

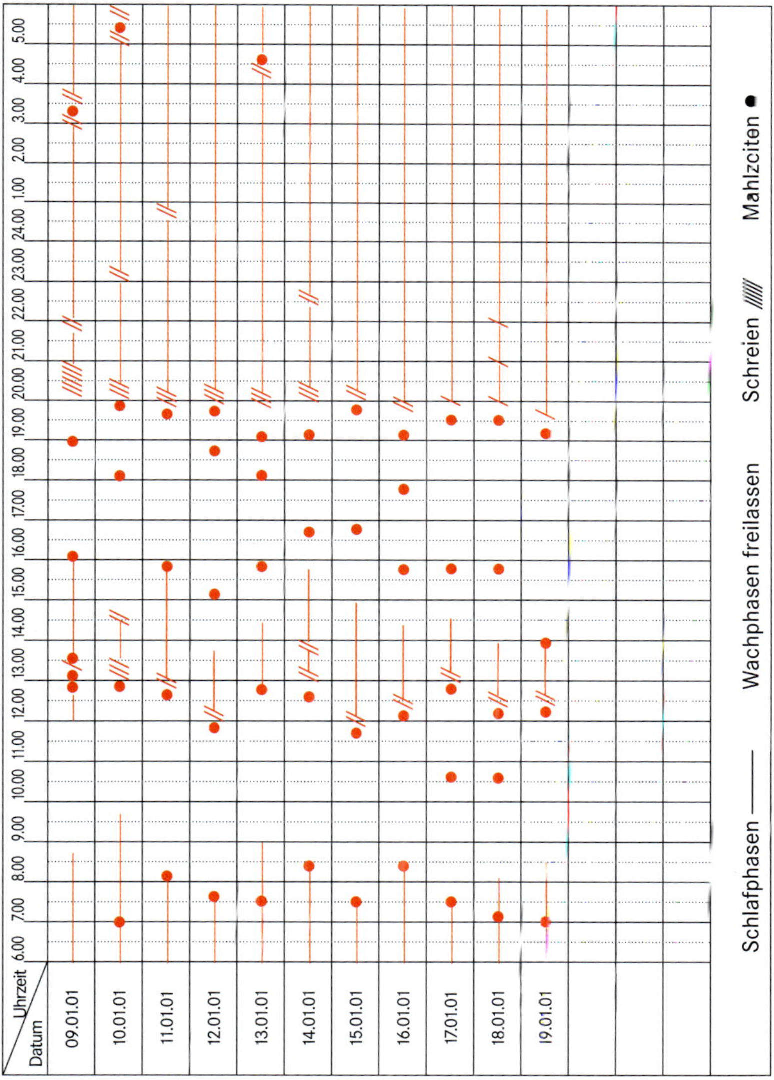

Mittagsschlaf: nicht zu lange und nicht zu spät

Kleine Kinder und Babys, die in eine Kindertagesstätte gehen, werden regelmäßig um eine bestimmte Zeit aus dem Mittagschlaf aufgeweckt. Das geht gar nicht anders, denn sonst bremsen die kleinen Schlafmützen den gesamten Ablauf. Aber es schadet ihm auch nicht, wenn ein Kind nach einer oder anderthalb Stunden sein Tagesschläfchen beendet.
Wenn Ihnen ein ruhiger Nachtschlaf für Ihr Kind (um das 1. Lebensjahr herum und älter) und auch für Sie selbst wichtig ist, dann achten Sie darauf, dass mindestens vier Stunden zwischen dem letzten Tagesschlaf Ihres Kindes und dem abendlichen Zubettgehen verstreichen. Die Betonung liegt hier auf „mindestens". Denn zu späte Nickerchen können das Einschlafen abends empfindlich stören. Ihr Kind ist dann einfach um 19 Uhr nicht müde. Schon ein ungeplantes Nickerchen von einer Viertelstunde kann den wohlverdienten Feierabend der Eltern durcheinanderbringen.

Bei manchen Kindern unter einem Lebensjahr habe ich allerdings ganz andere Erfahrungen gemacht – dass nämlich für einige Babys ein später Nachmittagsschlaf die Lösung oder Voraussetzung ist, um gerade danach entspannt in den Nachtschlaf zu gehen, manchmal nur 1,5 Std. später. Babys sind halt unterschiedlich und nicht alle gleich einzuordnen.

Jenny

„Ich war mit meiner neun Monate alten Tochter Jenny beim Müttertreff. Die Babys spielten den ganzen Nachmittag miteinander. Gegen 17 Uhr wurden sie immer ruhiger und waren offenbar müde. Als ich um 17:30 Uhr mit Jenny im Auto heimfuhr, schlief sie sofort ein. Nach 20 Minuten waren wir zuhause, und Jenny wachte auf. Das kleine Nickerchen hatte sie erfrischt, und sie war hellwach. Erst Stunden später – um halb zehn – hatte sie wieder die notwendige Bettschwere, dass ich sie hinlegen konnte. Bis dahin hielt sie mich auf Trab – und an einen ruhigen Feierabend war nicht zu denken."

Sollte Ihr Kind also nachmittags nicht aus dem Bett finden, dann scheuen Sie sich nicht, es zu wecken. Sprechen Sie es zärtlich an, streicheln Sie ihm sanft über die Wange – oder machen Sie einfach etwas mehr Lärm als gewöhnlich beim Aufräumen, Putzen oder anderen Hausarbeiten in seiner unmittelbaren Nähe.
Übrigens: Wenn Ihr Kind ausgeschlafen hat – egal ob nach einem Tagesschläfchen oder morgens – sollte es auch aus dem Bett dürfen. Auch wenn Sie es vielleicht sehr gern noch eine Weile darin liegen lassen würden, um selbst noch etwas Ruhe zu haben. Das Bett darf von Ihrem Kind niemals als „Verbannungsort" wahrgenommen werden. Es sollte immer der Platz sein, an den es sich freiwillig und gern zum Ausruhen zurückzieht – und sonst gar nichts.

Beachten Sie die Schlaffenster

Schlaffenster haben etwas mit dem Biorhythmus zu tun: So nennt man die Zeiten, zu denen die Organe herunterfahren, um sich zu regenerieren. Dann werden wir müde – nicht nur unsere Kinder, sondern auch wir Erwachsenen. Wir sprechen dann von einem „toten Punkt" und trinken eine Tasse Kaffee oder Tee, um darüber hinwegzukommen, oder legen uns hin, um zu schlafen – wenn wir die Gelegenheit dazu haben. Die meisten Menschen erleben diese Schlaffenster morgens gegen neun, um die Mittagszeit und werden nachmittags ab 17 Uhr wieder müde.
Wenn Sie Ihr Kind aufmerksam beobachten, werden Sie feststellen, dass es gegen 17 Uhr abzubauen beginnt. Ein Schlaffenster kündigt sich an: einer dieser wunderbaren Augenblicke, an denen Sie es ins Bett legen können – und es schläft rasch ein, weil es richtig müde ist. Eines dieser Schlaffenster ist bei den meisten Kindern gegen 19 Uhr.
Viele Eltern sind entsetzt, wenn ich ihnen sage, dass sie ihr Kind genau dann ins Bett legen sollen. *„Um 19 Uhr! Um Himmels willen! Dann ist es ja schon um vier Uhr nachts wieder wach!"*
Keine Sorge, das wird kaum passieren. Wenn Ihr Kind elf Stunden pro Nacht schläft, ist seine Nacht nicht vor sechs Uhr früh vorbei. Aber 19 Uhr ist eine gute Zeit, es abends hinzulegen, weil es dann die richtige „Bettschwere" hat.
Wenn Ihr Kind also ab 17 Uhr immer stiller wird, starten Sie am besten gegen 18 Uhr die Rituale, die regelmäßig im Bett enden. Abendessen, Waschen, neue Windel, kleine Geschichte – was auch immer der alltägliche Ablauf bei Ihnen

ist. Probieren Sie es aus. Dass Sie das Schlaffenster verpasst haben, merken Sie daran, dass Ihr Kind wieder munterer wird. Eine Zeitlang danach kündigt sich das nächste Schlaffenster an, und zwar in aller Regel heftiger als das erste: Dann zeigen sich nämlich schon erste Anzeichen von Übermüdung.
Ihr Kind wirkt dann wacher denn je – aber in Wirklichkeit ist es todmüde. Viele Eltern interpretieren dieses Verhalten falsch und wissen nicht, wie sie ihr aufgedrehtes Kind beruhigen sollen. In solchen Augenblicken ruhig und liebevoll zu bleiben und nicht ungeduldig zu werden, ist gar nicht so einfach. Aber hier ist eindeutig eine klare Haltung angebracht: *„Feierabend! Jetzt wird geschlafen.“*

Jan

Auf den Zeitpunkt kommt es an: Die Eltern waren verzweifelt. Jan, acht Monate alt, wollte einfach nicht einschlafen. Seine Mutter war irgendwann so erschöpft, dass Jans Papa eingesprungen ist und ihn jeden Abend zu Bett brachte. „Ich halte Jan, singe mit ihm (Guten Abend, gute Nacht), wenn er nicht zu müde ist. Dann erkläre ich ihm noch das Bett, und vorher schmusen wir noch zusammen. Doch irgendwie scheint das nicht zu fruchten, Mir gehen auch langsam die Kräfte aus. Zum Beispiel heute Abend habe ich Jan um 19:30 Uhr ins Bett gebracht. Gut eine halbe Stunde später wacht er wieder mit Geschrei auf. Ich gehe zu ihm, setze mich ans Bett, singe, halte ihn. Doch er schreit sich ein, und das Ganze dauert 15 Minuten bis zu dem Punkt, wo ich eigentlich drei Arme brauchte, um ihn unten zu halten …“
Dabei haben sie doch alles richtig gemacht. „Wir haben einen sehr geregelten Tagesablauf mit festen Essenszeiten und einen großen Mittagschlaf von ein bis zwei Stunden“, schreibt Herr B. und hat auch schon Erfolge beim Durchschlafen: „Es sind wohl immer an die 11 bis 12 Stunden“, erklärt er. „Mit dem Mittagschlaf und ab und an einem kleinen Schläfchen vormittags kommen wir auf 13 bis 14 Stunden Schlaf.“
Ich habe den Eltern von den Schlaffenstern berichtet und empfohlen, Jan regelmäßig um 19 Uhr zu Bett zu bringen. Einige Tage später kam die Antwort: „Unser Frust hat sich jetzt minimiert und ist in Glück umgeschlagen, da wir jetzt unseren Jan zum richtigen Müdigkeitszeitpunkt ins Bett bringen, ihm seine Brumsel-Spiel-

uhr zum Spielen geben, ihn lieb mit Küsschen verabschieden und dann allein einschlafen lassen. Nach zwei bis fünf Minuten schläft er, mal mit, aber auch mal ohne Knöttern von selbst ein.“

Kinder entwickeln sich schnell weiter

Viele Eltern unterschätzen das Tempo, in dem sich ihre Kinder entwickeln. Besonders wenn es ums Schlafen geht. Machen Sie also am besten gleich ein paar Kopien mehr von unserem Schlafprotokoll, denn Sie werden es wahrscheinlich noch ein paar Mal brauchen. In der Zeit zwischen den ersten Lebensmonaten und der Einschulung wird sich der Schlafbedarf und vielleicht auch der Schlafrhythmus noch einige Male verändern.

Die Säulen des Schlafhauses: Regeln, Rhythmus, Rituale

Klare Regeln und Grenzen geben Orientierung

Regeln und Grenzen gehören zum Leben. Sie überfordern Ihr Kind nicht, wenn Sie ihm schon sehr früh einen klaren Rahmen setzen. Im Gegenteil: Regeln und Grenzen geben Kindern wichtige Orientierungshilfen in einem sehr komplexen Umfeld. Je kleiner Ihr Kind ist, umso größer, grenzenloser und unüberschaubarer erscheint ihm die Welt. Grenzen und Regeln sind wie Halteleinen, an denen es sich entlanghangeln kann, um sich diese Welt Schritt für Schritt zu erschließen.

Es hilft Ihrem Kind, wenn es schon früh lernt, dass es Grenzen gibt, die es respektieren muss. Dass ein *„Nein“* eine klare Ansage ist, gegen die kein Aufbegehren hilft, und für die es prinzipiell gute Gründe gibt. Denn wo immer es hinkommt, wird es mit Regeln und Grenzen konfrontiert werden – ob in der Spielgruppe, im Sandkasten, im Kindergarten, bei der Tagesmutter oder im Straßenverkehr. Ohne klare Regeln funktioniert kein Lebensbereich und keine Gemeinschaft. Ihr Kind wird rasch lernen, dass auch seine Eltern sich im Alltag an immer wiederkehrende Strukturen und Regeln halten.

Wichtig ist, dass Sie als Eltern sich einig sind, welche Grenzen und Regeln Ihnen wichtig sind – und dass Sie konsequent auf einmal gesetzten Regeln bestehen. Sie tun weder Ihrem Kind noch sich selbst einen Gefallen, wenn Sie Regeln, die Sie heute verkünden, schon morgen wieder vergessen, ständig Ausnahmen machen oder nachgeben, sobald Ihr Kind lautstark protestiert. Wenn Sie Grenzen ziehen, sollten Sie sich auch selbst konsequent daran halten. Und zwar beide.

Als Faustregel können Sie davon ausgehen, dass ein Kind im Alter von einem Jahr maximal fünf Regeln mit einem *„Nein“* lernen kann. So viele können sogar Sie als Eltern durchhalten. Darüber hinaus bauen Sie Ihre Wohnung lieber kindgerecht um (Spielzeug statt Bücher in die unteren Bücherregalbretter, Töpfe statt Geschirr in die unteren Küchenschränke usw.).

Mara

Aus meiner PEKiP-Arbeit weiß ich, dass die meisten Männer geradezu verrückt mit ihren teuren HiFi-Anlagen sind. Meiner ist da keine Ausnahme. In letzter Zeit hat unsere acht Monate alte Tochter, der Augapfel ihres Vaters, seine Anlage entdeckt. Panik beim Papa. Wie sollte er das teure Gerät schützen, ohne den Erkundungsdrang seines Kindes allzu massiv auszubremsen? Die Erleuchtung kam ihm, als wir diskutierten, ob die Kleine einen Laufstall bekommen soll oder nicht. Er nahm den Laufstall – und stellte seine Anlage hinein.

Im Einzelfall kann konsequentes Verhalten für Eltern sehr anstrengend sein. Wenn Sie zum Beispiel nachts um halb drei durch lautes Babygeschrei geweckt werden und Ihr erster Impuls Sie verleiten will, das Kind einfach in Ihr Bett zu holen, um in Ruhe weiterschlafen zu können. Dann trotzdem aufzustehen, zu Ihrem Kind zu gehen und es in dessen eigenem Bett zu beruhigen, damit es weiterschläft, erfordert schon eine gehörige Portion Selbstdisziplin. Aber glauben Sie mir: Wenn das auch im Augenblick der schwierigere Weg ist, auf die Dauer ist es der bessere.

Sprechen Sie sich also vorher in Ruhe ab und entscheiden Sie gemeinsam, was Sie wollen und wo Ihre persönlichen Grenzen sind. Dann können Sie auch beide konsequent und sicher reagieren, wenn Ihr Kind an diese Grenzen stößt. Kinder lernen es rasch, wenn ihre Eltern eine einheitliche Meinung haben. Und sollten in einer anderen Umgebung – zum Beispiel bei Oma und Opa oder im Kindergarten – andere Regeln gelten, lernen sie das ebenso schnell. Denn sie reagieren grundsätzlich erstaunlich flexibel auf unterschiedliche Rahmenbedingungen.

Wenn Ihr Kind etwas Neues lernen soll, ist dazu allerdings der Tag die richtige Zeit. Denn um neue Regeln einzuführen und zu üben, sollten alle Beteiligten wach und ausgeruht sein.

Wenn Ihr Kind einmal gelernt hat, dass Regeln und Grenzen am Tag verbindlich sind, dass Sie das, was Sie ankündigen, auch konsequent tun und dass ein *„Nein"* nicht *„vielleicht"* bedeutet, dann akzeptiert es das auch nachts. Selbst wenn es noch sehr klein ist.

So richtig nett ist's nur im (eigenen) Bett

Wenn ich bei jungen Familien Hausbesuche mache, sehe ich dort oft wunderschön eingerichtete Kinderzimmer mit allem, was das Kinderherz begehrt – aber das Bett ist kein richtiger Schlafplatz. Häufig ist es einfach überfüllt. Es ist zu viel darin, das vom Schlafen ablenkt. Manchmal erinnert es eher an eine kleinere Version des Spielzimmers als an einen ruhigen, kuscheligen Ort, an dem man abschalten und friedlich ungestört schlummern kann. Vor lauter Kuscheltieren und Spielsachen hat das Kind selbst oft kaum noch ausreichend Platz. Weniger wäre da meistens mehr.

Mit anderthalb oder zwei Jahren beginnen Kinder Höhlen zu lieben. Wie wäre es, wenn Sie dann für Ihr Kind eine kuschelige „Schlafhöhle" bauen? Vielleicht mit einem Vorhang rund ums Bett und einem Dach drüber, vielleicht mit einem Zelt oder einem luftigen Moskitonetz? Ihrer Kreativität und Phantasie sind da kaum Grenzen gesetzt. Was hätten Sie sich denn zum Beispiel selbst als Kind gewünscht?

Unterschätzen Sie übrigens nicht, wie wichtig eine gewisse Ordnung im Kinderzimmer sein kann – auch fürs Schlafen. Das gilt besonders in der „magischen Phase". Die „magische Phase" ist das Alter zwischen etwa zweieinhalb und fünf Jahren, wenn die Bilderwelt Ihres Kindes bevölkert ist mit Tigern, Hexen und Monstern. Seine Neugier und Phantasie sind dann kaum zu bremsen – und eine Hose, die überm Stuhl hängt, wird dann im Licht- und Schattenspiel des nächtlichen Kinderzimmers schnell mal zu einer erschreckenden Krake. Einleuchtend, dass besonders in diesem Alter eine gewisse Ordnung Sicherheit gibt.

Auf jeden Fall sollte das eigene Bett für Ihr Kind der kuscheligste und schönste Platz überhaupt sein, ein Ort, an dem es sich geborgen und sicher fühlt. Wo es sich zufrieden und genüsslich in die Kissen wühlen kann und sich rundum wohl fühlt. Schicken Sie Ihr Kind also nie „zur Strafe" ins Bett. Sätze wie *„Wenn du nicht lieb bist, musst du ins Bett"* sollten nicht über Ihre Lippen kommen. Ins Bett gehen ist keine Strafe, sondern eine Lust.

Reden Sie über den Schlaf

In meinen Vorträgen und Beratungsstunden mache ich immer wieder die Erfahrung, dass das Schlafen zwar in den meisten Familien ein wichtiges Thema ist, dass die Eltern es aber nicht ansprechen. Sie befürchten, es könne schlimmer werden, wenn sie darüber reden.

Das ist ein Irrtum. Auch wenn Sie es nicht ansprechen, ist das Thema in Ihrer Familie präsent. Alle Familienmitglieder spüren das. Vergessen Sie nicht, dass Ihr Kind zunächst nicht auf das reagiert, was Sie sagen, sondern darauf, was Sie nonverbal mitteilen, was Sie ausstrahlen, was Sie fühlen.

Mit anderen Worten: Sagen Sie ruhig offen, was Sie denken. Teilen Sie Ihrem Kind mit, was Sie von ihm möchten und was Sie in Zukunft deshalb unternehmen werden. Auch dann, wenn Sie glauben, dass es den Sinn Ihrer Worte vielleicht noch nicht (ganz) versteht. Ich habe die Erfahrung, dass Kinder viel mehr verstehen, als ihre Eltern vermuten. Außerdem bestärken Sie sich selbst in Ihrer Absicht, indem Sie sie laut aussprechen. Und Ihr Kind spürt, dass Sie hinter dem stehen, was Sie tun, und das so wollen. Das macht die gesamte Situation für alle Beteiligten klarer und greifbarer.

Marcel

Es ist kurz vor 12, Zeit für Marcels Mittagschlaf. Seine Mutter ist schon entnervt, wenn sie nur daran denkt. „Oh Gott“, denkt sie, „wenn das heute wieder so ein Theater ist wie gestern, weiß ich nicht, wie ich das aushalten soll.“ Solche Gedanken im Kopf, nimmt sie ihren kleinen Sohn auf den Arm, um ihn ins Bett zu bringen. Und was passiert? Marcel spürt, wie angespannt seine Mutter ist, und sträubt sich mit Händen und Füßen gegen das Bett – obwohl er vor Müdigkeit kaum seine Augen aufhalten kann: der typische Fall einer sogenannten selbsterfüllenden Prophezeiung.

Damit Ihr Kind lernt, dass Schlafen schön ist und zum Tag dazugehört, gibt es altersgemäße Methoden und Rituale. Zum Beispiel können Sie mit ihm gute Bilderbücher übers Schlafen anschauen oder Spiele spielen. Eine Liste für Kinder von ein bis sechs Jahren finden Sie im Anhang dieses Buches.

Kleine Kinder haben noch kein Zeitgefühl

Machen Sie es sich zur Gewohnheit, rechtzeitig anzukündigen, dass in einer halben Stunde Zeit zum Schlafengehen ist. Kleine Kinder haben noch kein Gefühl für Zeit. Wenn Sie Ihrem Kind also sagen: In einer halben Stunde geht's ins Bett - dann kann es sich darunter nichts vorstellen. Wenn Sie aber diese Ansage zum Teil des allabendlichen Zubettgeh-Rituals machen, dann weiß Ihr Kind: Aha, von jetzt an dauert es nicht mehr lange.
Sie können gemeinsam mit Ihrem Kind aus leeren Marmeladengläsern und Sand eine Sanduhr basteln, die eine bestimmte Zeitlang läuft - zum Beispiel eine Viertelstunde. Dann sieht Ihr Kind plastisch vor Augen, wie die Zeit verrinnt, und Zeit wird zu einer nachvollziehbaren, verständlichen, im wahrsten Sinne des Wortes begreifbaren Dimension. Und es weiß: Wenn der Sand durchgelaufen ist, geht's ins Bett.
Wichtig ist auch hier, dass Ihr Kind immer sicher weiß: Wenn Mama oder Papa sagt, in einer halben Stunde geht's ins Bett, dann wird das auch so sein. Sie sind damit für Ihr Kind berechenbar, die Situation als solche ist überschaubar und klar abzusehen - und das kann Ihr Kind ohne Problem akzeptieren. Damit geben Sie ihm Orientierung und Sicherheit.

Vergessen Sie nicht Ihre eigenen Interessen

Sie als Eltern sind ja nicht nur Mama und Papa. Sie sind erwachsene Menschen mit Anspruch auf eigene Zeit und auf Zeit für Ihre Partnerschaft und Ihre Liebe. Wenn Sie die nicht pflegen, riskieren Sie die stabile Basis Ihrer Familie - und damit tun Sie Ihrem Kind ganz sicher keinen Gefallen. Nehmen Sie sich also dafür bewusst Zeit.
In vielen Familien ist es so, dass der Vater tagsüber außerhalb arbeitet und die Mutter daheim beim Kind bleibt - zumindest in den ersten Monaten und/oder Jahren. Wenn Ihr Mann von der Arbeit nach Hause kommt, drücken Sie ihm nicht gleich das Kind in den Arm, sondern lassen Sie ihm erst mal Zeit anzukommen und Luft zu holen. Gute Erfahrungen habe ich mit folgendem Ritual:

Austauschzeit für Mama und Papa

Sie setzen sich erst mal in Ruhe für eine Viertelstunde bei einer Tasse Kaffee oder Tee zusammen und erzählen sich gegenseitig, wie der Tag gelaufen ist. Was gab es Neues bei der Arbeit? Was haben Sie mit dem Kind/den Kindern erlebt? Vergessen Sie dabei nicht die schönen Seiten: Was ist gut gelaufen? Dann überlegen Sie, wie der Rest des Tages und Abends verlaufen soll.
Kinder gewöhnen sich rasch daran, dass zum Tagesablauf eine solche Zeit gehört, in der Mama und Papa nicht gestört werden sollen. Ihr Kind ist für diese kurze Zeit einmal Nebensache. Es spielt allein, je nach Alter in seinem Zimmer oder in der Nähe der Eltern.
Das gilt übrigens auch dann, wenn Sie beide berufstätig sind und das Kind tagsüber bei der Tagesmutter oder in der Kita war. Nach dem kurzen gemeinsamen Ankommen können Sie sich dann umso freudiger und entspannter auf Ihr Kind konzentrieren.

Kinderfreie Zeiten müssen sein

Kinder verstehen, dass Eltern auch mal allein sein wollen, wenn Sie ihnen das klar und deutlich sagen. Dass irgendwann „Feierabend“ ist und sie schlafen sollen. Diese Zeit für sich allein steht Ihnen als Eltern zu.
Planen Sie regelmäßig solche Zeiten für sich als Paar ein. Setzen Sie sich gemütlich zusammen, treffen Sie Freunde, gehen Sie ins Kino oder Theater. Gönnen Sie sich regelmäßige „Paarabende“, an denen Sie einen Babysitter organisieren und ganz für sich sind. Genießen Sie Ihre Zweisamkeit, nehmen Sie sich aber auch beide Zeiten für sich ganz allein.
Pflegen Sie ihren jeweils eigenen Freundes- und Bekanntenkreis. Gehen Sie zum Sport, zu „Frauentreffs“ und „Männerabenden“, vernachlässigen Sie Ihre Hobbys nicht. Ihr Kind hat nichts davon, wenn seine Eltern ihm alles opfern, was ihnen Spaß macht. Wenn Sie als Eltern zufrieden, ausgeglichen und „gut drauf“ sind, ist das eine solide Basis für die ganze Familie.
Barbara Wanderer schreibt in ihrem Buch „Heile, heile Segen“:
„Opfer machen Schuldgefühle, und Schuldgefühle tun weh und machen wütend. Die meisten Kinder brauchen statt Aufopferung ein gutes Vorbild dafür, wie man verantwortungsbewusst für sich selbst sorgt. Wenn Sie dies dem Kind

nicht vermitteln, wird es sich bald für Sie verantwortlich fühlen und glauben, für Sie mitsorgen zu müssen. Auch die in besten Absichten gelebte Opferrolle raubt Kindern die Möglichkeit, guten Gewissens Kind zu sein. Bemühen Sie sich um eine gute Balance zwischen Ihren Interessen und denen Ihres Kindes. In diesem Fall heißt das: Feierabend!"

Absprachen sind nichts für Kinderohren

Wenn Sie sich darüber unterhalten wollen, wie Sie Ihr Kind erziehen, ist das nichts für Kinderohren. Besprechen Sie es abends, wenn Ihr Kind schläft. Sie werden nicht immer einig sein – aber für Ihr Kind ist die Einigkeit seiner Eltern wichtig, um sich zu orientieren. Diskutieren Sie also strittige Fragen, wenn es nicht dabei ist.
Überlegen Sie gemeinsam, welche Regeln und Grenzen Ihr Kind einhalten soll. Was Sie – zum Beispiel im Zusammenhang mit dem Schlafen – ändern wollen, und wie. Wer welche Aufgaben im Haushalt und beim Kind übernehmen soll. Welche Dinge Sie gemeinsam als Familie unternehmen wollen. Ziehen Sie am selben Strang und achten Sie darauf, dass die Bilanz von Geben und Nehmen möglichst ausgeglichen ist. Dann kommen auch keine Frustrationen auf – zum Beispiel, weil die Mutter meint, die Hausarbeit und die nächtlichen Störungen durch das Kind bleiben allein an ihr hängen. Oder weil der Vater denkt, er habe zu wenig von seinem Kind.

Belohnen Sie sich

Loben Sie sich bewusst gegenseitig für das, was Sie gut machen. Kinder großzuziehen ist zwar etwas sehr Schönes und bereichert Sie persönlich. Aber es bedeutet auch, auf viele Freiheiten zu verzichten, die Sie früher genießen konnten. Und die viele Ihrer kinderlosen Freunde vielleicht noch immer genießen.
Überlegen Sie sich kleine Belohnungen, die Sie sich gegenseitig oder beiden zusammen machen. Besonders die kleinen Dinge im Alltag sind es, die eine Liebe frisch halten. Komplimente und nette Worte, ein Liebesbriefchen in der Jackentasche, ein Schokoherz auf dem Kopfkissen oder ein kleines Vergissmeinnicht auf dem Frühstückstisch können manchmal mehr bewirken als teure Geschenke: Positive Verstärkung tut nicht nur Kindern gut.

Liebevolle Entschlossenheit

Wenn Sie Ihrem Kind helfen wollen, allein einzuschlafen, brauchen Sie eine gehörige Portion liebevolle Entschlossenheit, Konsequenz und vor allem Durchhaltevermögen.
Das ist das Wichtigste überhaupt – aber auch am schwersten umzusetzen. Damit steht und fällt das ganze Haus. Deshalb ist es so wichtig, dass Sie – die Eltern – erst einmal gründlich darüber nachdenken und ausführlich miteinander besprechen, was Sie eigentlich wollen. Wo Ihre ganz persönlichen Prioritäten liegen. Und ob Sie überhaupt die Kraft haben, durchzuhalten. Je nachdem, wie Ihre persönliche Situation in der Familie ist, könnte es auch sinnvoll sein, dieses Vorhaben zunächst zu verschieben und erst mal neue Kräfte zu tanken. Zum Beispiel, indem Sie jemanden bitten, sich ein paar Mal tagsüber um Ihr Kind zu kümmern, damit Sie ausgiebig Schlaf nachholen und neue Energien tanken können.
Vielleicht finden Sie es ja auch gar nicht so schlimm, jede Nacht mehrmals aufzustehen. Vielleicht kommen Sie damit ganz gut zurecht und lesen dieses Buch nur, um sich zu informieren, weil eine Freundin es Ihnen geschenkt hat, weil sie weiß, dass Sie zu wenig Schlaf bekommen – oder weil wohlmeinende Menschen in Ihrem persönlichen Umfeld Sie mit widersprüchlichen Ratschlägen verunsichert haben.
Dann überstürzen Sie nichts. Wenn Ihre Schmerzgrenze irgendwann erreicht ist und Sie ernsthaft entschlossen sind, die Situation zu ändern, dann ist immer noch Zeit dazu. Fangen Sie damit erst an, wenn Sie es wirklich wollen. Wenn Sie sicher sind, dass Sie es auch durchhalten können. Und wenn Sie als Eltern sich darüber einig sind und sich gegenseitig bestärken. Fangen Sie nichts an, was Sie nicht zu Ende führen können. Und vergessen Sie nicht, dass kleine Schritte auch zum Erfolg führen und obendrein leichter durchzuhalten sind. Dafür dauern sie eben ein wenig länger.

Was passiert eigentlich, wenn Ihr Kind Neues lernt?

Ab dem vierten Lebensmonat entwickelt jedes Kind ein sogenanntes Episodengedächtnis. Von da an ist es in der Lage, sich Erfahrungen zu merken. Und wenn sich eine Erfahrung mehrmals wiederholt, dann entwickelt Ihr Kind eine

gewisse Erwartungshaltung. Es war immer so – also wird es wieder so sein. Das geht uns Erwachsenen in den meisten Lebensbereichen auch nicht anders.
Um sich diesen Prozess besser vorzustellen, können Sie ihn mit einem Computerprogramm vergleichen. Wenn Sie es auf der Festplatte installiert haben, wird der Computer immer im Sinne dieses Programms agieren, sobald Sie es aufrufen. Ihr Kind hat auf seiner „Festplatte" bestimmte Handlungen seiner Eltern beim Einschlafen „gespeichert". Und nun stehen Sie vor der Aufgabe, dieses Programm zu „überschreiben", ein neues, anderes Verhalten an die Stelle des gewohnten zu setzen. Weil Sie Ihrem Kind beibringen wollen, allein einzuschlafen. Nur dass das leider etwas schwieriger ist, als einen Computer neu zu programmieren.

Manchmal wird es schlechter, ehe es besser wird

Es fällt den meisten Menschen schwer, lieb gewordene Gewohnheiten aufzugeben. In jedem Alter und in jedem Lebenszusammenhang. Selbst uns Erwachsenen, die wir ja ausgiebig gelernt haben, dass das einzig Beständige im Leben der Wandel ist, und die wir schon viele Änderungen in unserem persönlichen und erweiterten Umfeld verkraftet haben. Grundsätzlich löst eine solche Forderung erst mal entschiedenen Protest aus. Selbst bei einem Kind – so klein es auch ist.
Wenn Ihr Kind nun lernen soll, auf Ihre aktive Unterstützung beim Einschlafen zu verzichten, wird es sich dagegen erst mal mit Händen und Füßen wehren. Denn es weiß ja noch nicht, dass es diese Unterstützung gar nicht braucht, dass es auch ganz allein einschlafen kann. Das hat es ja noch nie ernsthaft probiert. Rechnen Sie also damit, dass sich die Situation erst mal verschlimmern könnte. Es kann erst mal schlechter werden, ehe es besser wird. Da müssen Sie durch. Ihr Kind wird wahrscheinlich alle Register ziehen, damit Sie wieder zu Ihrem alten Verhalten zurückkehren. Schließlich haben Sie das bisher immer so gemacht – und wenn das plötzlich anders werden soll, hat Ihr Kind dafür überhaupt kein Verständnis.
In der Homöopathie ist es übrigens ähnlich. In den ersten Behandlungstagen wird der Zustand erstmal schlechter, um sich dann immer mehr zu verbessern.

Stehen Sie zu Ihrem Wort

Wenn Sie sich allerdings einmal entschlossen haben, etwas zu verändern, dann sollten Sie sich auch daran halten. Sie haben sich diese Entscheidung ja im Vorfeld gründlich überlegt und sie ausführlich diskutiert – Sie haben sich etwas dabei gedacht. Nachdem Sie nun einmal damit begonnen haben, sie umzusetzen, gibt es im Grunde kein Zurück.
Wenn Sie also erst mal angekündigt haben, dass es nun ins Bett geht, dann sollten Sie das auch konsequent durchsetzen. Wenn nicht, sind Sie in den Augen Ihres Kindes sehr rasch unglaubwürdig. Wie soll es Sie dann noch ernst nehmen?
Am besten kündigen Sie rechtzeitig an: In einer halben Stunde geht's ins Bett. Das können Sie zum Beispiel mit einer Sanduhr oder einer Zeitschaltuhr begreiflich machen. Es reicht aber auch, wenn Sie es auf einer ganz normalen Wanduhr zeigen: Wenn der große Zeiger da steht und der kleine Zeiger da: dann geht's ins Bett. Das wiederholen Sie noch einmal zehn Minuten, bevor Sie mit Ihrem Einschlafritual beginnen. Und dann gibt es keine Ausrede mehr: Ab ins Bett. Ausnahmen sind höchstens in außergewöhnlichen Situationen möglich. Zum Beispiel wenn Ihr Kind krank ist.

Ausnahmen versteht Ihr Kind nicht

Kinder testen ihre Eltern in solchen Situationen grundsätzlich erst mal aus: Wer hat wohl den längeren Atem? Und nicht selten sind das die Kinder. Denn oft ist es einfacher und bequemer, mal Fünfe gerade sein zu lassen. Oder die Eltern sind selbst zu gestresst, um konsequent zu sein. Oder sie fühlen sich nicht wohl und geben deshalb leichter nach. Gründe für Ausnahmen gibt es viele.
Und so werden Ausnahmen allzu leicht zu einer Art Notausgang, wenn man es nicht schafft, konsequent zu sein. Aber in Wirklichkeit sind sie eine Falle, ein Eigentor. Denn Ihr Kind versteht Ausnahmen nicht. Kleine Kinder differenzieren noch nicht so wie Erwachsene. *„Vielleicht“* heißt für sie *„Ja“*. Wie soll Ihr Kind ein *„Nein“* respektieren, wenn es aus Ihren Reaktionen lernt, dass es mit genügend Ausdauer gekippt werden kann?

Machen Sie sich selbst sicher

Es ist viel einfacher, Ihrem Kind alles abzunehmen und seinen Wünschen immer sofort nachzukommen, als standhaft einem einmal beschlossenen Weg zu folgen und dabei seine tränenreichen Proteste auszuhalten. Aber nur auf den ersten Blick.

Längerfristig tun Sie damit sich selbst keinen Gefallen, wenn Sie zu den Eltern gehören, die jede Nacht mehrmals aufstehen und ihr Kind beruhigen müssen. Und Ihrem Kind auch nicht. Alle in Ihrer Familie gewinnen, wenn Sie Ihrem Kind klare Grenzen setzen und ihm dabei helfen, sich selbst zu helfen.

Das ist erst mal schwer. Mitten in der Nacht nicht doch „umzukippen" und in alte Gewohnheiten zurückzufallen, wenn man aus dem Tiefschlaf geweckt wurde und eigentlich nichts auf der Welt dringlicher wünscht als wieder einzuschlafen – das erfordert Kraft. Halten Sie durch! Es lohnt sich!

Um Ihren Durchhaltewillen zu stärken, gibt es zwei Möglichkeiten, die Sie auch miteinander kombinieren können:

- **Sie setzen sich Zwischenziele**
  Manchmal werden schwierige Aufgaben einfacher, wenn man sie in verdauliche Portionen unterteilt und einen Schritt nach dem anderen geht. Erst das Schlafprotokoll. Dann Uhrzeiten und Länge des Tagesschlafs in den Griff bekommen. Dann feste Strukturen für den Tag einführen. Mehr Ruhe, weniger Aktion. Und dann – nachdem das alles sich eingespielt hat – das selbständige Einschlafen üben. Zuerst tagsüber, dann abends.

- **Sie unterstützen sich gegenseitig**
  Sie als Eltern sitzen im selben Boot. Selbst wenn in Ihrer Familie bisher die Mutter diejenige ist, die meistens nachts aufsteht – das muss nicht so bleiben, und das sollte es auch nicht. Es ist Ihr gemeinsames Kind, und Sie sind auch beide dafür verantwortlich. Also helfen Sie sich gegenseitig. Vor allem, nachdem Sie gemeinsam beschlossen haben, Ihr Kind dabei zu unterstützen, allein einschlafen zu lernen. Sprechen Sie ab, wer es zu Bett bringt. Und wer wann zu ihm geht, wenn es nachts schreit. Die Durststrecke, die nun vor Ihnen liegt, ist nicht mehr sehr lang – aber sie könnte besonders anstrengend werden. Gemeinsam werden Sie das schaffen.

Lassen Sie sich Zeit

Sie haben nun schon so lange das nächtliche Schreien Ihres Kinds, das häufige Aufstehen bei Nacht, die unterbrochenen Nächte ertragen – nun brechen Sie nichts übers Knie. Lassen Sie sich und Ihrem Kind Zeit, sich an die neuen Regeln zu gewöhnen.

Es gibt Kinder, die die Umstellung innerhalb weniger Tage mühelos akzeptieren. Wenn das bei Ihnen so ist, freuen Sie sich. Aber in den meisten Fällen dauert es länger.

Rechnen Sie damit, dass es sieben bis 14 Tage dauern kann, bis Ihr Kind abends allein einschlafen kann und nachts durchschläft. Verhaltensumstellungen dauern in der Regel so lange. Bei manchen Kindern kann es auch ein paar Tage länger dauern. Lassen Sie sich darauf ein. Geben Sie Ihrem Kind die Zeit, die es braucht. Und rechnen Sie damit, dass es immer wieder mal zu Rückschlägen kommen kann. Zum Beispiel nach einem Urlaub, wenn Ihr Kind krank wird oder Zähnchen bekommt oder ganz einfach bei Entwicklungssprüngen.

Ein klarer Rhythmus gibt viel Ruhe

Die Nacht ist die dunkle Seite des Tages, und oft sind Schlafprobleme kleiner Kinder die Fortsetzung anderer Probleme, die sich tagsüber aufgebaut haben. Vermutlich sind diese Probleme Ihnen gar nicht bewusst. Aber lassen Sie mal einen ganz normalen Tag vor Ihrem geistigen Auge vorbeiziehen – und betrachten Sie ihn aus der Sicht Ihres Kindes.

Für Babys ist alles neu

Was wir Tag für Tag erleben, bewältigen wir mit Hilfe unserer bisherigen Erfahrungen. Über vieles, was sich ständig wiederholt – zum Beispiel laut spielende Kinder vor dem Haus, die Katze, die aufs Fensterbrett springt, Einkaufen im Supermarkt, Besuch bei oder von Freuden – denken wir gar nicht weiter nach. Das sind für uns Erwachsenen Alltäglichkeiten.
Aber sehen Sie die mal mit den Augen Ihres Babys oder Kleinkindes. Seine Perspektive ist eine ganz andere. Alles und alle kommen ihm sehr groß und übermächtig vor. Die Katze auf dem Fensterbrett ist etwas Unbegreifliches, das Angst macht oder Neugier weckt. Größere Kinder – auch Kindergartenkinder – wirken groß, Erwachsene riesengroß. Der laute Straßenverkehr kann ziemlich erschreckend sein. Und der Sand im Sandkasten schmeckt so komisch.
Alles in allem ist jeder Tag für ein kleines Kind wie eine Expedition in ein unbekanntes Land. Selbst wenn es nach und nach vieles schon kennt, gibt es immer noch eine Menge neuer Eindrücke. Was für uns so alltäglich ist, kann für Ihr Kind mindestens so aufregend sein wie Gullivers Reisen für Gulliver.
Je mehr neue oder aufregende Eindrücke Ihr Kind im Laufe des Tages aufnimmt, umso mehr hat es zu verarbeiten. Und wenn es dazu am Tag nicht ausreichend Gelegenheit hat – zum Beispiel in Ruhephasen mit wenig neuen Außenreizen – dann verfolgen es die neuen Eindrücke in den Schlaf. Ihr Kind kann beim Einschlafen nur schwer abschalten und kaum zur Ruhe kommen.

Weniger ist mehr

Vermeiden Sie allzu viel Abwechslung, Kurse und Termine mit Ihrem kleinen Kind („Kurshopping: morgens PEKiP, nachmittags Babyschwimmen, am nächsten Morgen Besuch von Freunden ...). Geben Sie dem Tag mehr Ruhe – dann werden auch die Nächte ruhiger sein.

Hat Ihr Baby noch ältere Geschwister? Vielleicht im Kindergartenalter? Dann hat es vermutlich ein ähnliches Programm. Wenn Sie das „Große“ in den Kindergarten bringen, kommt das Kleine mit. Wenn das „Große“ zu seinem Sandkastenfreund fährt – oder der zu Besuch kommt – ist das Kleine dabei. Wenn Sie mit dem „Großen“ auf den Spielplatz gehen, ist auch das Kleine im Sandkasten. Und plötzlich hat Ihr Jüngstes einen Terminkalender wie ein „Großer“ und nicht wie ein Baby.

Manche Babys verkraften diese Abwechslung wunderbar und sind dabei ausgeglichen, fröhlich und interessiert. Andere fühlen sich dadurch überfordert und reagieren aufgedreht. Es sind für sie einfach zu viele Eindrücke im Laufe eines Tages. Wenn Ihr Kind zu dieser zweiten Gruppe gehört, überlegen Sie, wie Sie seinen Tag anders organisieren können. Wenn Sie ein Schulkind und ein Baby haben, dann sind das zwei Kinder in sehr unterschiedlichen Entwicklungsstufen mit sehr unterschiedlichen Bedürfnissen. Überlegen Sie, wie Sie für das jüngere Ihrer Kinder mehr Ruhe in den Alltag bringen können. Vielleicht können Ihnen dabei andere Familienmitglieder oder Freunde helfen.

Manche Mütter denken auch – besonders beim ersten Kind – dass sie mit Baby weitgehend das Gleiche machen können wie zuvor ohne Baby. Das Kind kommt einfach mit. Es gibt auch tatsächlich Babys, mit denen kann man einfach alles machen. Man kann sie mit zu Feten nehmen, auf den Sportplatz, überallhin. Sie machen alles mit, und wenn sie müde sind, schlafen sie – egal wie hoch der Geräuschpegel, wie groß die Unruhe drum herum ist. Wenn das bei Ihrem Kind so ist: Genießen Sie es, so lange es währt. Für die meisten Babys und Kleinkinder ist ein so aufregender Alltag allerdings des Guten zu viel.

Beobachten Sie Ihr Kind und seine Reaktionen. Um sich bewusst zu machen, wie Ihr normaler Alltag verläuft, könnten Sie eine Zeitlang Tagebuch schreiben. Notieren Sie in Stichpunkten, was Sie wann zusammen mit Ihrem Kind unternommen haben. Und wenn Sie feststellen, dass es einigermaßen viel ist, dann könnte das ein Grund für unruhige Nächte sein.

Schaffen Sie klare Strukturen am Tag

Ein übersichtlich strukturierter Tagesablauf und feste Gewohnheiten oder Rituale bringen Ruhe in den Alltag. Wenn jeden Tag Neues hinzukommt – und das soll es ja, Kinder sind schließlich neu-gierig – dann geben sichere Strukturen auf dem Weg zwischen Morgen und Abend die notwendige Orientierung.
Das kann morgens mit dem Frühstück losgehen, das immer zur selben Zeit und am selben Ort eingenommen wird. Je nach Alter des Kindes können Zeit und Ort sich ändern. Ist es erst die Brust oder das Fläschchen, die die Mutter dem Kind auf dem bequemen Sessel im Wohnzimmer gibt, dann ist es später das klein geschnittene Brot auf dem Kinderhochstuhl. Und noch später ist es vielleicht das Müsli auf dem Kinderstuhl am Esstisch, gemeinsam mit der Mutter. Je nach Alter folgen dann Spielstunden am Vormittag, oder Mutter und Kind gehen gemeinsam einkaufen. Oder das Kind wird in die Kita gebracht, während die Mutter zur Arbeit geht. Wie auch immer: Es gibt im Laufe des Tages bestimmte Dinge, die zu bestimmten Uhrzeiten gemacht werden. Und es gibt andere Dinge, die wechseln können. Wichtig ist, dass Sie im Laufe des Tages immer wieder Zeiten einplanen, in denen Sie mit Ihrem Kind kuscheln, ruhige Dinge tun, es auch mal für sich allein spielen lassen. Damit es zur Ruhe kommt.

Kinder gewöhnen sich an feste Zeiten

Der Vorteil solcher Regelmäßigkeit ist: Ihr Kind lernt, dass alles seine Zeit hat. Dass bestimmte wiederkehrende Rhythmen und Abläufe den Tag bestimmen. Und damit gewöhnt es sich auch leichter an feste Schlafenszeiten.
Allerdings bleibt Ihr Kind nicht stetig auf demselben Entwicklungsstand. Es entwickelt sich in einem beachtlichen Tempo, besonders in seinen ersten drei Lebensjahren. Vielleicht behalten Sie langfristig die Essenszeiten bei, aber andere Abläufe werden sich im Lauf dieser Entwicklung wahrscheinlich ändern. Ist Ihr Kind beispielsweise zu den bisher gewohnten Schlafenszeiten noch munter und vergnügt, dann könnte es sinnvoll sein, diese Zeiten nach und nach zu verschieben. Es macht keinen Sinn, ein hellwaches Kind ins Bett zu legen, nur weil es 19 Uhr ist. Finden Sie dann heraus, was jetzt die passende Zeit für Ihr Kind ist.

Wenn Sie Kinder verschiedenen Alters haben, lassen Sie das Erstgeborene ein wenig länger aufbleiben als das Nächstjüngere - und sei es nur eine Viertelstunde. Es muss vermutlich im Laufe des Tages öfter mal gegenüber den jüngeren Geschwistern Zugeständnisse machen - dafür sollte es einen kleinen Ausgleich geben. Es ist für ein Kind schwer nachzuvollziehen, warum es um 19 Uhr ins Bett soll, obwohl es noch gar nicht müde ist - nur weil das Baby ins Bett geht. Schließlich ist es schon groß und kein Baby mehr!

Essen und Einschlafen sind zwei Paar Schuhe

Brauchen Babys nachts noch einmal ein Fläschchen - oder gar mehrere - oder nicht? Diese Frage führt in fast allen Familien, Beratungsstunden, Mütter-Gruppen und zwischen Müttern am Rande von Spielplätzen immer wieder zu Diskussionen.
Der Umgang mit diesem Thema ist sehr unterschiedlich. Es gibt da keine festen Regeln, weil jedes Kind anders ist. Ich kann Ihnen aber ein paar allgemeine Anhaltspunkte geben.

Trennen zwischen Essen und Geborgenheit

„Zeigen Sie Ihrem Kind schon früh, dass das Gefühl, geborgen zu sein und gehalten zu werden, nicht identisch ist mit dem Erleben, satt zu werden. Einschlafen können ohne gefüttert zu werden, diese Begabung bringen die Säuglinge mit auf die Welt. Dass beides später miteinander verknüpft wird, ist die Folge einer Lerngeschichte zwischen Mutter und Kind, zu der die Mutter aus gut verstehbaren Gründen sehr viel beiträgt. Jenseits des sechsten Monats kann ein Säugling gut ohne eine einzige Nachtmahlzeit auskommen, wenn er tagsüber satt geworden ist."

Dr. Ulrich Rabenschlag,
Gründer der Schlafambulanz Freiburg

Für sehr kleine Babys ist das Trinken an der Mutterbrust oder auch am Fläschchen eine sehr anstrengende Arbeit, bei der sie oft einschlafen. Das ist in den ersten Lebenswochen kaum zu vermeiden und ganz in Ordnung. Werden die Kinder aber älter, dann wird es rasch zur Einschlafhilfe. Ohne Mamas Brust oder das Fläschchen schläft das Baby dann nicht mehr ein – und auch nachts braucht es dann meist die gleiche Wieder-Einschlafhilfe.

Wichtig ist deshalb, das Essen und das Schlafen zu trennen, um zu verhindern, dass Ihr Kind beim Essen oder Trinken einschläft. Denn es soll ja allein einschlafen, ohne Hilfe von außen. Damit es in der Lage ist, auch dann wieder allein einzuschlafen, wenn es nachts aufwacht. Am besten gelingt das, wenn Sie es tagsüber nach dem Schlafen füttern und abends so lange vor dem Einschlafen, dass Sie es wach ins Bett legen können.

Ich machte vor einiger Zeit einen Hausbesuch bei einer Mutter, die ihrer kleinen Tochter soeben vor dem Mittagschlaf ihren Brei fütterte. Das Kind war so müde, dass ihm ständig die Augen zufielen. Die Mutter jedoch war so sehr darauf fixiert, ihr Kind müsse vor dem Schlafen essen, dass sie es auch im Halbschlaf noch zu Ende fütterte. Sie ging einfach davon aus, „Mittagsschlaf" müsse bedeuten, nach dem Mittagessen zu schlafen, dass sie gar nicht auf die Idee kam, man könne auch nach dem Schlafen essen.

Als ich sie darauf aufmerksam machte, war sie überrascht. Aber sie probierte es aus – und war noch überraschter, als ihre Tochter bald danach unerwartet zu einer problemlosen Schläferin wurde.

Diese Erfahrung bringt mich zum nächsten Thema: dem Brei-Mythos. Aus alten Zeiten hat sich auf verschlungenen Wegen ein Mythos in unsere aufgeklärten Tage herübergerettet: Der Mythos, ein Baby schlafe wunderbar durch, wenn es nur direkt vor dem Schlafengehen einen möglichst gehaltvollen und kräftigen Brei bekäme.

In meiner Beratung sage ich an diesem Punkt immer: *„Probieren Sie es aus und beobachten Sie, was passiert. Ist wirklich Hunger der Grund dafür, dass Ihr Baby nicht einschlafen kann und nachts schreiend aufwacht? Dann ist das Problem nach ein paar Tagen gelöst. Super!"*

Meistens ist das jedoch nicht der Grund. In der Regel hat es nichts mit satt oder hungrig zu tun, sondern mit der Interaktion zwischen Eltern und Kind.

Wer das Gefühl hat, sein Kind habe nachts noch einmal Hunger, wird es nicht weinen lassen, sondern ihm etwas zu essen geben. Denn es ist schwer zu beurteilen, ob es tagsüber genug gegessen hat.
Ich empfehle, dass Mutter und Kind nach ihrem Gefühl entscheiden, ob es nachts noch ein Fläschchen oder Muttermilch gibt oder nicht. Denn manche Kinder sind tagsüber von den vielen unterschiedlichen Reizen in ihrer Umgebung so sehr abgelenkt, dass sie wirklich zu wenig essen. Nachts ist die Ablenkung geringer, und deshalb trinken sie dann in Ruhe. Sollte das der Grund für nächtliche Hungerattacken sein, dann ist genau hier auch ein guter Ansatzpunkt für Veränderungen am Tage.

Wann Sie abstillen, entscheiden Sie

„Über den sinnvollen Zeitpunkt des Abstillens gibt es fast in jeder Familie lange Diskussionen. Nach unserer Erfahrung sollte man diese Entscheidung über den Zeitpunkt allein Mutter und Kind überlassen. Der Spielraum zwischen dem 6. und 12. Lebensmonat reicht als Orientierung in fast allen Fällen aus."

Dr. Ulrich Rabenschlag,
Gründer der Schlafambulanz Freiburg

Vielleicht hat Ihr Kind auch im Zusammenhang mit einem Wachstums- oder Entwicklungsschub nächtlichen Heißhunger? Diese Erfahrung habe ich mit meiner kleinen Tochter schon gemacht.
Grundsätzlich können Sie leicht herausfinden, ob Ihr Kind zu denen gehört, die nachts wirklich noch etwas essen müssen. Achten Sie einfach mal darauf, wie viel es dann tatsächlich trinkt. Ist das ausgesprochen wenig, nuckelt es nur ganz kurz, dreht sich rum und schläft sofort wieder ein? Dann hat das nächtliche Schreien und Trinken eher mit Gewohnheit als mit Hunger zu tun. Dann schadet es Ihrem Kind auch nichts, sich diese Gewohnheit wieder abzugewöhnen und alle anderen schlafen zu lassen.

Abend-Rituale erleichtern die Reise ins Land der Träume

Nach einem langen Tag mit einigermaßen festen Zeiten für Essen, Schlafen, Spielen und Ausflüge in die bunte, aufregende Welt da draußen beginnt die Reise in die Nacht.

Am Tag haben Sie als Halteleinen auf der wackeligen Hängebrücke zwischen Morgen und Abend Rituale eingeführt. Immer wiederkehrende Handlungsabläufe, die Ihrem Kind jeweils eine bestimmte Botschaft geben. Zum Beispiel: Wenn Sie ihm ein Lätzchen umbinden und mit dem Fläschchen hantieren (beziehungsweise seinen ganz besonderen Teller und Löffel auf den Tisch stellen, sein ganz besonderes Geschirr und Besteck neben Ihr eigenes stellen – oder was immer Sie in dieser Situation tun), dann weiß Ihr Kind: Gleich gibt's was zu essen.

Ebenso gibt es nun bestimmte Rituale, die ihm sagen: *„Gleich geht's ins Bett."*

Es sind mindestens vier Stunden vergangen, seit Ihr Kind vom Mittagsschlaf erwacht ist. Es geht auf 19 Uhr zu. In der letzten Stunde vor dem Schlafengehen werden die Aktivitäten schon gedrosselt. Kein wildes Toben mehr, keine aufregenden Spiele, kein Fernsehen. Sie können zusammen kuscheln, Bilderbücher anschauen oder ruhige Spiele spielen. Oder Ihr Kind beschäftigt sich allein.

Dann kündigen Sie an: *„In einer halben Stunde ist Schlafenszeit."* Nach dieser Ankündigung gibt es das Abendessen. Eine leichte Mahlzeit, damit Ihr Kind gesättigt und ruhig schlafen kann. Zehn Minuten vor der Schlafenszeit kommt Ihre nächste Ankündigung: *„In zehn Minuten geht's ins Bett."* Dann werden die Zähne geputzt und Ihr Kind kann noch ein paar Minuten spielen. Immer zur gleichen Zeit kommt Ihr Kind in seinen Schlafsack – egal ob tagsüber oder abends. Damit ist eindeutig klar: Nun wird geschlafen. Der Schlafsack ist das Signal.

Wenn Ihr Kind im Bett liegt, verdunkeln Sie den Raum. Das ist besonders im Sommer wichtig, wenn es abends lange hell ist. Dann singen Sie vielleicht noch ein Schlaflied oder beten mit dem Kind zur Nacht oder erzählen eine kleine Geschichte. Sie können auch die Spieluhr aufziehen. Danach geben Sie Ihrem Kind einen Gutenachtkuss, sagen: *„Schlaf schön!"* und gehen ohne zu zögern aus dem Zimmer.

Toben und Spielen mit Papa

Ich kenne viele Familien, in denen die Väter abends erst relativ spät von der Arbeit nach Hause kommen. Oft erreichen sie genau dann ihr Zuhause, wenn die Kinder eigentlich schon im Bett sein sollten – also nach 19 Uhr. Und meistens wollen sie dann noch etwas von ihren Kindern haben. Ein wenig toben, etwas spielen, auch mal das Kind intensiv genießen.

„Ich hab doch kein Kind gekriegt, um dann nichts von ihm zu haben", brachte ein junger Vater an der Seite seiner entnervten Frau bei einer meiner Vortragsveranstaltungen seinen Unmut auf den Punkt. Dieser Mann erwartete völlig selbstverständlich von seiner erschöpften Frau, dafür zu sorgen, dass der zweijährige Sohn abends um 21 Uhr fit sei, um mit seinem Vater Zeit zu verbringen. Und er war jedes Mal sehr enttäuscht, wenn der Kleine schon eingeschlafen war.

Statt herunterzufahren und sich in seine Müdigkeit fallen zu lassen, wird ein Kind dann noch mal so richtig wach. Es ist dann übermüdet und aufgedreht und findet später nur noch mit Mühe in den Schlaf.

Das muss nicht sein. Es gibt Möglichkeiten, den Bedürfnissen aller Beteiligten gerecht zu werden: dem Schlafbedürfnis des Kindes, dem Ruhebedürfnis der Mutter und dem Wunsch des Vaters, Zeit mit seinem Kind zu verbringen. Kommt der Vater rechtzeitig dazu heim, dann kann er zum Beispiel das allabendliche Einschlafritual mit seinem Kind übernehmen. Vielleicht kann er sogar vorher noch ein wenig mit ihm kuscheln.

Schafft er das nicht, bleibt ihm der folgende Morgen. Morgens werden die meisten Kinder zwischen 6 und 7 Uhr wach. Wenn der Vater ebenfalls um diese Zeit aufsteht, könnte er die erste Stunde des Tages mit seinem Kind spielen, bevor er zur Arbeit fährt. Der Mutter würde das den „Luxus" ermöglichen, in aller Ruhe und ungestört zu duschen und sich anzuziehen. Vater und Kind können indessen zusammen spielen, toben oder, wenn das Kind älter ist, vielleicht auch den Frühstückstisch decken.

Und dann gibt es ja auch noch die Wochenenden, an denen man wunderbare Papa-Rituale genießen kann. Vom gemeinsamen Brötchenholen bis zum gemeinsamen Schwimmengehen und anderen Papa-und-Kind-Ausflügen – und die Mutter kann dann endlich mal richtig lange ausschlafen.

David und Benedict

Die meistbeneidete Frau im Viertel war meine Freundin Marion. Sie hatte zwei Söhne. David war drei und Benedict ein Jahr alt. Jeden Samstagmorgen setzte ihr Vater die beiden in einen Zwillingsbuggy und alle drei zogen zum Bäcker, um Brötchen zu holen. Dann half David seinem Papa, den Frühstückstisch zu decken. Er trug alles ins Esszimmer, was nicht zerbrechen konnte, während Benedict im Hochstuhl an einem Brötchen nuckelte. Wenn das Frühstück fertig war, stand Marion auf und alle frühstückten. Und dann - Luxus pur! - legte sie sich noch mal aufs Ohr, während Vater und Söhne bei schönem Wetter auf den Spielplatz gingen und bei schlechtem Wetter ins Hallenbad. So begann fast jedes Wochenende.

Regelmäßig – aber nicht zu lange

Ob das Einschlafritual in Ihrer Familie wirklich so aussieht wie in diesen Beispielen oder ganz anders, das spielt keine Rolle. Wichtig ist, dass es ein Ritual ist, also im Prinzip immer gleich abläuft. Je nach Alter Ihres Kindes passen Sie es im Laufe der Zeit seinem Entwicklungsstand an. Ein Neugeborenes braucht ein anderes Ritual als ein Einjähriges: Rituale dürfen sich mit der Zeit verändern. Bestimmte Teile bleiben allerdings erhalten wie zum Beispiel der Schlafsack als endgültiges Signal: *„Schlafen!"*

Achten Sie jedoch darauf, dass Ihr Einschlafritual nicht ausufert. Für Babys reichen höchstens zehn Minuten. Ist Ihr Kind ein Jahr alt und älter und Sie erzählen eine Gutenachtgeschichte, dann können Sie das Ganze auch auf zwanzig Minuten ausdehnen. Länger sollte ein Einschlafritual aber nicht sein. Auch tagsüber sollten Sie das Schlafen mit einem Ritual verbinden. Dann reicht aber die „Kurzfassung" des abendlichen Ablaufs.

Indem Sie das jeden Tag und Abend in der grundsätzlich gleichen Form wiederholen, verankern Sie es im Bewusstsein Ihres Kindes. Damit erleichtern Sie es ihm, zur Ruhe zu kommen und friedlich einzuschlafen. Das Schlafen bekommt so seinen festen Platz als Teil des Tagesablaufs.

7 Regeln für Abend-Rituale

- Fangen Sie frühzeitig mit der Einstimmung auf das Schlafengehen an.
- Für das eigentliche Abend-Ritual reichen – je nach Alter des Kindes – zehn bis zwanzig Minuten.
- Schenken Sie Ihrem Kind während des Rituals Ihre ungeteilte Aufmerksamkeit.
- Der Ablauf der Rituale sollte jeden Tag gleich sein.
- Schaffen Sie für Ihre Rituale eine ruhige, harmonische Atmosphäre.
- Lassen Sie den Tag langsam und ruhig ausklingen.
- Vermeiden Sie anregende oder gar aufregende Aktivitäten (z.B. Toben, Fernsehen, gruselige Geschichten).

Passive Einschlafhilfen

Neben den aktiven Einschlafhilfen, die Sie als Eltern Ihrem Kind geben und die in Ihrem Einschlafritual auftauchen, stehen die passiven. Das sind die Dinge, für die Ihr Kind Sie nicht braucht und mit denen es sich ohne Hilfe von außen selbst beruhigen kann, um abzuschalten. Manche Kinder zwirbeln zum Beispiel eine Haarsträhne zwischen den Fingern. Andere spielen mit ihren eigenen Fingern oder „erzählen" sich selbst etwas, bis sie einschlafen. Oder sie nuckeln am Zipfel der Bettdecke, an ihrem Daumen oder einem Schmusetuch.
Bei Kindern, die schon ein Jahr alt oder älter sind, gehört zu den passiven Einschlafhilfen auch der Teddy oder ein anderes geliebtes „Schlaftier" oder weiches Stoffpüppchen zum Kuscheln. Diese Schlafbegleiter nennt man auch Übergangsobjekte. Auf sie überträgt das Kind die Geborgenheit, die sonst nur Mama oder Papa vermitteln. Oft begleiten sie das Kind nicht nur in den Schlaf, sondern durch den ganzen Tag. Und wehe, Sie werfen das Schlaftier in die Waschmaschine und rauben ihm damit seinen ganz speziellen Duft! Oder es geht verloren oder wird unvermittelt durch ein neues, in Ihren Augen schöneres ersetzt! Übergangsobjekte sind unersetzlich. Sie geben dem Kind Kraft und Mut, sich von den Eltern, dem Hellen und Beruhigenden des Tages zu trennen und sich dem Schlaf zu überlassen.

Kinder schaffen sich mit viel Phantasie auch selbst Rituale, um beispielsweise Veränderungen zu bewältigen. Wir müssen diese Rituale nur verstehen und in den Alltag integrieren.

Schmusetuch, Teddybär & Co

„Ein Gefühl von Geborgenheit können uns nicht nur Menschen, sondern in einem begrenzten Umfang auch vertraute Gegenstände geben. So tragen manche Kleinkinder den ganzen Tag eine Puppe, einen Teddybären oder ein Tüchlein mit sich herum. Diese sogenannten Übergangsobjekte vermitteln Geborgenheit. Das Kind fühlt sich weniger allein mit seinem Tüchlein. Der Teddy dient als Tröster und Schlafkumpel. Nicht wenige Erwachsene haben ebenfalls einen geliebten Gegenstand, etwa einen Edelstein, ständig bei sich. Der Talisman in der Tasche soll sie beschützen und gibt ihnen ein Gefühl der Sicherheit. In einer vertrauten Umgebung fühlen wir uns geborgen. So ist uns das eigene Bett von allen bei weitem das liebste. Ein Kind schläft nirgendwo besser als in seinem Bett ..."

aus: Remo Largo, Kinderjahre (Piper 2002)

Merle

Das Schaffell kam noch vor Merle in die Familie. Ich erinnere mich genau, wie meine Freundin Babs es mitbrachte. Fast einen ganzen Nachmittag lang saßen wir auf dem Boden neben dem Fell, streichelten es beide andächtig und sprachen über das kommende Baby.

Von ihren ersten Stunden an lag Merle auf ihrem Schaffell. Es wurde in den nächsten Jahren – neben der Puppe „Julchen" – zum täglichen Begleiter. Ich sehe uns heute noch in Palma de Mallorca, im Bahnhof Frankfurt und auf der Fähre nach Ameland. Bei Autofahrten war das Schaffell mit auf dem Kindersitz. Bei Zug- oder Flug- oder Schiffsreisen war es immer griffbereit obenauf geschnallt.

Denn irgendwann hatte Merle angefangen, an ihrem Schaffell zu „zipfeln", ihr eigenes Wort dafür, einen Zipfel des Fells in ihrer linken Hand zu bewegen (den

Daumen der rechten Hand im Mund, Julchen fest an die Brust gedrückt). Da muss sie knapp zwei Jahre alt gewesen sein. Ohne „Zipfeln“ kein Einschlafen. Basta.
Im Laufe der Zeit zeigte Merles Schaffell deutliche Spuren des Zerliebt-Seins. Immer wieder fand ich einzelne Stückchen davon an den verschiedensten Stellen. Je größer das Kind, desto kleiner das Fell.
Letztes Jahr, passend zu ihrem Eintritt ins fünfte Schuljahr, habe ich meiner Tochter dann ein Stiftemäppchen aus Jeansstoff genäht. Damit sich die jetzt „große“ Merle auch in ihrer neuen Schule immer an einem Stückchen Zuhause festhalten kann, kam ein kleines Stückchen vom Fell oben drauf. Merle hat sich sehr über das Geschenk gefreut.
Ein paar Tage später fragte ich sie, ob sie denn jetzt in der Schule „zipfeln“ würde. Sie druckste ein bisschen herum. Eigentlich habe sie mir das gar nicht sagen wollen, meinte sie dann, aber ich hätte das Stückchen Schaffell mit der falschen Seite auf den Stoff geklebt. Zum „Zipfeln“ bräuchte sie nämlich die Rückseite!

Warum es wichtig ist, den Raum abzudunkeln

Es gibt zwei wesentliche Gründe, weshalb ich empfehle, das Kinderzimmer zum Schlafen abzudunkeln – und zwar sowohl abends als auch während der Tagesschläfchen:

- Der eine Grund ist besonders für sehr aufgeweckte und neugierige Kinder wichtig. In einem dunklen Raum gibt es nichts mehr zu sehen, das Ihr Kind vom Schlafen ablenken und daran hindern könnte, abzuschalten und die Augen zu schließen.
- Der zweite Grund ist ein organischer. Ein dunkler Raum signalisiert dem Gehirn: Es ist Nacht, also Schlafenszeit. Dann produziert es das Schlafhormon Melatonin. Es ist mittlerweile nachgewiesen, dass die Melatoninproduktion eng mit der Dunkelheit verknüpft ist: In hellen Räumen kommt sie nicht recht in Gang und man schläft einfach schwerer ein.

Wenn Ihr Kind Angst im Dunkeln hat, schalten Sie ein schwaches Nachtlicht ein oder lassen die Tür zum erleuchteten Flur einen Spalt weit offen. Das beeinträchtigt die Melatoninproduktion nicht.

Ungeteilte Aufmerksamkeit

Jeder Mensch braucht Zeiten, in denen er die ungeteilte Aufmerksamkeit vertrauter und geliebter Personen genießt. Das ist ganz besonders wichtig für kleine Kinder. Normalerweise hat Ihr Kind nicht das Bedürfnis, nachts weinend auf sich aufmerksam zu machen, wenn es bereits tagsüber Mittelpunkt der liebevollen Aufmerksamkeit seiner Eltern war.

In meine Beratungsstunden kommen immer wieder junge Eltern, die verunsichert sind. Ihre Eltern oder Freunde haben ihnen gesagt, es schade ihrem Kind, wenn sie es zu sehr verwöhnen, indem sie ständig mit ihm schmusen und kuscheln. Glauben Sie so etwas bitte nicht. Es ist einfach nicht wahr. Man weiß heute mit wissenschaftlicher Sicherheit, dass es ganz unmöglich ist, ein Kind in diesem Punkt zu sehr zu verwöhnen. Es kann überhaupt nicht zu viel Zärtlichkeit und Zuwendung bekommen.

Die einzige Grenze in diesem Zusammenhang ist die, die Ihr Kind selbst setzt. Mit ihm zu kuscheln und zu knuddeln, wenn es eigentlich müde ist und schlafen will oder signalisiert, dass es nicht möchte, wäre falsch.

Übrigens wäre die grundsätzliche Frage eine Überlegung wert, warum eigentlich kleine Kinder nicht „verwöhnt“ werden sollen. Jeder möchte es von Zeit zu Zeit genießen, verwöhnt zu werden. Die ganze Wellness-Welle dockt an diesem grundlegenden Bedürfnis an. Die Werbung lockt mit Verwöhn-Aroma und Verwöhn-Hotels, mit Verwöhn-Massagen, Verwöhn-Wochenenden und vielem anderen in dieser Art. Wenn wir also alle verwöhnt werden wollen, dann sollten wir das auch unseren Kindern gönnen. Das hat nichts damit zu tun, ihnen alles zu erlauben, nur um eine Auseinandersetzung mit ihnen zu vermeiden.

Die Sicherheit, die Ihr Baby durch Ihre Liebe und Zärtlichkeit erhält, durch die Phasen im Lauf des Tages, in denen Sie sich nur mit ihm beschäftigen, ist ein sanftes Ruhekissen. Wenn Sie Ihr Baby tagsüber mit Wärme und Aufmerksamkeit umsorgen, wenn es die Erfahrung macht, dass Sie zuverlässig da sind, wenn es Sie braucht, kann es nachts entspannt und beruhigt schlafen.

Kleine Inseln der Ruhe

Jeder Tag ist für ein kleines Kind eine Kette aufregender Ereignisse. Um all das zu verarbeiten und zur Ruhe zu kommen, braucht es zwischendurch Ruhephasen. Damit meine ich nicht die Schlafenszeiten.
Planen Sie im Tagesverlauf bewusst ruhige Phasen ein, kleine „Inseln der Ruhe". Mal hier, mal da 20 bis 30 Minuten, in denen Sie mit Ihrem Kind kuscheln, Bilderbücher anschauen, Entspannungsmusik hören und sich sehr ruhig und entspannt mit ihm beschäftigen. Dabei kann Ihr Kind abschalten und einiges von dem verarbeiten, was bis dahin passiert ist.

Die Kraft von Liedern und Reimen

Kinder mit kleinen Versen und Reimen zu erfreuen, zu beruhigen und zu trösten ist eine Kunst, die schon die Ammen unserer Großmütter und Urgroßmütter beherrschten. Kleine Menschen lieben es besonders, wenn Sprache in einem einfachen Rhythmus daherkommt. Und dass sich Worte reimen. Volkslieder und Wiegenlieder besitzen einen fast magischen Charakter. Gemeinsam zu singen, zu tönen oder zu musizieren macht großes Vergnügen und schafft ein enges Band innerhalb der Familie. Lieder und Melodien enthalten einen immensen Reichtum an musikalischen Formeln, die als Quelle heilender und aufbauender Kraft gelten. Sie vermitteln den Kindern Geborgenheit und stärken die Bindung zwischen den großen und kleinen Sängern. Im harmonischen Zusammenspiel, in dem sich jeder auf den anderen verlassen kann, liegt Beruhigendes, Ermunterndes, Lobendes, Fröhliches und Dankendes. Singen ist von jeher ein Zeichen für seelische Gesundheit.

Strukturen geben Sicherheit

Um Kinder-Rituale in den Alltag einzubauen, gibt es besondere Formeln, Rhythmen, Melodien und Bewegungsabläufe. Sprüchlein, Reime, Kniereiterverse, Fingerspiele und Lieder sprechen mit ihrer Bildhaftigkeit, ihrer Gefühlshaftigkeit und ihrem Rhythmus das Kind direkt, aber auf eine sensible und kindgerechte Art und Weise an.
Mit Hilfe dieser poetischen Kinderweisheiten, zum Teil noch aus der Generation unserer Ururgroßeltern, werden die Rituale zum Aufstehen, zum gemeinsamen Essen oder zum Einschlafen zu gewohnten, vertrauten und schnell liebgewonnenen kleinen Höhepunkten, die den Tag strukturieren. Darüber hinaus gibt es noch die großen Höhepunkte des Jahre, wie beispielsweise typische (Kinder-)Feste des religiösen Brauchtums. Dazu gehören Ostern oder die Adventszeit und Weihnachten oder auch die Feier des eigenen Geburtstags.

Verlässliches Dasein

Es gibt eine ganz wesentliche Grundlage für ein sicheres und geborgenes Gefühl Ihres Kindes, für sein Selbstwertgefühl und sein Vertrauen – auch für das Vertrauen, dass es ruhig schlafen kann. Diese Grundlage ist seine Erfahrung, dass es sich auf Sie verlassen kann. Dass Sie da sind, wenn es Sie braucht. Und zwar immer.
Aber diese Erfahrung sollte es hauptsächlich nicht abends machen, nicht nachts, sondern am Tage. Das bedeutet nicht, dass Sie ständig um Ihr Kind herumspringen sollen und es mit Ihrer Zuwendung förmlich belagern. Lassen Sie ihm, je nach Alter und Entwicklungsstand, so viele Freiräume wie möglich. Geben Sie ihm die Chance, sich selbst zu beschäftigen und auch selbst zu beruhigen. Aber wann immer es notwendig ist, geben Sie ihm die Rückversicherung, dass Sie da sind.

Markus

„Als mein Sohn Markus ein kleines Baby war, gab es noch keine Maxi Cosys, die man entgegen der Fahrtrichtung sicher auf dem Beifahrersitz befestigen kann. Der Kleine wurde auf dem Rücksitz liegend in einer Art Bettchen festgeschnallt. Er hasste es, mich aus seinem Blickfeld zu verlieren, und schrie während jeder Autofahrt ununterbrochen. Bis ich auf die Idee kam, ständig mit ihm zu reden. Ich erzählte ihm unterwegs alles, was mir einfiel. Und wenn mir nichts mehr einfiel, sang ich. So hörte er während der ganzen Fahrt meine Stimme – und hatte keine Angst mehr. Unsere Autofahrten verliefen von da an überwiegend friedlich.“

Das bedeutet, dass Sie in jedem Fall reagieren, wenn Ihr Kind nach Ihnen ruft. Dass Sie ihm zeigen, dass Sie da sind. Dass Sie es trösten und streicheln, wenn es weint. „Schreien lassen“ galt früher mal als eine Strategie, um Babys zu „erziehen“. Heute weiß man, dass man damit bestenfalls Resignation erzeugt – und Ängste. Rückversicherung dagegen ist das beste Mittel, Ängste und Verunsicherung beim Baby zu vermeiden.
Das verlässliche Dasein, die Möglichkeit zur Rückversicherung spielt eine wichtige Rolle für Ihr Kind. Deshalb gehört dieser Punkt auch zu allen Methoden, mit denen Ihr Kind lernen kann, allein einzuschlafen.

Wer schlafen will, muss Abschied nehmen

Schlafen bedeutet Abschied zu nehmen. Und auch das muss man erst mal lernen. Denn es bedeutet, auszuhalten, dass jemand weggeht. Es fällt einem viel leichter, das zu akzeptieren, wenn man sicher weiß: Er oder sie kommt wieder, der Abschied ist nur vorübergehend. Wir als Erwachsene haben das schon vor langer Zeit gelernt und begriffen. Es ist so selbstverständlich für uns, dass wir oft gar nicht auf die Idee kommen, damit könne ein Problem verbunden sein.
Ist es aber. Und deshalb beginnen Sie damit, das Abschiednehmen zu üben. Am besten nicht ausgerechnet abends, wenn Ihr Kind müde ist und die Dunkelheit es vielleicht ohnehin verunsichert. Sondern am hellen Tag, wenn alle wach und aufnahmebereit sind – Ihr Kind fürs Lernen und Sie für die Reaktionen Ihres Kindes.

Spielerisch den Abschied üben

Üben Sie tagsüber spielerisch „Weggehen und Wiederkommen“, damit Ihr Kind lernt und versteht: Mama geht weg – aber sie kommt wieder. Bauen Sie dieses Spiel in Ihren Tagesablauf ein. Es sollte immer dem gleichen Ritual folgen:

- Sie kündigen an: *„Ich gehe mal eben weg. Ich komme gleich wieder.“*
- Sie verabschieden sich mit einem Küsschen von Ihrem Kind.
- Sie gehen kurz aus dem Raum und kommen kurz danach zurück.
- Sie begrüßen Ihr Kind, vielleicht wieder mit einem Kuss.

Das wiederholen Sie mehrmals täglich. Zunächst kommen Sie nach Sekunden wieder. Dehnen Sie Ihre Abwesenheit langsam, aber stetig jeden Tag ein klein wenig länger aus. Gehen Sie aber nie, ohne es anzukündigen. Und zeigen Sie immer deutlich, dass Sie wieder da sind. Bleiben Sie in Rufnähe und kommen Sie sofort zurück, wenn Ihr Kind nach Ihnen ruft.
Diese Verabschiedungsszene können Sie so bald wie möglich in das Zu-Bett-geh-Ritual mit einbauen. Ihr Kind hat gelernt: Mama verabschiedet sich und geht – aber sie kommt wieder. Dieses Verabschieden als aktiver Teil des Einschlafrituals kann auch ausgedehnt werden: Ihr Kind verabschiedet sich vor dem Einschlafen von allen Begleitern des Tages. Es ist damit nicht passiv, wird nicht allein gelassen. Sondern es verabschiedet sich aktiv.

Stehlen Sie sich nicht davon

Gehen Sie niemals einfach weg, wenn Ihr Kind abgelenkt ist. Nicht tagsüber und schon gar nicht abends, wenn es schlafen soll. Sorgen Sie immer dafür, dass Ihr Kind weiß, dass Sie gehen. Es lernt sonst: Wenn ich nicht ganz genau aufpasse und meine Eltern dauernd beobachte, sind sie plötzlich weg, ohne was zu sagen, und lassen mich allein.

Der Teddy hilft

„Hauptobjekte“, also die wichtigsten Bezugspersonen, sind im ersten Lebensjahr die Eltern. Machen Sie Ihr Kind nach und nach mit einem „Übergangs-Objekt“ vertraut. Übergangs-Objekt nennt man den „Platzhalter“, der die Eltern vorübergehend emotional ersetzen kann. Zum Beispiel, indem Ihr Kind sich daran ankuscheln und so geborgen fühlen kann. Das kann zum Beispiel ein Schmusetuch sein, ein Teddybär oder ein anderes Stofftier. Dieses Übergangs-Objekt macht Ihr Kind nach und nach unabhängiger von Mama und Papa. Es wird sein Verbündeter und gibt ihm vertraute Nähe.

Abschied vom Tag

Etwa mit einem Jahr ist Ihr Kind alt genug, um aktiv von Ihnen Abschied zu nehmen – in dem Bewusstsein, dass Sie wiederkommen.
Nachdem Sie Ihrem Kind den Gutenachtkuss gegeben haben und bevor Sie das Licht ausschalten, verabschieden Sie sich gemeinsam vom Tag, von den Kuscheltieren und Lieblingspuppen. *„Gute Nacht, Teddy. Gute Nacht, Kasper ...“* Beim Aufstehen am nächsten Morgen können Sie gemeinsam rituell alle wieder begrüßen. Das gibt Ihrem Kind das schöne und beruhigende Gefühl, dass der Abschied immer nur für kurze Zeit und danach alles wieder wie vorher ist.
Das Besondere an diesen Abschiedsritualen ist die aktive Rolle, die Ihr Kind dabei hat. Es ist keinesfalls so, dass einfach jemand weggeht und das Kind allein zurücklässt. Nein, es verabschiedet sich selbst und „geht weg“, nämlich in den Schlaf. Und es beendet diese Trennungssituation auch wieder aktiv selbst. Das ist eine selbstbewusste innere Haltung, die eine völlig andere Qualität hat als das passive Alleingelassenwerden.
Solche Abschiedrituale helfen Ihrem Kind übrigens später auch beim Übergang zur Tagesmutter oder in die Kita, wenn Sie, die Mutter, wieder zurück in Ihren Beruf wollen. Und es hilft abends beim Einschlafen.

Was Rituale bewirken

Rituale aller Art tragen zur Entspannung bei, da Wiederholungen „wiedererkennen“ bedeuten. Und „wieder erkennen“ bedeutet sich orientieren können. Sich orientieren können vermittelt Sicherheit. Sicherheit führt zu Wohlbefinden. Und Wohlbefinden bewirkt Entspannung.

Rituale ...
... teilen das Jahr in übersichtliche Abschnitte
... regeln den Tages- und Wochenablauf
... verleihen dem Leben einen Rhythmus
... schenken Sicherheit und Geborgenheit
... fördern die Entwicklung der eigenen Identität
... fördern die Entwicklung von Mitgefühl und Menschlichkeit
... sind Merkhilfen und helfen dabei, sich zu konzentrieren
... verschaffen Vertrauen in die eigenen Fähigkeiten
... helfen, Ängste abzubauen
... stärken Bindungen innerhalb der Familie
... schaffen Freiräume für die eigene Entfaltung
... bereichern das Spiel und die Phantasie

Das Dach des Schlafhauses: Die richtige Methode

Helfen Sie Ihrem Kind, allein einzuschlafen

Die wesentliche Voraussetzung für ruhige Nächte ist, dass Ihr Kind lernt, nachts auf die gleiche Weise wieder einzuschlafen, auf die es abends eingeschlafen ist. Das bedeutet, dass Sie ihm beibringen, allein einzuschlafen.
Über diesen Punkt habe ich immer wieder ausführliche Diskussionen mit Müttern. Meistens ernte ich dabei Protest. *„Nein,“* sagen die Mütter, *„das funktioniert nicht. Mein Kind schläft nur auf meinem Arm (beim Fläschchennuckeln, beim Schaukeln auf dem Schaukelstuhl, in meinem Bett) ein.“* Das alles sind so genannte Einschlafhilfen. Wenn Ihr Kind gelernt hat, nur mit Einschlafhilfen einzuschlafen, bei denen seine Eltern eine aktive Rolle spielen, dann wird es höchste Zeit, ihnen das wieder abzugewöhnen. Es sei denn, das ist für Sie in Ordnung und Sie wollen gern weiterhin ständig mitten in der Nacht aufstehen.
Sehen Sie es einmal so: Jedes Kind wacht mehrmals in der Nacht kurz auf. Das ist ganz normal. Dann checkt es im Halbschlaf ab, ob alles in Ordnung ist. *„In Ordnung“* bedeutet im Denken eines Babys: *„Ist alles so wie es war, als ich eingeschlafen bin? Bin ich am selben Ort, in derselben Position und in derselben Situation?“* Wenn ja, schläft es zufrieden weiter. Vorausgesetzt es hat gelernt, allein einzuschlafen.
Aber wehe es hat sich etwas verändert. Zum Beispiel, weil das Kind beim Nuckeln an Mamas Brust oder am Fläschchen eingeschlafen ist – und nun ist Mamas Brust oder das Fläschchen nicht mehr da, weil Mama in ihrem Bett liegt und schläft. Oder es ist auf Papas Arm eingeschlafen, während der mit ihm auf dem Hüpfball herumgehüpft ist – und nun fehlen Papa und das schöne Hüpfen.
Oft ist es sogar so, dass Kinder solche Angebote mitten in der Nacht gar nicht wirklich wollen. Sie sind nämlich müde und wollen eigentlich nur schlafen. Aber nach ihrer Erfahrung gehören bestimmte Dinge eben zum Einschlafen dazu. Wie soll schließlich ein Kind, das mitten in der Nacht aufgewacht ist, einfach wieder einschlafen können, wenn es doch gelernt hat, dass Mamas Brust, das Fläschchen oder Papas Arm dazu absolut notwendig sind? Also schreit es – so lange, bis es diese Dinge wieder bekommt. Natürlich fordert es die Ein-

schlafhilfe vom Abend automatisch auch als Wieder-Einschlafhilfe mitten in der Nacht. Und das so oft, wie es eben nachts wach wird.

Paula

„Wenn wir müde sind, gehen wir auf den Hüpfball", erzählte mir Paulas Mutter in der Beratung. Paula war neun Monate alt und kannte ihr eigenes Bett fast gar nicht. Denn sie hat es nie in wachem Zustand gesehen. Sie schlief regelmäßig auf Mamas Arm auf dem Hüpfball ein und war entsprechend empört, wenn sie dann nachts in diesem für sie völlig fremden Bett aufwachte. Jede Nacht wurde sie zwischen drei- und fünfmal wach und schrie. Sie wollte ihren Hüpfball – und ihre Mutter quälte sich jedes Mal erschöpft, aber pflichtbewusst aus den Federn, um mit ihr herumzuhüpfen. Aber nach neun Monaten konnte sie nicht mehr. Ihre innere Grenze war erreicht und sie wollte etwas verändern.

Viele Eltern entwickeln sich so in langen Nächten zu regelrechten Animateuren und denken sich immer neue Späße aus, mit denen sie ihr Kind am Weinen hindern und zum Schlafen bringen wollen. Sie schalten den Föhn ein, weil dessen gleichförmiges Rauschen das Kind ermüdet, machen Fläschchen, laufen summend, singend und tanzend mit dem Kind auf dem Arm durch die Wohnung, hoppeln und schaukeln auf Hüpfbällen und Schaukelstühlen. Stellen Sie sich diese Reizüberflutung zu nachtschlafender Zeit mal bildlich vor!

Irgendwann fragen sich fast alle Eltern, in welchem Film sie eigentlich sind. Todmüde machen sie Nacht für Nacht den Kasper für ihr Kind – das womöglich dabei immer wacher wird, während sie selbst sich kaum noch auf den Beinen halten können. Was mache ich hier eigentlich, überlegen sie entsetzt. Und stellen fest, dass sie genau das tun, was sie früher mal bei anderen Eltern so schrecklich gefunden hatten. Zeit, einen Gang zurückzuschalten.

Übrigens gibt es auch Kinder, die haben abends beim Einschlafen gar keine Probleme. Aber nachts werden sie öfter wach und weinen dann. Weil die Eltern nachts um halb drei selbst erschöpft sind und nichts anderes wollen als endlich wieder schlafen, machen sie die skurrilsten Dinge, damit ihr Kind wieder schläft.

Ohne es selbst zu merken, bringen sie damit ihrem Kind bei, dass ein buntes Unterhaltungsprogramm folgt, wenn es nachts aufwacht. Also dürfen sie sich auch nicht wundern, wenn ihr Kind genau das von ihnen erwartet. Es wird rasch zu einer Gewohnheit, und Sie wissen selbst, wie schwer es ist, von einer lieb gewordenen Gewohnheit zu lassen. Wenn Sie sich in Ihrem Leben schon einmal irgendetwas abgewöhnt haben – das Rauchen, das Schokoladeessen oder was auch immer – dann können Sie sich ausrechnen, dass es nicht einfach ist, Ihrem Kind diese Einschlaf- und Wieder-Einschlafhilfen abzugewöhnen.
Aber es funktioniert. Ich weiß es, denn ich habe es schon hundert Mal erlebt. Vertrauen Sie mir – und vertrauen Sie Ihrem Kind. Es hat die Fähigkeit dazu. Legen Sie Ihr Baby ins Bett, solange es noch wach ist und bewusst wahrnimmt, was geschieht. Wenn es dann nachts aufwacht, findet es sich genau in der gleichen Position wieder, in der es eingeschlafen ist. Dann kann es ebenso wie zuvor ohne Hilfe wieder einschlafen.
Es gibt unterschiedliche Methoden, wie Sie Ihrem Kind dabei helfen können, diese Unabhängigkeit zu lernen. Aber Vorsicht: Eine Einschlaf-Methode, die für die Entwicklungsstufe und die Persönlichkeit eines Kindes passt, kann für ein anderes Kind völlig unpassend sein.
Im folgenden Kapitel werden die sechs aktuellsten Einschlaf-Methoden vorgestellt. Ehe Sie allerdings mit irgendeinem Einschlaftraining beginnen, stellen Sie sicher, das Sie das Fundament und die tragenden Mauern dafür geschaffen haben: Geben Sie Ihrem Kind das Gefühl von Geborgenheit und verlässliche Strukturen während des Tages und beim Zubettgehen.

Luzie

Als Mutter echten Beistand zu leisten, ist gar nicht so einfach. Meine Tochter Luzie (10 Monate alt) war wirklich müde, und sie musste schlafen. Aber ohne Flasche als Einschlafhilfe. Ich legte sie am Vormittag in ihr Bettchen und sie weinte, weil sie nicht gern auf dem Rücken liegt und ihr die Flasche zum Nuckeln fehlte. Ich sang ihr ein Einschlaflied, verabschiedete mich von ihr und ging.
Gemischte Gefühle: „Sie wird es schon schaffen, ich traue es ihr zu und ich mute es ihr zu! Ich verstehe ihren Protest." Durch ihr Fieber und ihre Virusinfektion musste sie viel trinken, tagsüber und nachts. Gern haben wir sie rund um die Uhr

versorgt. Doch jetzt ist sie wieder gesund. Und trotzdem kam sie diese Nacht fast stündlich. So geht es nicht weiter für uns als Eltern.
Abgewöhnen der Apfelschorle? Ich gab ihr nachts Wasser mit einem Hauch von Apfelschorle. Sie bemerkte den Betrug und schlug mir vor Ärger die Flasche aus der Hand. Also beschloss ich: Es gibt gar keine Flasche mehr. Und wir fingen damit tagsüber an. Nach 5 Minuten ging ich wieder zu ihr. Mittlerweile stand sie wieder in ihrem Gitterbettchen und weinte nicht mehr, sondern schrie. Ich legte sie wieder hin und sagte ihr „Du bist so müde, Du musst jetzt schlafen und dich ausruhen“
Zweifel: Ist sie auch richtig müde? Ja. Und sie muss lernen, in ihrem Bettchen einzuschlafen. Gut, dann bleibe ich bei ihr am Bettchen sitzen. Gemeinsam stehen wir es jetzt durch. Ich singe wieder ihr Einschlaflied. Sie steht auf, zieht sich am Gitter hoch, kippt vor Müdigkeit und Kraftlosigkeit um und weint immer noch. Mein Kopf sagt: Sie muss es lernen. Da müssen wir jetzt durch. Mein Herz tut mir weh. Muss ich es ihr zumuten?
Sie liegt auf dem Bauch, weint leiser, die Augen sind schon längere Zeit geschlossen. „Ja, mein Schatz, bald hast du es geschafft, bald bist du im Träumeland.“ Ich streichele ihr sanft über den Rücken, jetzt kann ich sie allein lassen. Doch sie bäumt sich wieder auf, steht im Kniefüßlerstand im Bett. Ihre Augen sind geschlossen. Sie weint und schluchzt herzzerreißend. Ich warte ab, innerlich angespannt. Ihr Schluchzen treibt mir die Tränen in die Augen. Sie legt sich von allein wieder hin. Mein Kopf sagt: Sie ist schon im Halbschlaf, gleich hat sie es geschafft. Ich halte mit leichtem Druck ihre Hand - und das Schluchzen wird leiser. Ich warte ab, die Zeit ist für mich endlos. Sie seufzt noch einmal auf - und dann hat sie es geschafft.
Jetzt schläft sie. Ohne Flasche. Und ich weiß: Gleich nach dem erholsamen Schlaf ruft mich meine Tochter freudestrahlend wieder mit einem lauten „Ähh“ an ihr Bett. Ich schaue auf die Uhr - mein Beistand war gefühlt endlos, letztendlich waren es aber nur 30 Minuten.

Kapitel 5: Das Wichtigste in Kürze

- Ein- und Durchschlafschwierigkeiten sind meist nicht die Ursache für Probleme – sondern die Folgen von Problemen, deren Ursachen am Tag zu suchen sind.
- Kleine Kinder brauchen einen klar strukturierten Tag. Mit einem gleichmäßigen Rhythmus, der sich möglichst täglich wiederholt. Mit klaren Regeln, die mit liebevoller Entschlossenheit eingehalten werden. Mit den immer wiederkehrenden gleichen Ritualen. Und das alles auf der sicheren Basis von Liebe und Verständnis.
- So signalisieren Sie Ihrem Kind Verlässlichkeit und vermitteln ihm die Sicherheit, die es abends braucht, um allein einschlafen zu können.
- Nach einem guten Tag wird das Einschlafen und Durchschlafen für Ihr Kind leichter.
- Ein Tag, der für Ihr Kind ohne Stress verläuft, bringt der ganzen Familie eine ruhige Nacht.

6

Die sechs besten Ein- und Durchschlaf-Programme: Für jedes Kind die richtige Methode

In diesem Kapitel erfahren Sie:

- Welche Einschlaf-Methode sich für Sie und Ihr Kind am besten eignet
- Wie Sie herausfinden, welche Methode für Sie und Ihre Familiensituation am besten ist
- Welche Unterschiede es zwischen den einzelnen Methoden gibt
- Was Sie für sich selbst prüfen sollten, bevor Sie sich für eine Methode entscheiden
- Wie Sie die von Ihnen gewählte Methode erfolgreich anwenden

DIE SECHS METHODEN AUF EINEN BLICK

1) DIE TWEEDLE-METHODE
Anwendung von Beruhigungstechniken nach festem Schema

2) DIE STUHL-METHODE
Langsamer Rückzug vom Kinderbett

3) DIE WIEDERHOLUNGS-METHODE
Trösten ohne Wartezeit

4) DIE BELOHNUNGS-METHODE
Positives Verhalten verstärken

5) DIE FERBER-METHODE
Kontrolliertes Trösten in festen Abständen

6) DIE FREIBURGER SANDUHR-METHODE
Sanftere Variante der Ferber-Methode

Ziel aller Ein- und Durchschlaf-Programme ist es, dass Ihr Kind lernt, selbst in seinem Bettchen in den Schlaf zu finden. Zusätzlich soll es lernen, wenn es nachts aufwacht, die Einschlaf-Situation vom Abend wiederzuerkennen, um dann ohne die elterliche Unterstützung wieder einzuschlafen.
Um diese Ziele zu erreichen, sollten Sie fünf Regeln beachten, die allen Ein- und Durchschlaf-Programmen zugrunde liegen:

- Ihr Kind muss in seiner Entwicklung schon weit genug sein (mindestens sechs Monate alt).
- Tagsüber sollten Sie einen Tagesablauf haben mit Regeln, Rhythmus und Ritualen.
- Das Einschlaf-Ritual muss außerhalb des Bettchens durchgeführt werden, solange Ihr Kind noch wach ist. Nur so lernt Ihr Kind, das Ritual und das Einschlafen an sich zu trennen.

- Nach dem Einschlaf-Ritual legen Sie Ihr Kind wach in sein Bettchen. Dort soll – und kann – es lernen, allein einzuschlafen.
- Sie verabschieden sich. Sie sagen ihm, dass es schon „groß" genug ist, allein einzuschlafen. Und Sie sagen ihm, dass Sie in seiner Nähe sind. Ihre Zuversicht gibt Ihrem Kind die Sicherheit und Orientierung, die es in dieser für ein Kind schwierigen und neuen Situation braucht.

Diese fünf Regeln sind Grundlage aller Einschlaf-Methoden – welche auch immer Sie für sich und Ihr Kind auswählen.
Erwarten Sie bitte nicht, dass Ihr Kind bereits am ersten Abend lernt, allein einzuschlafen. Um das zu können, muss es sein bisheriges Verhalten ändern, das aus seiner Sicht völlig in Ordnung war: Nachts mehrfach aufwachen, sich lautstark melden und die Eltern dauernd aus dem Schlaf reißen. Und es gibt kaum etwas Schwierigeres, als ein bewährtes Verhalten zu ändern.
Das heißt: Wenn Sie Ihrem Kind beibringen wollen, allein einzuschlafen, wird es – allein und wach in seinem Bettchen – zunächst einmal weinen.
Für Sie als Eltern ist es wichtig, die Gründe dafür zu kennen.

Warum Ihr Kind weint:
- Weil es gegen die Änderung der vertrauten Gewohnheiten protestiert
- Weil es versucht, das Vertraute wieder zu erreichen
- Weil es Grenzen austesten will
- Weil es sich in einer neuen Entwicklungsphase befindet
- Weil es – was seltener vorkommt - Trennungsängste hat

Bevor Sie sich für eine Schlafmethode entscheiden, prüfen Sie für sich selbst:

Was können – wollen Sie Ihrem Kind zumuten?

- Unabhängig von der Methode – bereiten Sie sich innerlich darauf vor, dass Ihr Kind weint oder schreit und gegen die Umstellung protestiert.
- Seien Sie sich darüber im Klaren, dass Sie diesen Konflikt annehmen und konsequent handeln müssen.
- Überlegen Sie konkret, was Sie für sich selbst tun, wenn Sie das Weinen schlecht aushalten können, da Sie wissen, dass das Weinen unumgänglich ist.

- Denken Sie darüber nach, wie lange Sie Ihrem Kind zumuten möchten, seine Selbstregulation zu finden – tagsüber, beim Einschlafen, nachts?
- Überlegen Sie, ob das tagsüber angelegte Polster, das Ihr Kind hat (liebevolle Zuwendung, ungeteilte Aufmerksamkeit ...) „dick“ genug ist, um ihm zuzumuten, allein durch die Nacht „zu gehen“ – zu schlafen.

Was können Sie sich zur Zeit selbst zumuten?

- Fangen Sie erst mit dem Einschlaf-Training an, wenn Sie das Gefühl haben, innerlich stark genug dafür zu sein.
- Sie können Ihr Kind nicht aktiv zum Einschlafen bringen. Wenn Ihr Kind allein in seinem Bettchen liegt, müssen Sie abwarten und die Situation aushalten – auch wenn es am Anfang öfter mal weint.
- Nicht nur Ihr Kind, sondern auch Sie selbst müssen sich regulieren lernen. Ihre Selbstregulierungskompetenz als Erwachsener ist jetzt gefragt und gefordert: Der Umgang mit Traurigkeit, Ärger, Wut und Frustration.
- Berücksichtigen Sie die Erwartungen beider Seiten: Wie weit können Sie Ihrem Kind nachgeben, um einen beiderseitigen Kompromiss zu finden?
- Geben Sie nicht grenzenlos nach. Sie sind der Erwachsene und für Regeln verantwortlich.
- Versuchen Sie, schon bei den Tagesschläfchen etwas zu verändern. So sammeln Sie kleine Erfolgserlebnisse, die Ihnen Kraft für das Abend-Programm geben.

Je mehr Sie sich vorher damit beschäftigt haben, wie Ihr Schlaftraining ablaufen wird, umso besser sind Sie gewappnet.

- Stellen Sie sich zum Beispiel vor:
  Sie sitzen am Bettchen Ihres Kindes – innerlich voller Hoffnung. Sie denken: *„Ich werde meinem Kind Beistand leisten, wir schaffen das schon.“* Doch Ihr Kind weint und weint, es steigert sich bis zum Schreien. Noch ist für Sie alles okay. Achtung: Jetzt darf Ihr innerer Vorsatz nicht kippen. Behalten Sie Ihr Ziel im Auge. Versuchen Sie, es Schritt für Schritt zu erreichen.
- Oder stellen Sie sich im Vorfeld den folgenden inneren Dialog vor, wie die Situation z.B. aussehen könnte:

1 Minute: *„Was - so lange ist eine Minute?"*
2 Minuten: *„Ganz schön lange!"*
4 Minuten: *„Hilfe, ich bin eine Rabenmutter."*
9 Minuten: *„Ich bin grausam."*
15 Minuten: *„Ich kann nicht mehr - ich hole jetzt mein Kind aus dem Bettchen!"*
16 Minuten: *„Ich fass' es nicht - es schläft!"*

Manche Eltern sind im Konflikt und haben Sorge, dass ihr Kind durch ein kurzzeitiges Schlafprogramm „traumatisiert" werden könnte. Trennung wird bei den aufgezählten Methoden in kleinen, unterschiedlich großen Schritten gelernt - immer mit Rückversicherung von den Eltern für ihr Kind. Für das Kind sieht die Situation meist so aus: Ich muss etwas aufgeben, was ich toll finde - etwas lernen, was ich noch nicht kann.
Wenn Sie sich für eine Methode entscheiden, bei der Sie das Zimmer Ihres Kindes verlassen, überlegen Sie sich, was für Sie gut ist. Wenn Sie im Zimmer bleiben, überlegen Sie sich, was für Sie und Ihr Kind gut ist.

Planen Sie im Vorfeld, wie Sie die Wartezeit außerhalb des Zimmers überbrücken:

- Lenken Sie sich, nachdem Sie das Zimmer verlassen haben, mit positiven Dingen ab, um die Situation durchzustehen.
- Wenden Sie, wenn sie Ihnen vertraut sind, Atemtechniken und Entspannungstechniken an.
- Schauen Sie z.B. auf die Sanduhr, konzentrieren Sie sich darauf, und nicht auf das Weinen.

Wenn Sie im Zimmer bleiben:

- Singen Sie leise ein Lied. Immer wieder dieselbe Strophe. Monoton. Das beruhigt Ihr Kind - und Sie konzentrieren sich aufs Singen - und nicht auf das Weinen Ihres Kindes.

Überlegen Sie sich im Vorfeld eine Belohnung für sich und auch für Ihr Kind. Vergessen Sie nicht, es zu loben und gehen Sie großzügig mit Lob um.

Machen Sie sich in der Zeit des Schlaftrainings eigene Notizen

- Wie haben Sie sich nach dem ersten Abend (oder dem ersten Tagschläfchen) gefühlt, als Sie die Methode angewendet haben? Waren Sie gelassen, aufgeregt, genervt? Was ging in Ihnen vor?
- Halten Sie bitte Ihren Gefühlszustand und Ihre aufkommenden Gedanken konkret fest – vor, während und nach der Schlafsituation.
- Wie verhielt sich Ihr Kind, was konnten Sie an seinem Verhalten beobachten?
- Was war Ihr Eindruck, wie es sich gefühlt hat?
- Hat es lange geweint?
- Wie gut konnte es sich allein regulieren?
- Wie viel Unterstützung brauchte es noch von Ihnen?

Mit diesen Notizen können Sie den Fortschritt Ihres Programms beobachten und werden dabei von Tag zu Tag sicherer.
Wichtig ist mir, an dieser Stelle nochmals zu betonen: Sie als Eltern haben die Wahl und können sich frei entscheiden. Wenn Sie ein Familienbett möchten, in dem alle Familienmitglieder gemeinsam schlafen, dann ist das in Ordnung. Genauso ist es auch okay, wenn Ihr Kind nicht jetzt sofort, sondern zu einem späteren Zeitpunkt lernt allein einzuschlafen. Wichtig ist, dass Ihr Kind nicht nur körperlich, sondern auch seelisch gesund ist.

Suchen Sie für sich und Ihr Kind die Methode aus, die am besten passt …

… zu Ihrem Kind

- Wie alt ist es?
- Was trauen Sie ihm zu?
- Was glauben Sie, ihm zumuten zu können?

… zu Ihnen selbst

- Wie gut sind Ihre Nerven?
- Wie geduldig können Sie sein?
- Wie konsequent können Sie sein?

… zu Ihrer Familiensituation

- Wie zermürbt sind Sie und Ihre Familie schon durch viele Wochen und Monate schlafloser Nächte?
- Wie viel Stress können Sie noch aushalten?

Besprechen Sie alle Punkte mit Ihrem Partner oder Ihrer Partnerin. Und entscheiden Sie sich gemeinsam für die Methode, von der Sie beide überzeugt sind. Halten Sie dann diese Methode konsequent durch – auch, wenn der Erfolg vielleicht länger auf sich warten lässt, als Sie gehofft haben.
Ihr Kind braucht auch beim Einschlafen lernen Verlässlichkeit. Es muss sich darauf verlassen können, dass das einmal begonnene Einschlaf-Programm täglich wiederkehrt. So lernt es, Ihren Einschlafhilfen zu vertrauen. So lernt es nach und nach, allein einzuschlafen. Und das ist die wichtigste Voraussetzung, um nachts gut durchzuschlafen. Wechseln Sie also nicht von einer Methode zur anderen, wenn sich der Erfolg nicht sofort einstellt. Werden Sie nicht ungeduldig, sondern bleiben Sie ruhig und konsequent bei Ihrer Linie. Früher oder später werden Sie dafür belohnt – und Ihre ganze Familie hat endlich ruhige Nächte. Sollten Sie – was sehr unwahrscheinlich ist – nach drei bis vier Wochen noch keinen Erfolg mit der von Ihnen gewählten Methode haben, dann können Sie ruhig mal ein paar Tage aussetzen und danach eine andere Methode ausprobieren.
Sollte das auch nicht funktionieren, gehen Sie am besten zu einer professionellen Schlafberatung. Die gibt es inzwischen überall. Sicher auch in Ihrer Nähe.
Hier nun die Beschreibung der sechs Einschlaf-Programme. Im Anschluss an jedes Einschlaf-Programm gibt es eine Eltern-Aufgabe, die Ihnen bei der Anwendung der von Ihnen gewählten Methode hilft. Notieren Sie hier Ihre Erfahrungen in den ersten Tagen der Anwendung und führen Sie ein Schlafprotokoll. Mit dem Schlafprotokoll können Sie die Schlaf-Erfolge Ihres Kindes sichtbar machen, kontrollieren und sich über jede kleine positive Veränderung freuen.

1) Die Tweedle-Methode

Anwendung von Beruhigungstechniken nach festem Schema

- **Alter des Kindes:**

  Von Anfang an

- **Geeignet für ...**

  ... Babys von der Geburt an, besonders Schreibabys. Hilft allen Babys in den ersten Lebensmonaten.
  ... Eltern, die sich Zeit nehmen, die Bedürfnisse ihres Babys kennenzulernen.

- **Die Vorteile:**

  Dies ist ein sanfter Weg zum Einschlafen lernen. Der Weg ist klar strukturiert mit genauen Vorgaben. Sie wirken ruhig und beruhigend auf Ihr Kind ein, ohne es zu überreizen. Sie müssen Ihr Kind nicht allein lassen.

- **Der Erfolg:**

  Sie haben relativ schnell Erfolg. Vielleicht sogar sofort, normalerweise innerhalb einer Woche.

- **Das Programm:**

  - Sobald Ihr Kind Anzeichen von Müdigkeit zeigt (z.B. Gähnen, Augen reiben, Ohren reiben, Daumenlutschen, Quengeln), legen Sie es in einem abgedunkelten Raum in sein Bettchen. Vorher wickeln Sie es frisch und ziehen es nicht zu warm an. Bis zum vierten Monat können Sie es auch in ein Tuch oder eine Decke wickeln (pucken). Wenn Ihr Baby liegt, sagen Sie ihm: *„Du bist ganz müde, mein Schätzchen. Jetzt wirst du schön schlafen"*. Dann gehen Sie raus, damit Ihr Kind allein einschlafen kann.
  - Falls Ihr Kind dann weint oder schreit, gehen Sie erst nach 20 - 30 Sekunden wieder zu ihm. Legen Sie es auf die Seite und fangen an, es sanft zu beruhigen: Sanft schaukeln oder mit der hohlen Hand sanft und rhythmisch auf den Po klopfen oder eine Hand auf die Schultern, die andere ruhig auf den Po auflegen oder neu zudecken bzw. einwickeln oder leises Vorsingen bzw. beruhigende Musik. Sprechen Sie dabei nicht mit Ihrem Baby und vermeiden Sie möglichst Blickkontakt.
  - Bleiben Sie zunächst fünf Minuten lang bei einer dieser Beruhigungstechniken. Wenn Ihr Baby dann immer noch weint, probieren Sie eine andere Technik aus. Wenden Sie bei jedem Versuch höchstens drei verschiedene Techniken für jeweils fünf Minuten an. Geben Sie Ihrem Kind nach 15 Minuten wieder Gelegenheit, allein zu schlafen.
  - Hat sich Ihr Baby nach 20 Minuten noch nicht beruhigt, können Sie es hochnehmen und eine Entspannungstechnik ausprobieren - z.B. eine Babymassage, ein entspannendes Bad oder Tragen im Tragetuch. Wird Ihr Baby dann wieder müde, beruhigen Sie es und legen es wieder in sein Bettchen. Entweder schläft es diesmal allein ein, oder Sie beginnen wieder von vorn mit Ihren Beruhigungstechniken. Irgendwann ist es müde genug und schläft ein.
  - Wenn Ihr Kind älter als sechs Monate ist, können Sie die Methode leicht abwandeln und länger wegbleiben, wenn Ihr Kind weint.

Ihre Notizen und Ihr Schlafprotokoll

Notieren Sie hier die Erfahrungen in den ersten Tagen der Anwendung:

1. Tag: ______________________________

____

____

2. Tag: ______________________________

____

____

3. Tag: ______________________________

____

____

4. Tag: ______________________________

____

____

5. Tag: ______________________________

____

____

6. Tag: ______________________________

____

____

7. Tag: ______________________________

____

____

Name des Kindes: Alter:

Uhrzeit / Datum	6.00	7.00	8.00	9.00	10.00	11.00	12.00	13.00	14.00	15.00	16.00	17.00	18.00	19.00	20.00	21.00	22.00	23.00	24.00	1.00	2.00	3.00	4.00	5.00

Schlafphasen —— Wachphasen freilassen Schreien ///// Mahlzeiten ●

2) Die Stuhl-Methode

Langsamer Rückzug vom Kinderbett

- **Alter des Kindes:**

  Ab 8 - 10 Monaten

- **Geeignet, wenn ...**

  ... Sie Trennungsängste als Ursache der Einschlaf-Probleme vermuten
  ... sich das Einschlaf-Ritual immer mehr in die Länge zieht
  ... Sie es nicht übers Herz bringen, Ihr Kind nur kurz allein weinen zu lassen
  ... Sie viel Geduld haben und konsequent bei der Sache bleiben
  ... Sie Ihre Nachbarn nicht durch abendliches Kindergeschrei stören wollen

- **Die Vorteile:**

  Sie entwöhnen Ihr Kind langsam und behutsam von seinen bisherigen Einschlafgewohnheiten. Ihr Kind lernt Schritt für Schritt, allein einzuschlafen.

- **Der Erfolg:**

  Sie brauchen etwas Geduld. Nach etwa ein bis zwei Wochen wird Ihr Kind gelernt haben, allein einzuschlafen und gut durchzuschlafen.

- **Das Programm:**

  - Kuscheln Sie vor dem Schlafengehen erst mit Ihrem Kind. Es braucht Ihre gewohnte Nähe.
  - Legen Sie dann Ihr (noch waches) Kind ins Bett.
  - Sagen Sie ihm, dass Sie bei ihm bleiben, bis es eingeschlafen ist, und dass Sie auch danach in seiner Nähe sind.
  - Solange Ihr Kind noch wach ist, setzen Sie sich auf einem Stuhl neben sein Bettchen.
  - Aber sprechen und spielen Sie nicht mit ihm. Vermeiden Sie Blickkontakt und Körperkontakt. Ihr Kind soll ja lernen, allein einzuschlafen.
  - Statt Stuhl können Sie auch ein Gästebett ins Zimmer stellen, sich darauf legen und sich schlafend stellen.
  - Wenn Ihr Kind ständig redet oder nicht liegen bleiben will, sagen Sie ihm, dass Sie jetzt rausgehen, und tun das auch.
  - Verlassen Sie das Zimmer und kommen Sie kurz darauf zurück. Setzen oder legen Sie sich wieder hin, bis Ihr Kind schläft. Das kann am Anfang 20 bis 30 Minuten lang dauern.
  - Rücken Sie dann von Abend zu Abend den Stuhl immer ein Stück weiter vom Kinderbett weg – immer gerade so weit, wie Ihr Kind es akzeptiert.
  - Dann kommt der Tag, an dem Sie keinen Stuhl mehr brauchen, sondern das Zimmer verlassen können, nachdem Sie Ihr Kind ins Bett gelegt haben.
  - Lassen Sie am Anfang noch die Zimmertür offen und vielleicht auch das Licht im Flur an. Das signalisiert Ihrem Kind, dass Sie in der Nähe sind.
  - Bleiben Sie zunächst nur kurz draußen und gehen wieder zu Ihrem Kind – auch, wenn es nicht schreit. Damit geben Sie ihm die Sicherheit, dass Sie da sind.
  - Verlängern Sie von Abend zu Abend die Zeitspanne zwischen Hinausgehen und nach Ihrem Kind Sehen.

Ihre Notizen und Ihr Schlafprotokoll

Notieren Sie hier die Erfahrungen in den ersten Tagen der Anwendung:

1. Tag: ______________________________

____

____

2. Tag: ______________________________

____

____

3. Tag: ______________________________

____

____

4. Tag: ______________________________

____

____

5. Tag: ______________________________

____

____

6. Tag: ______________________________

____

____

7. Tag: ______________________________

____

____

Name des Kindes:

Alter:

Uhrzeit / Datum	6.00	7.00	8.00	9.00	10.00	11.00	12.00	13.00	14.00	15.00	16.00	17.00	18.00	19.00	20.00	21.00	22.00	23.00	24.00	1.00	2.00	3.00	4.00	5.00

Schlafphasen —— Wachphasen freilassen Schreien ///// Mahlzeiten ●

3) Die Wiederholungs-Methode

Trösten ohne Wartezeit

- **Alter des Kindes:**

Ab 10 - 12 Monaten

- **Geeignet, wenn ...**

... Sie Ihr Kind nicht allein weinen lassen wollen
... Sie befürchten, schnell laut zu werden, und eine Methode suchen, die auch die Eltern beruhigt
... Sie glauben, dass Sie und Ihr Kind die Methoden 5 (Ferber-Methode) und 6 (Sanduhr-Methode) noch nicht verkraften.

- **Die Vorteile:**

Ihr Gutenacht-Satz beruhigt nicht nur Ihr Kind, sondern auch Sie selbst. Dieser Satz hilft Ihnen, nicht laut zu werden oder unkontrolliert zu schimpfen.

- **Der Erfolg:**

Der Erfolg kann mehrere Wochen auf sich warten lassen. Sie brauchen Geduld und Konsequenz. Das kann anstrengend sein. Am besten wechseln Sie sich mit Ihrem Partner ab.

- **Das Programm:**

  - Legen Sie Ihr Kind nach dem abendlichen Einschlaf-Ritual wach in sein Bettchen.
  - Sagen Sie ihm, dass Sie jetzt rausgehen, aber in seiner Nähe bleiben, und dass es ruhig in seinem Bettchen liegen bleiben soll.
  - Denken Sie sich einen Gutenacht-Satz aus. Diesen Satz sagen Sie, wenn Sie Ihr Kind ins Bett bringen und das Zimmer verlassen.
  - Den Gutenacht-Satz sagen Sie auch jedes Mal, wenn Ihr Kind noch nicht eingeschlafen ist und Sie wieder zu ihm gehen.
  - Mit Ihrem Gutenacht-Satz verlassen Sie immer wieder entschlossen das Zimmer.
  - Beispiele für Gutenacht-Sätze: *„Schlaf gut, mein Schätzelein“, „Jetzt schläfst du schön“, „Schlaf gut und träum was Schönes“, „Bleib liegen und schlaf schön ein“.*
  - Wenn Ihr Kind aufsteht, weint oder schreit, gehen Sie sofort zu ihm und sagen mit fester, ruhiger Stimme Ihren Gutenacht-Satz – immer denselben und sonst nichts. Legen Sie Ihr Kind wieder hin, streicheln Sie ihm kurz übers Haar und gehen Sie wieder raus.
  - Wiederholen Sie diesen Ablauf so lange, bis Ihr Kind eingeschlafen ist.
  - Wichtig: Bleiben Sie ruhig und entspannt. Denn wenn Sie gestresst sind, überträgt sich Ihre Anspannung sofort auf Ihr Kind.
  - Ihr Gutenacht-Satz hilft Ihnen dabei, die Ruhe zu bewahren.

Ihre Notizen und Ihr Schlafprotokoll

Notieren Sie hier die Erfahrungen in den ersten Tagen der Anwendung:

1. Tag: ______________________________

____

____

2. Tag: ______________________________

____

____

3. Tag: ______________________________

____

____

4. Tag: ______________________________

____

____

5. Tag: ______________________________

____

____

6. Tag: ______________________________

____

____

7. Tag: ______________________________

____

____

Name des Kindes: Alter:

Uhrzeit / Datum	6.00	7.00	8.00	9.00	10.00	11.00	12.00	13.00	14.00	15.00	16.00	17.00	18.00	19.00	20.00	21.00	22.00	23.00	24.00	1.00	2.00	3.00	4.00	5.00

Schlafphasen —— Wachphasen freilassen Schreien ///// Mahlzeiten ●

4) Die Belohnungs-Methode

Positives Verhalten verstärken

- **Alter des Kindes:**

Ab 2½ bis 3 Jahren, je nach Entwicklungsstand

- **Geeignet für ...**

... unruhige Kinder, die nicht im Bett liegen bleiben wollen
... geduldige und konsequente Eltern, die die Kompetenz ihres Kindes stärken wollen

- **Die Vorteile:**

Sie stressen Ihr Kind nicht, sondern gehen mit sanfter Konsequenz vor. Sie agieren nicht gegen Ihr Kind, sondern unterstützen es durch die positive Verstärkung seines richtigen Verhaltens.

- **Der Erfolg:**

Nach etwa einer Woche werden Sie Erfolg haben.

- **Das Programm:**

- Kinder, die nicht ruhig liegen bleiben, stehen auf und kommen zu den Eltern ins Wohnzimmer.
- In diesem Alter können Sie schon entwicklungsgemäß eine Vereinbarung treffen. Bringen Sie Ihr Kind in sein Bett zurück, legen Sie es hin und versprechen ihm eine Belohnung, wenn es ruhig liegen bleibt.
- Belohnungen können zum Beispiel farbige Klebebilder, Smilys, Leuchtsterne oder Murmeln sein, die Sie auf eine Tafel oder einen Kalender oder an die Wand über dem Kinderbett kleben. Die Murmeln können Sie in einem Glas sammeln.

- Wecken Sie die Sammelleidenschaft Ihres Kindes: Für 10 Smilys/Bilder/ Sterne gibt es jeweils eine größere Belohnung – zum Beispiel ein Bilderbuch, ein Kuscheltier oder eine gemeinsame Unternehmung. Fragen Sie Ihr Kind, was es sich am meisten wünscht. Ist es realistisch umzusetzen, dann können Sie die Idee aufgreifen.

Haben Sie Geduld und lassen Sie sich nicht provozieren. Bleiben Sie ruhig und konsequent – auch wenn Ihr Kind für Ihr Gefühl viel zu lange zum Einschlafen braucht.

Ihre Notizen und Ihr Schlafprotokoll

Notieren Sie hier die Erfahrungen in den ersten Tagen der Anwendung:

1. Tag: ______________________________

____

____

2. Tag: ______________________________

____

____

3. Tag: ______________________________

____

____

4. Tag: ______________________________

____

____

5. Tag: ______________________________

____

____

6. Tag: ______________________________

____

____

7. Tag: ______________________________

____

____

Name des Kindes: **Alter:**

Uhrzeit / Datum	6.00	7.00	8.00	9.00	10.00	11.00	12.00	13.00	14.00	15.00	16.00	17.00	18.00	19.00	20.00	21.00	22.00	23.00	24.00	1.00	2.00	3.00	4.00	5.00

Schlafphasen —— Wachphasen freilassen Schreien ///// Mahlzeiten ●

5) Die Ferber-Methode

Kontrolliertes Trösten in Abständen

- **Alter des Kindes:**

Ab 6 Monaten

- **Geeignet für ...**

... fest entschlossene Eltern, die den „Machtkampf“ ums Einschlafen endlich beenden wollen
... konsequente Eltern, die sich einig sind, dieses Programm – auch wenn es mal anstrengend ist – beharrlich bis zum Erfolg zu führen

- **Die Vorteile:**

Mit dem Programm verlernt Ihr Kind das Schreien. Denn wenn es schreit, bekommt es keine der üblichen „Einschlafhilfen“. Es lernt, dass es mit Schreien nicht das erreicht, was es will. Und durch die länger werdenden Wartezeiten lernt es, dass längeres Schreien auch nichts bringt.

- **Der Erfolg:**

Bei Kleinkindern haben Sie in der Regel nach 4 – 5 Tagen Erfolg, bei älteren Kindern nach etwa einer Woche.

- **Das Programm:**

- Legen Sie Ihr Kind nach dem Abend-Ritual wach in sein Bettchen.
- Verlassen Sie das Zimmer und warten Sie 3 Minuten lang, bis Sie wieder hineingehen (auch, wenn Ihr Kind anfängt zu schreien).
- Wenn es noch weint, beruhigen Sie es mit ruhiger fester Stimme. Trösten und streicheln Sie Ihr Kind.

- Wenn es sich hingestellt hat, legen Sie es wieder hin. Falls es dann wieder aufstehen will, legen Sie es hin und gehen kurz wieder raus.
- Nehmen Sie Ihr Kind auf keinen Fall auf den Arm oder geben ihm andere „Einschlafhilfen“ wie Schnuller oder Fläschchen.
- Ihr Kind sollte nicht in Ihrem Beisein einschlafen, denn es soll ja lernen, allein einzuschlafen.
- Dass Sie in Abständen immer wieder zu ihm reingehen, soll ihm nur zeigen: *„Es ist alles in Ordnung. Ich bin da. Aber du musst jetzt lernen, allein einzuschlafen.“* Wenn Sie diese Sätze jedes mal mit ruhiger fester Stimme aussprechen, spürt Ihr Kind Ihre Sicherheit und Entschlossenheit, aber auch Ihre Wärme und Zuneigung.
- Ob sich Ihr Kind beruhigt hat oder nicht – gehen Sie nach spätestens 2 Minuten wieder raus – wenn es laut und wütend brüllt, sogar eher.
- Beim zweiten Hinausgehen bleiben Sie 5 Minuten lang draußen. Dann gehen Sie wieder zu Ihrem Kind und gehen genauso vor wie beim ersten Mal.
- Verlassen Sie auch jetzt wieder nach 1 – 2 Minuten das Zimmer und erhöhen Ihre Wartezeit diesmal auf 7 Minuten.
- Sollte Ihr Kind dann immer noch nicht schlafen, gehen Sie ab jetzt alle 7 Minuten zu ihm. So zeigen Sie ihm, dass Sie da sind und können es trösten. So lange, bis es allein in seinem Bettchen eingeschlafen ist.
- Wenn Ihr Kind nachts aufwacht, gehen Sie genauso vor.
- Gehen Sie nur zu Ihrem Kind, wenn es wirklich weint. Wenn es nur leise jammert oder quengelt, wird es sich wahrscheinlich selbst beruhigen.
- Am 2. Tag beginnen Sie mit 5 Minuten Wartezeit. Beim 2. Mal bleiben Sie 7 Minuten lang draußen – und ab dem 3. Mal immer 9 Minuten lang.
- Am 3. Tag beginnen Sie mit 7 Minuten und steigern dann über 9 auf 10 Minuten. Länger als 10 Minuten sollten Sie Ihr Kind nicht warten lassen. Auch an den folgenden Tagen nicht.
- Wenn Ihr Kind schon größer ist und aus seinem Bett steigt, bringen Sie es konsequent sofort wieder ins Bett. Und wenden Sie die Auszeit an: Die Kinderzimmer-Tür wird zugemacht und bleibt erst dann wieder offen, wenn Ihr Kind im Bett bleibt.
- Wichtig: Ziehen Sie dieses Einschlaf-Programm konsequent durch. Denn bei einem Abbruch werden die Probleme oft noch größer.

Ihre Notizen und Ihr Schlafprotokoll

Notieren Sie hier die Erfahrungen in den ersten Tagen der Anwendung:

1. Tag: ____________________

____

____

2. Tag: ____________________

____

____

3. Tag: ____________________

____

____

4. Tag: ____________________

____

____

5. Tag: ____________________

____

____

6. Tag: ____________________

____

____

7. Tag: ____________________

____

____

Name des Kindes: Alter:

Datum / Uhrzeit	6.00	7.00	8.00	9.00	10.00	11.00	12.00	13.00	14.00	15.00	16.00	17.00	18.00	19.00	20.00	21.00	22.00	23.00	24.00	1.00	2.00	3.00	4.00	5.00

Schlafphasen —— Wachphasen freilassen Schreien ///// Mahlzeiten ●

6) Die Freiburger Sandhur-Methode

Eine sanfte Variante der Ferber-Methode

- **Alter des Kindes:**

  Ab 12 Monaten

- **Geeignet für ...**

  ... Eltern, die sich eine schnelle Problemlösung wünschen, denen aber die Ferber-Methode zu hart vorkommt
  ... entschlossene und konsequente Eltern

- **Die Vorteile:**

  Die Auszeiten sind kürzer als bei der Ferber-Methode. Die Sanduhr hilft, die Wartezeiten zu überbrücken.

- **Der Erfolg:**

  Sie können schon nach 3 Tagen Erfolg haben. Es kann aber auch 2 - 3 Wochen dauern. Entscheidend ist: Nicht aufgeben. Sonst werden die Probleme sicherlich nicht leichter.

- **Das Programm:**
  - Nach einem liebevollen Abendritual legen Sie Ihr Kind wach in sein Bett.
  - Sie sagen zum Beispiel *„Schlaf gut, träum schön"*, machen das Licht aus und gehen aus dem Zimmer.
  - Wenn Ihr Kind weint, gehen Sie frühestens nach 30 Sekunden wieder zu ihm, streicheln und beruhigen es, ohne es hochzunehmen.
  - Nach 2 – 3 Minuten gehen Sie wieder raus.
  - Wenn Ihr Kind dann wieder weint, gehen Sie nach 3 Minuten wieder zu ihm und trösten es.
  - Wiederholen Sie das bei Bedarf, bis Ihr Kind schläft – mit gestaffelten Zeitabständen (höchstens 9 Minuten).
  - Damit Sie die Zeiten besser einschätzen können, stellen Sie eine Sanduhr auf, deren Sand in genau 3 Minuten von oben nach unten rieselt. Drehen Sie die Sanduhr höchstens zweimal um. Denn nach dem dritten Rieseln sind 9 Minuten vorbei. Länger sollten Sie Ihr Kind nicht allein lassen.

Im Prinzip funktioniert die Freiburger Sanduhr-Methode wie die Ferber-Methode. Nur die Wartezeiten, bis Sie wieder zu Ihrem Kind gehen, sind kürzer.

Ihre Notizen und Ihr Schlafprotokoll

Notieren Sie hier die Erfahrungen in den ersten Tagen der Anwendung:

1. Tag: ______________________________

____

____

2. Tag: ______________________________

____

____

3. Tag: ______________________________

____

____

4. Tag: ______________________________

____

____

5. Tag: ______________________________

____

____

6. Tag: ______________________________

____

____

7. Tag: ______________________________

____

____

Name des Kindes: Alter:

Uhrzeit / Datum	6.00	7.00	8.00	9.00	10.00	11.00	12.00	13.00	14.00	15.00	16.00	17.00	18.00	19.00	20.00	21.00	22.00	23.00	24.00	1.00	2.00	3.00	4.00	5.00

Schlafphasen ——   Wachphasen freilassen   Schreien ////   Mahlzeiten ●

Der Einfluss „innerer Dialoge“

Vielen Eltern, die überzeugt sind, dass ein Schlaftraining für sie und ihr Kind richtig ist, fällt die Umsetzung schwer. Sie führen „innere Dialoge", in denen sie immer wieder in Frage stellen, ob sie das Richtige tun – z.B.:

„Kann ich meinem Kind das zumuten?“

Viele Eltern haben Sorge, ihr Kind zu überfordern, wenn sie erwarten, dass es schläft. Sie befürchten, ihm ein lebenslanges Trauma zuzufügen, sein Urvertrauen zu zerstören. Diese beschützende fürsorgliche Seite sorgt dafür, dass Eltern ihrem Kind mit ihrer Stimme, ihrer Haltung und ihrer Körpersprache signalisieren, dass sie eigentlich gar nicht erwarten, dass es diese schwierige Entwicklungsaufgabe bewältigt. Dann müssen die Eltern prüfen, ob es Sinn macht, auf diesen Teil zu hören: Vielfach zeigt sich dann, dass die Sorge bei genauem Hinsehen überflüssig ist und die Eltern ihrem Kind diesen Entwicklungsschritt unbesorgt zutrauen können – und zumuten dürfen.

„Mein Kind hat Angst vor dem Einschlafen“

Viele Eltern erinnern sich an eigene Kindheitsängste und glauben, dass die Gefühle ihres Kindes mit den eigenen identisch sind, ohne das zu überprüfen. Sie unterscheiden z.B. nicht zwischen Angst und Protest oder Zorn.

„Mein Kind soll keine Frustrationen erleben“

Manche Eltern haben die Idealvorstellung, dass sie alle kindlichen Bedürfnisse befriedigen können, so dass ihr Baby keine Frustrationen erlebt. Sie möchten sozusagen „ideale Eltern“ sein – und das Ergebnis wäre ein rundum zufriedenes, ausgeglichenes Kind. Wenn das Baby dann trotz großen Einsatzes der Eltern unruhig ist und weint, verstärken die Eltern vielleicht ihre Bemühungen und machen sich sogar Vorwürfe, „nicht gut genug“ für ihr Kind zu sein. Sie gestehen sich selbst nicht zu, müde und erschöpft zu sein.

Diese „inneren Stimmen“ sind nur Beispiele. In der Praxis existieren viele Varianten. Eltern denken manchmal, dass mit ihnen etwas nicht stimmt, wenn sie von scheinbar irrationalen Gefühlen beeinflusst werden. Sie sollten wissen: Es ist normal und in Ordnung, diese „geheimen Hinderer“ zu haben.

Martina Furlan, Diplom-Pädagogin, systemische Therapeutin,
Babysprechstunde beim DKSB Dortmund

Kapitel 6: Das Wichtigste in Kürze

- Jedes Kind fängt mit dem ersten Atemzug an zu lernen. Es lernt in den ersten drei Lebensjahren mehr als ein Student im ganzen Studium. Also kann es auch lernen, allein einzuschlafen.
- Es gibt sechs Einschlaf-Programme, die alle dasselbe Ziel haben: Ihr Kind muss lernen, allein einzuschlafen. Damit es nachts beim Aufwachen dieselbe Situation vorfindet wie abends beim Einschlafen, das als völlig okay empfindet und weiterschläft.
- Dieses Ziel erreichen Sie nur, wenn Sie in liebevoller Entschlossenheit konsequent vorgehen. Damit lassen Sie Ihr Kind spüren, dass Sie es ernst meinen. Und das akzeptiert Ihr Kind.
- Bevor Sie sich für eine der Methoden entscheiden, prüfen Sie, wie viel Konsequenz Sie sich selbst zutrauen, und welche Methode Ihrer Meinung nach am besten zu Ihrem Kind passt.

7

Vom Liebespaar zum Elternpaar

In diesem Kapitel erfahren Sie:

- Wie grundlegend sich Ihr Leben ändert, wenn Sie Eltern werden
- Was das Elternsein für den Vater bedeutet – und was für die Mutter
- Wie Sie gemeinsame Lösungen finden, um die neue Situation zu bewältigen
- Wie wichtig es ist, sich von alten Rollenklischees zu verabschieden und die vielfältigen neuen Aufgaben möglichst gerecht und gleichmäßig auf beide Eltern-Schultern zu verteilen

Und plötzlich ist alles anders

Im Computerzeitalter könnte man vielleicht sagen: Eltern, das ist die weiterentwickelte Version 2.0 des bewährten Systems Liebespaar 1.0.
Wie schön wäre es, wenn es so einfach wäre!
Aber es ist etwas komplizierter. Ein Liebespaar, das sich weiterentwickelt zum Elternpaar, muss sich in aller Regel erst mal ganz „neu erfinden". Denn plötzlich – von einem Tag auf den anderen – lebt es auf zwei verschiedenen Ebenen, in zwei unterschiedlichen Rollen und Realitäten. Auf der Paar-Ebene und auf der Eltern-Ebene. In zwei Welten mit ganz eigenen Anspruchsmustern. Im Allgemeinen ist es so, dass quasi über Nacht aus einer vertrauten Zweierbeziehung ein Dreiecksverhältnis wird. Und Dreiecksverhältnisse können ganz schön kompliziert sein.

Ein „Rivale" für Papa

Für ihn – den Vater – ist die Frau nicht mehr nur Gefährtin und Geliebte. Sie ist auch die Mutter des Dritten im Bunde. Und dieser Dritte, das Baby, dominiert sie zumindest in der ersten Zeit gewaltig. Der zum Vater gewordene Mann, Freund und Geliebte hat einen Rivalen – egal ob männlich oder weiblich –, gegen den er sich nicht wehren kann. Im besten aller Fälle liebt er den Rivalen, was die Probleme jedoch nicht einfacher macht. Meiner Erfahrung nach können in der Anfangszeit die Papis mit den kleinen Babys noch nicht so viel anfangen, weil sie Angst haben, so ein zerbrechliches Wesen anzufassen.

Ein Vater erzählt

„Mit der Geburt unseres Kindes hatte die Vergangenheit keine Bedeutung mehr. Es begann ein neuer Lebensabschnitt. Wenn so ein neuer Erdenbürger die alte Ordnung durcheinanderwirft, dann ist es für einen persönlich wichtig, sich in diesem zukünftigen Leben wiederzufinden. Die Schlafberatung hat uns geholfen, Struktur in unseren neuen Lebensabschnitt zu bringen. Damit verrauchte die Wut auf das Kind. Und die Bereitschaft zur Liebe für das neue Leben konnte an ihren Platz treten. Damit hatte auch die Partnerschaft eine neue Chance."

„MEIN MANN HAT EIN KIND DAZUBEKOMMEN – ICH EIN GANZ NEUES LEBEN"

Sie – die Mutter – macht eine völlige Veränderung durch. Ganz gleich, ob sie vorher eine erfolgreiche Managerin, Friseurin oder Verkäuferin war, nun ist sie Mutter. Und das rund um die Uhr. Fast. Man sagt, der Arbeitstag einer frisch gebackenen Hausfrau und Mutter umfasst rund 16 statt der vorher etwa zehn Stunden. Nicht wenige Mütter sind von dieser Erkenntnis erst mal ernüchtert. Zum einen sind sie unsicher, ob sie mit dem zerbrechlichen Baby alles richtig machen. Und zum anderen fühlen viele von ihnen sich von ihrem Mann etwas im Stich gelassen.
Auf den ersten Blick ändert sich für die Väter im Alltag wenig. Sie gehen meist weiterhin jeden Tag zur Arbeit und kommen nach einer überschaubaren Zahl von Stunden nach Hause. Das entspricht der traditionellen Rollenverteilung. Allerdings habe ich auch schon viele engagierte Väter kennen gelernt, die gleichzeitig sorgender Papa und unterstützender Ehemann sind. Viele Frauen dagegen sind erst mal weitgehend mit ihrer neu zu lernenden Mutterrolle beschäftigt und obendrein überwiegend für den Haushalt zuständig. So schön zumindest der erste Teil dieser Aufgabe emotional ist – so ermüdend und kräftezehrend ist der andere.

WIEDERAUFERSTEHUNG ALTER ROLLENKLISCHEES

So hat sie sich das meist nicht vorgestellt. Und er auch nicht: Die meisten Paare haben geplant, die Rollen anders zu verteilen und die Hausarbeit und Kinderbetreuung gemeinsam zu bewältigen. Aber die viel zitierten Sachzwänge setzen nun mal oft den Rahmen, und das bedeutet: Die Familie braucht Geld – und meist ist er derjenige mit dem besseren Einkommen. Er muss im Job fit und ausgeschlafen sein – also ist meist sie diejenige, die nachts aufsteht. Sie ist ohnehin zu Hause – also fühlt sie sich für die Hausarbeit vom Wäschewaschen bis zum Essenkochen verantwortlich. Viele Frauen haben dieses Rollenverhalten bei ihrer Mutter kennengelernt. Und sich gegen solche gelernten Muster abzugrenzen, ist auch ohne Kind schon schwer genug.
Und das Kind? Es ist einfach nur da. Es weiß ja nicht, was drum herum vorgeht. Es will essen und schlafen, es will gewickelt und liebkost werden und

zunehmend auch angeregt und unterhalten. Ist das nicht sein gutes Recht? Und irgendwie schaffen es die meisten Eltern ja auch.
Aber die Nächte! Sie gehören nicht mehr allein den beiden, die als Liebespaar gestartet und als Eltern gelandet sind. Zunehmend werden sie von einem kleinen „Schreihals“ dominiert - auch wenn er nur schreit, weil er Hunger hat, und danach friedlich weiterschläft. Und die Tage - die beherrscht der gleiche kleine Schreihals, bestenfalls als Sonnenschein. Mit dem reizendsten Lächeln und den hübschesten blauen Augen und dem zärtlichsten Duft nach Baby und Unschuld.
Die frisch gebackenen jungen Eltern merken plötzlich, wie rasch die Tage und Nächte ihnen durch die Finger gleiten. Wie wenig von den täglichen 24 Stunden für sie selbst übrig bleibt. Wie müde sie sind, wie erschöpft und zerknittert, wenn sie nächtelang nur in Etappen schlafen und zwischendurch immer wieder aufstehen, um sich um ihr Baby zu kümmern. Wie unberechenbar ihre Gewohnheiten durcheinander gewirbelt werden, weil so ein kleines Baby natürlich einen anderen Rhythmus hat als ein Erwachsener - soweit man überhaupt schon von einem Rhythmus sprechen kann.

Simon

„Simon war ein ‚Mangelbaby', 54 cm groß, aber nur 2.500 g schwer. Entsprechend schwach war er anfangs und ich war mit Dauerstillen beschäftigt. Irgendwann war er kräftig, aber an das gemütliche Kuscheln, Stillen, Kuscheln so gewöhnt, dass er am liebsten auf dem Arm schlief. Wir haben nur langsam den Absprung geschafft, ihn ans Einschlafen ohne Geschrei zu gewöhnen. Als er sechs Monate alt war, musste ich wieder arbeiten gehen. Simon wurde nachts mindestens drei- bis viermal wach, unsere Müdigkeit wurde entsprechend immer größer und wir wurden ungeduldiger, nicht nur dem Kleinen gegenüber, sondern auch miteinander. Auch meine Kollegen mussten sicherlich mitleiden (aber sie haben es nie gesagt). Manchmal haben mein Mann und ich im Schichtbetrieb geschlafen: immer abwechselnd jeder drei bis vier Stunden, auch tagsüber, dann waren wir montags etwas fitter.“

Eltern müssen erst noch lernen, das alles auf die Reihe zu bekommen, sich zu organisieren und dabei gegenseitig zu unterstützen. Sie müssen herausfinden, wie sie es vermeiden, dass sich alle nur nach dem Baby richten. Aber wie findet man so etwas heraus?
Für alles und jedes gibt es Kurse: Wenn Sie tanzen wollen, machen Sie einen Tanzkursus – und irgendwann sind Sie in der Lage, mit Grandezza einen Tango aufs Parkett zu legen. Wenn Sie reiten wollen, gehen Sie in eine Reitschule – und nach einer gewissen Zahl von Übungsstunden schreckt Sie auch ein wilder Galopp nicht mehr. Wollen Sie Auto fahren, segelfliegen, eine neue Sprache oder komplexe Computerprogramme beherrschen? Kein Problem. Für alles gibt es Schulen, Trainings, Seminare. Um Ihren Beruf zu beherrschen, haben Sie jahrelang gelernt und Erfahrungen gesammelt.
Nur eine Eltern-Ausbildung – die gibt es nicht. Wie Sie aus einem mehr oder weniger aufeinander eingespielten Liebespaar zu einem souveränen Elternpaar werden, das müssen Sie allein herausfinden. Deshalb nehmen Sie sich dazu Zeit.

No Sex please

Für viele junge Eltern entwickelt sich ihre Sexualität zum echten Problem. Frauenärzte gehen davon aus, dass etwa 30 Prozent aller Paare nach der Geburt eines Kindes mit ihrer Sexualität ernsthafte Probleme haben. Bei Umfragen berichteten 25 Prozent der Befragten über eine vorübergehende Krise ihrer sexuellen Beziehung. Bei 14 Prozent dauerte diese Krise sogar länger an. Dahinter stehen unterschiedliche Gründe, allerdings eher selten körperliche. Häufiger sind einfach die Mütter übernächtigt und erschöpft. Von ihrem Kind und seiner Versorgung fühlen sie sich übermäßig beansprucht. Wenn sie dann schon mal eine Stunde Zeit für sich haben, möchten sie diese Zeit auch wirklich ganz allein für sich nutzen.
Oft baut sich auch zunehmender Zorn auf den Partner auf, wenn er für sich in Anspruch nimmt, nicht nur weiterhin zu arbeiten, sondern auch Leute zu treffen, rauszugehen, kurz: sein altes Leben weitgehend weiterzuführen. Währenddessen hat die Frau das Gefühl, sozial und intellektuell zu verkümmern, weil sie nur noch mit dem Baby zusammen ist. Dieser wachsende Zorn frisst dann jede Lust auf den Partner.

Bewahren Sie Ihre Ruhe. Lassen Sie sich nicht irritieren. Bleiben Sie stark. So können Sie zu den glücklichen Eltern ausgeglichener und zufriedener Kinder werden. Solange Sie selbst es schaffen, glücklich, ausgeglichen und zufrieden zu bleiben. Das geht nicht von selbst – dafür müssen Sie etwas tun. Aber es ist möglich. Es bereichert Sie – Sie, das Paar. Sie, die Eltern. Sie, die ganze Familie. Und Sie brauchen dazu das Rad nicht neu zu erfinden. Ich habe ein paar Erfahrungen von Generationen anderer Eltern zusammengetragen, die Ihnen dabei helfen können:

Neun Tipps für zufriedene Familien

Hier ist eine Reihe von Tipps für den Alltag in Ihrer jungen Familie, die sich in meiner Beratungsarbeit bewährt haben.

1) Sie – die Eltern – sind die Basis Ihrer Familie. Ohne Sie geht nichts.
2) Machen Sie sich nicht verrückt. Perfekte Eltern gibt es nicht.
3) Reden Sie miteinander. Die meisten Konflikte entstehen durch unausgesprochene Wünsche und Erwartungen.
4) Schaffen Sie sich ganz persönliche Rituale und kleine Belohnungen.
5) Setzen Sie gemeinsame Prioritäten für Ihre Lebensqualität.
6) Verteilen Sie Lasten und Freuden gerecht.
7) Holen Sie sich Hilfe und Entlastung, wo immer Sie sie kriegen können.
8) Nehmen Sie sich von Zeit zu Zeit ein paar Stunden für sich ganz allein.
9) Pflegen Sie Ihre Liebe. Mit Leidenschaft und Zärtlichkeit.

1) Sie – die Eltern – sind die Basis Ihrer Familie. Ohne Sie geht nichts.

Besonders in den ersten Wochen nach der Geburt stellen Sie fest: Nichts ist mehr, wie es war. Plötzlich wird Ihnen schmerzlich bewusst: Es wird auch nicht mehr, wie es war. Nie mehr. Sie sind mehr als die beiden verliebten Menschen, die Sie gestern noch waren. Von nun an sind Sie zu dritt – wenn wir mal davon ausgehen, dass Sie gerade Ihr erstes Kind bekommen haben (auch nach dem zweiten und jedem weiteren Kind definiert sich die Familie jedes Mal neu – aber nie mehr wird die Veränderung so drastisch wie beim ersten Mal).
Den meisten Eltern kommt das vielleicht nicht gleich zu Bewusstsein. Die ersten Wochen nach der Geburt – die sind so etwas wie Flitterwochen, „Baby-Honeymoon“ mit dem lang ersehnten Kind. Es ist das schönste, zarteste, wunderbarste Kind, das Sie je gesehen haben. In den meisten Fällen sind sie gerührt, verliebt, zutiefst beglückt. Aber dann kommt der Alltag. Und dieses lächelnde, schreiende oder selig schlummernde Baby, für das Sie beide nun verantwortlich sind, mischt Ihre Gefühle, Ihr Selbstverständnis, Ihre persönlichen Lebensperspektiven ganz schön auf.

Erschöpft und ausgelaugt

Manchmal kommen junge Mütter zu mir in die Beratung, die sich nur noch ausgelaugt und sehr müde fühlen. „Eigentlich sollte ich doch super glücklich sein“, seufzte kürzlich die Mutter eines süßen kleinen Mädchens, „aber ich fühle mich im Grunde nur noch schlecht.“
Es hat keinen Sinn, solche Gefühle zu verdrängen, wegzudiskutieren oder die Mütter mit guten Ratschlägen zu überhäufen. Diese Gefühle sind da, und sie sind nach vielen schlaflosen Nächten nachvollziehbar. Hinzu kommen dabei oft Depressionen, die nicht selten ebenfalls ihre Ursache in Schlafmangel haben. Meist sind diese Schwierigkeiten erst zu bewältigen, nachdem die Schlafprobleme der Familie gelöst sind.

Eltern lieben deshalb im Allgemeinen ihr Kind nicht weniger, ganz im Gegenteil. Meistens lieben sie es sogar von Tag zu Tag inniger. Gleichzeitig verwirrt und erschreckt es sie, verunsichert sie und führt sie an Grenzen, von deren Existenz sie bisher nicht einmal etwas geahnt hatten. Oft lässt es sie an sich selbst zweifeln – und nachts lässt es sie nicht schlafen. Bei aller Liebe – es macht ihr Leben erst einmal ganz schön kompliziert und anstrengend. Und nirgends ist ein Knopf, an dem man es ausschalten kann wie den Wecker, um sich rumzudrehen und sonntagmorgens noch eine Runde zu schlummern. Das war einmal. Und so ähnlich wird es noch Jahre lang weitergehen.

Nichts ist mehr, wie es war

Wenn Sie die Mutter sind, werden Sie vielleicht feststellen, dass Ihnen so ein Tag ziemlich schnell durch die Finger rinnen kann. Eben noch war es sechs Uhr früh. Sie sind aufgestanden, um das Baby zu stillen oder zu füttern und zu wickeln. Frühstück, wickeln, Hausarbeit machen, stillen, wickeln, Wäsche waschen und aufhängen, wickeln, stillen, zwischendurch einen Happen essen, spazieren gehen mit dem Kinderwagen, wickeln, füttern, Staub saugen, Essen kochen, wickeln, füttern, zwischendurch Liedchen singen, wiegen, schmusen.

Irgendwann taucht Ihr Mann auf, aber Sie kommen kaum dazu, sich ihm zu widmen, denn schon ruft wieder Ihr Kind nach Ihnen: füttern, wickeln – puuh! Ruhe. Wie lange? Und nun kommt er, der Vater, und will über Ärger in der Firma reden. Oder über andere Themen, mit denen Sie sich früher beschäftigt haben. Vielleicht möchte er auch mit Ihnen schlafen. Aber dafür sind Sie nicht entspannt genug. Eigentlich sind Sie nur noch müde. Er sollte Sie lieber ein bisschen mehr entlasten – dann wären Sie vielleicht fitter und auch ansprechbarer.

Konflikte für Väter

Wenn Sie der Vater sind, erkennen Sie die Frau Ihrer Träume vielleicht kaum wieder. Sie hat sich verändert. Als Sie sie kennenlernten und sich in sie verliebten, war sie eine so aktive, engagierte, erfolgreiche junge Frau. Dynamisch. Selbstbewusst. Hellwach. Nun macht sie häufig einen müden, abgeschlagenen Eindruck. Sie kreist nur noch um das Baby.

PAAR-KONFLIKTE

Nicht selten kommen Eltern zur Schlafberatung, aber im Vordergrund steht nicht die Frage, wie sie ihr Kind zum Schlafen bekommen, sondern eher die Frage, wer von beiden Recht hat. Wenn Paarkonflikte – ausgesprochen oder verborgen – das Schlafen verhindern oder erschweren, stehen oft typische Muster dahinter:

- Wer ist der Boss?

Bei diesem Muster haben die Partner sich (noch) nicht geeinigt, wie sie den Einfluss der Elternteile in der Familie aufteilen wollen. Häufig beschwert sich der Vater, dass die Mutter ihn nicht auf seine eigene Art mit dem Kind umgehen lässt. Wenn es schwierig wird und das Kind weint, nimmt die Mutter dem Vater „das Heft aus der Hand“. Die Mutter hat hingegen – besonders wenn sie eine Berufspause einlegt – oft das Gefühl, viel aufgegeben zu haben. Kontakte und Bestätigung von außen fehlen ihr vielleicht manchmal. Und dann wird ihr auch noch die Rolle als Expertin für das Kind streitig gemacht. Fast „automatisch“ geraten die Elternteile in eine Eskalation.

• Wer opfert am meisten?
Eine Variante dieses Musters entsteht, wenn die Eltern in einen Wettstreit darüber treten, wer am meisten unter der aktuellen Situation leidet. Beide engagieren sich über ihre Kräfte hinaus, ohne dafür vom Partner anerkannt zu werden. Beratungsgespräche werden dominiert von dem Bemühen, die BeraterIn (und natürlich den Partner) davon zu überzeugen, dass man alles für die Familie tut, was aber nicht anerkannt wird.

• Was für eine Art von Familie wollen wir sein?
Erst wenn das Baby auf die Welt kommt, werden Eltern zur „Familie". Die Herkunftsfamilien und deren Traditionen gewinnen eine Bedeutung, die sie bisher für das Paar nicht hatten. Jetzt muss das Elternpaar entscheiden: Nach welchen Traditionen wollen wir leben? Was übernehmen wir von deiner, was von meiner Herkunftsfamilie? Was wollen wir gemeinsam neu gestalten? Wenn Partner diese Fragen verhandeln, ohne darüber zu sprechen, ist jede Interaktion mit dem Kind ein „Kriegsschauplatz". Das Kind ist das Zünglein an der Waage, das darüber entscheidet, was richtig ist. Verständlich, dass der jeweils andere das nicht einfach so hinnehmen wird.

• Was passiert in Beratungsgesprächen?
Die Interaktionsmuster, die Eltern und Kind miteinander gestalten, sind Thema der Beratung. Oft sind die Themen, die als Hintergrundmusik laufen, den Eltern zunächst nicht bewusst. Wenn sie benannt werden, erweitert sich der Handlungsspielraum der Beteiligten: Sie können entscheiden, wie sie mit dem Thema umgehen wollen.

Martina Furlan
Diplom-Pädagogin, systemische Therapeutin,
Babysprechstunde beim DKSB Dortmund

Natürlich wissen Sie, dass Ihr Baby viel Zuwendung braucht. Sie lieben es ja auch und wollen, dass es ihm gut geht. Aber wo bleiben Sie? Wo bleibt Ihre gemeinsame Zeit? Wo bleibt Ihre Frau? Ist sie nur noch Mutter? Und wer sind nun Sie? Nur noch der Ernährer? Der Papa? Wo bleiben Sie als Mann? Sollen Sie sich etwa eine Schürze umbinden und als Ersatz-Kinderfrau mit einsteigen, um

wenigstens auf dieser Ebene der Frau an Ihrer Seite nahe zu sein? Sie haben doch schon den ganzen Tag für die Familie malocht – und sie ist doch sowieso zu Hause. Warum schafft sie das bisschen Haushalt nicht neben dem Kind? Schließlich schläft es doch auch mal. So schwer kann das doch nicht sein!
Tatsache ist: Nichts ist mehr, wie es war, und das können Sie auch nicht mehr ändern. Mit dem Entschluss, eine Familie zu gründen, haben Sie in Ihrem Leben die Weichen grundsätzlich neu gestellt. Also bleibt Ihnen nichts anderes übrig, als sich den neuen Gegebenheiten anzupassen. Sich neu zu organisieren. Sich als Familie aktiv eine gemeinsame Richtung zu geben. Das ist eine Herausforderung – und man könnte das Ganze auch einfach aussitzen, denn es verändert sich ja auch in einer gewissen Eigendynamik, ganz egal ob Sie aktiv etwas tun oder einfach nur auf die Veränderungen reagieren.
Aber glauben Sie mir: Unterm Strich ist es für Sie wesentlich befriedigender und motivierender, diese Veränderungen aktiv und bewusst zu steuern, als sich von ihnen steuern lassen.

Finden Sie gemeinsame Lösungen

Beispiel Hausarbeit. Sie ist entschieden mehr geworden. Sie einfach so nebenher mit den neuen Aufgaben rund um die Betreuung eines sehr jungen Kindes zu vereinbaren, ist schwerer als zunächst erwartet. Sie sind selbst überrascht von dieser Tatsache. Überlegen Sie also beide gemeinsam, wie Sie künftig damit umgehen wollen.
Oder der Schlafmangel. Unterschätzen Sie nicht, was er Ihrer Psyche, Ihrer Ausgeglichenheit und Ruhe antut. Was allnächtliche Schlafunterbrechungen bedeuten, vor allem, wenn sich das über längere Zeiträume nicht ändert, konnten Sie sich früher vermutlich nicht mal vorstellen. Außerdem zehrt das Stillen an Ihren Kräften. Sie fühlen sich mehr und mehr ausgelaugt – körperlich durchs Stillen und psychisch durch fehlenden Schlaf. Sprechen Sie darüber. Überlegen Sie, wie Sie sich gegenseitig unterstützen und entlasten können.
Und vergessen Sie über all dem nicht: Sie sind nicht nur Mama und Papa. Sie haben Ihre Identität als eigenständige Persönlichkeiten mit eigenen Bedürfnissen und Wünschen nicht an der Tür zum Kreißsaal abgegeben. Sie sind immer noch dieselben Menschen mit den gleichen Idealen, Träumen und Interessen, die Sie vor der Entbindung waren.

Nehmen Sie also sich selbst, Ihre Grenzen, auch Ihre Ängste ernst. Sprechen Sie darüber, wie Sie Ihre Rollen sehen. Als Mutter und Vater, als Mann und Frau, als Liebespaar und Elternteam. Und dann überträgt sich Ihre Ruhe und Sicherheit auf Ihr Kind. Und es klappt auch eher mit dem Schlafen.

2) Machen Sie sich nicht verrückt. Perfekte Eltern gibt es nicht.

Junge Frauen von heute sind meistens nicht mehr so sehr in alten Rollenklischees verhaftet. Oft möchten sie Muttersein und Beruf vereinbaren. Dabei wünschen sich viele von ihnen, dass alles perfekt ist – zuallererst sie selbst. Sie haben gewisse Ansprüche an sich. Im Beruf haben sie sich bemüht, gut zu sein. Anerkennung und Erfolge haben da ihren Alltag aufgehellt – warum sollte das nicht auch in ihrer neuen Lebensphase so sein? Also wollen viele Frauen eine perfekte Mutter sein und natürlich auch eine perfekte Hausfrau, bei der es ordentlich und gepflegt zugeht. Und irgendwann wollen sie vielleicht auch wieder zurück in den Beruf. Also: Perfekte Mutter, perfekte Hausfrau, perfekte Was-auch-immer-sie-beruflich-machen.
Die meisten Männer wollen mindestens ebenso perfekt sein. Perfekter Papa, perfekter Ehemann und Liebhaber und perfekter Was-auch-immer-sie-beruflich-machen. Mein Haus, meine Frau, mein Auto, mein Boot – mein Kind. Dazu kommt, dass die meisten Mütter, die ich kenne, vor der Geburt ihres ersten Kindes eigenes Geld verdient haben. Nun muss ein Einkommen – zumindest eine Zeitlang – für die ganze Familie ausreichen. Viele junge Väter engagieren sich deshalb zum Ausgleich beruflich noch intensiver. Sie fühlen sich in der Zwickmühle: Einerseits belastet sie der permanente Druck, dass sie nun allein die finanzielle Verantwortung für die Familie tragen. Andererseits haben viele von ihnen durch diese wirtschaftliche Mehrbelastung noch weniger Zeit für ihre kleine Familie. Und ihre Frau fühlt sich noch mehr alleingelassen.

Das bisschen Haushalt ...

Viele junge Frauen sind vor allem deshalb frustriert, weil sie es nicht schaffen, ihren Haushalt in den Griff zu bekommen, nachdem sie zuvor im Beruf ganz andere Sachen gemanagt hatten. Sie unterschätzen das Phänomen des unterbrochenen Handlungsbogens: Während im Beruf gewisse Strukturen erlauben, Arbeitsabläufe von Anfang bis Ende durchzuziehen, ist das zu Hause meistens ganz anders. Sie beginnen beispielsweise mit Geschirrspülen, werden mittendrin durch Ihr Kind unterbrochen und wechseln seine Windel. Dann fangen Sie an, mit Ihrem Kind zu spielen, müssen auch das wieder unterbrechen, um das Essen vorzubereiten oder die Wäsche aus der Maschine zu holen, werden beim Wäsche Aufhängen wieder durch Ihr Kind unterbrochen ... und so geht es den ganzen Tag.

Man beginnt an vielen „Baustellen" gleichzeitig und hat abends das Gefühl, nichts richtig zu Ende gemacht zu haben. Und falls doch, fängt man trotzdem am nächsten Morgen wieder bei Null an. Denn dann ist wieder Geschirr zu spülen, Wäsche zu waschen, das Kind zu füttern, und, und, und... Anerkennung allerdings – sei es im privaten oder im gesellschaftlichen Umfeld – gibt es für diese kräftezehrende Arbeit nicht. Im Gegenteil. *„Neulich kam eine Freundin zu Besuch. Sie guckte in meine Küche und sagte: Hier sieht es ja aus, als ob eine Bombe eingeschlagen hätte. Ich hatte sofort wieder das Gefühl, versagt zu haben"*, erzählte eine junge Mutter in der Beratung. Ihre kleine Tochter hatte gerade entdeckt, wie spannend der Inhalt der Küchenschränke ist ...

Vergessen Sie es. Nobody is perfect. Wenn Sie das Chaos in der Küche nicht sofort beseitigen, wird die Welt auch nicht untergehen. Und wenn Sie sich das eine oder andere erst ein oder zwei Jahre später leisten können, muss das nicht wirklich eine schlechtere Lebensqualität bedeuten. Lebensqualität – das kann auch Ruhe und mehr Gelassenheit bedeuten. Eine angespannte, nervöse, gestresste Mutter jedoch oder ein frustrierter, gereizter, unausgeglichener Vater überträgt diese Gefühle auf das gemeinsame Baby. Ob Sie das wollen oder nicht: Die Atmosphäre ist angespannt.

Gehören Sie zu den Frauen, die zu Perfektionismus neigen? Die sich erst dann eine Pause gönnen, wenn alles hundertprozentig geregelt ist? Verabschieden Sie sich davon, Setzen Sie sich nicht länger so unter Druck. Oder fühlen Sie sich überfordert, weil Sie es noch nicht geschafft haben, Ihren Haushalt optimal zu organisieren und für sich erst noch eine angemessene Form finden müssen, wie Sie Ihren Alltag gestalten wollen? Springen Sie über Ihren Schatten und lassen Sie sich dabei helfen.

Schalten Sie zurück

Schalten Sie also lieber einen Gang zurück. Lassen Sie Fünfe gerade sein. Gönnen Sie sich Ruhephasen. Gehen Sie lieber einmal mehr mit dem Baby an die frische Luft, wenn das Wetter schön ist. Lassen Sie die Hausarbeit liegen und legen Sie sich im Laufe des Tages lieber mal hin. Holen Sie fehlenden Schlaf nach, wenn Ihr Baby tagsüber schlummert. Tun Sie alles mit mehr Ruhe und Gelassenheit. Nehmen Sie sich Zeit – auch wenn sich das schmutzige Geschirr stapelt.

Und Sie – der Vater: Gehen Sie lieber pünktlich nach Hause, grenzen Sie sich gegen überzogene Anforderungen im Job besser ab – und schenken Sie die so gewonnene Zeit Ihrer Familie. Viele Chefs haben Verständnis für diesen Wunsch. Ihnen ist ein ausgeglichener und zufriedener junger Vater lieber als einer, der mit müden Augen unausgeschlafen zur Arbeit kommt und sich nicht recht konzentrieren kann, weil er sich durch seine verschiedenen Rollen überfordert fühlt.

Stellen Sie sich also vor den Spiegel, schauen Sie sich selbst tief in die Augen und geben Sie sich die Erlaubnis zu mehr Gelassenheit. Auch mit Staub auf den Regalen sind Sie eine gute Mutter. Auch wenn Sie abends pünktlich Feierabend machen und sich um Ihr Kind kümmern, setzen Sie als Vater nicht gleich Ihre Existenz aufs Spiel. Im Gegenteil: Unterm Strich sind Sie mit mehr Ruhe sogar effizienter und haben Ihren Tag und Ihre unterschiedlichen Aufgaben besser im Griff.

3) Reden Sie miteinander. Die meisten Konflikte entstehen durch unausgesprochene Wünsche und Erwartungen.

Bleiben Sie im Gespräch miteinander. Bewahren Sie Offenheit und Interesse für die Erlebnisse und die Sichtweisen Ihres Lebenspartners/Ihrer Partnerin. Das hat doch früher auch geklappt. Ihre Zweierbeziehung war eingespielt. Nun sind Sie zu dritt, und es ist so vieles in Ihrem Leben neu und zu besprechen. Aber ausgerechnet jetzt sind Sie abgespannt und müde, frustriert und gereizt. Kleine Enttäuschungen sammeln sich, türmen sich zu Frustbergen – und entladen sich irgendwann in heftigen Wortgefechten. Selten streiten Paare häufiger und heftiger als in der ersten Phase ihrer Elternschaft. Und die Zahl der Scheidungen in den ersten Lebensjahren der gemeinsamen Kinder ist erschreckend hoch. Es gibt Eltern, die sind der neuen Herausforderung mit ihren Belastungen nicht gewachsen. Ihr Kind schweißt sie nicht zusammen, sondern entzweit sie. Das muss nicht sein. Beugen Sie vor. Sprechen Sie miteinander über Ihre Wünsche, Erwartungen und Gefühle. Suchen Sie gemeinsam nach Auswegen. Und scheuen Sie sich bitte nicht, dabei auch gemeinsam professionelle Hilfe anzunehmen.

Erzählen Sie mal

Wie wollen Sie zum Beispiel mit Ihrem Kind umgehen? Was ist jedem von Ihnen besonders wichtig? Wie war es in Ihrer eigenen Kindheit? Was wollen Sie aufgrund Ihrer Kindheitserfahrungen ähnlich machen wie einst Ihre Eltern – und was ganz anders? Was hat Ihre persönliche Entwicklung geprägt? Erzählen Sie sich gegenseitig von Ihrer Kindheit. Lernen Sie das Kind im anderen kennen – und lieben. Das kommt auch Ihren gemeinsamen Kindern zugute.
Wie wollen Sie beide mit Konflikten in Bezug auf die Kindererziehung umgehen? Haben Sie ein eher autoritäres oder eher antiautoritäres Ideal – oder liegt es irgendwo dazwischen, zum Beispiel auf der Ebene des respektvollen Umgangs miteinander, in dem jeder im Rahmen seiner Möglichkeiten gefordert wird. Also auch Ihre Kinder. Was genau verstehen Sie darunter? Wichtig ist, dass Sie als Eltern sich darüber klar werden und weitgehend einig sind – und dass Sie Ihrem Kind damit einen klaren, berechenbaren Rahmen geben.
Wie stellen Sie sich Ihr Leben als Eltern vor? Wollen Sie beide berufstätig sein? Wie wichtig ist beruflicher Erfolg für jeden von Ihnen? Wenn Sie sich für die traditionelle Rollenverteilung entscheiden, wie viel müssen oder wollen dann Sie als Vater arbeiten, um die Lebensgrundlage für drei – oder mehr – Familienmitglieder allein zu erwirtschaften? Wo bleibt Ihr Anteil an der Freude, die eigenen Kinder aufwachsen zu sehen? Können und wollen Sie in Ihrem Beruf auch eine Zeitlang in Elternzeit gehen? Wie lässt sich das organisieren? Orientieren Sie sich bei diesen Fragen nicht an Erwartungen Ihrer Umwelt, Ihrer Familie und Kollegen, sondern finden Sie heraus, was Ihnen selbst wichtig ist.

Entscheiden Sie sich

Wollen Sie als Mutter Ihre beruflichen Chancen an den Nagel hängen, um sich um Haushalt und Kinder zu kümmern? Wenn Sie sich dafür entscheiden, Ihre Kinder in den Mittelpunkt Ihres Lebens zu stellen und Familienmanagerin zu sein, ist das Ihr gutes Recht. Lassen Sie sich durch Druck aus Ihrer Umwelt und die häufig anzutreffende Abwertung der „Nur-Hausfrau-und-Mutter“ nicht daran hindern. Wägen Sie für sich die Pros und Contras dieser Entscheidung in Ruhe ab und wählen Sie den Weg, der Ihnen entspricht. Allerdings heißt das noch lange nicht, dass Sie damit auf Freizeit, eigene Interessen, Hobbys und Kontakte verzichten. Lassen Sie sich nicht von Haushalt und Kindern „auffressen“. Auch Hausfrauen haben das Recht auf ein eigenes Leben!

Wofür auch immer Sie sich letzten Endes entscheiden: Es ist ganz individuell Ihre persönliche Entscheidung. Ob Sie in Zukunft als Hausfrau bei Ihrem Kind bleiben oder zurück in den Beruf wollen: Tun Sie es bewusst. Viele junge Mütter rutschen in die Rolle der Familienmanagerin wie in einen Sumpf, aus dem sie sich kaum noch retten können. Nicht weil sie es so wollten, sondern weil es sich eben so ergeben hat. Sollte das der Fall sein, ist Frustration vorprogrammiert. Reden Sie darüber. Finden Sie einen gemeinsamen Nenner, mit dem Sie beide sich wohl fühlen können. Vielleicht sind Sie sich ja noch gar nicht sicher, wie Sie es haben wollen. Dann denken Sie am besten gemeinsam darüber nach.

Und die Gretchenfrage aller jungen Eltern: Wie hältst du's mit der Hausarbeit? Spätestens nachdem Ihr Kind da ist, werden Sie merken, dass hier ziemlich viel dazugekommen ist. Wäscheberge wachsen, ganze Kolonnen von Milch- und Breifläschchen blockieren das Spülbecken: Es kommt so einiges zusammen im Laufe des Tages. Der Elternteil, der den Tag im Job verbringt, kann sich oft gar nicht vorstellen, wie anstrengend „das bisschen Haushalt“ mit Baby ist.

Wo bleibt die Liebe?

Wo bleibt schließlich die Liebe? Plötzlich haben Sie – die Mutter – weniger Zeit für sich. Immer seltener werden die Augenblicke ohne Baby. Wenn es in der ersten Zeit noch häufiger schläft, so nehmen diese Phasen zusehends ab, je älter es wird. Entspannte Ruhephasen werden immer kürzer. Schläft das Kind, ist

Hausarbeit angesagt. Ist es wach, hält es Sie auf Trab. Sie geben ihm alle Liebe und Zuwendung, die Sie aufbringen können. Es macht ja Freude, zu sehen, wie es sich von Tag zu Tag verändert und entwickelt. Aber es kostet auch Kraft.
Abends wünschen Sie sich von Ihrem Mann Anerkennung, Zuwendung, Verständnis. Aber Sexualität ist in den ersten Monaten nach der Entbindung für die meisten Mütter zunächst einmal zweitrangig. Ihr Körper muss sich von den Anstrengungen der Schwangerschaft und der Geburt erst erholen. Eventuell hatten Sie einen schmerzhaften Dammschnitt oder -riss, der nur langsam verheilt. Was die meisten Frauen nun brauchen und sich wünschen, sind Streicheleinheiten, Liebe, Zärtlichkeit. Anerkennung und Einfühlungsvermögen. Und ein wenig Entlastung und Ruhe, um wieder zu sich selbst zu finden.
Für Sie als Vater sind diese ersten Monate Ihres neuen Lebensabschnitts eine schwierige Zeit. Oft erfährt Ihr gemeinsames Sexleben einen empfindlichen Knick nach unten. Für Ihre Frau scheint sich alles nur noch um das Baby zu drehen. Und wenn das Kleine mal schläft, ist entweder auch die junge Mutter müde oder das endlich begonnene Schäferstündchen wird durch Babygeschrei jäh unterbrochen.

Die Erotik stirbt schleichend

Die wenigsten Paare denken während der Schwangerschaft darüber nach, wie viel Zeit sie nach der Entbindung noch für Sex und Zärtlichkeit haben werden. Das hat schließlich zu zweit meistens auch sehr gut geklappt – ist also kein Thema.
Aber die Erotik stirbt schleichend: Wenn die beiden einmal nicht völlig übermüdet sind, werden sie mit Sicherheit durch ihr Kind gestört. Und wenn deswegen irgendwann einer von beiden aus dem Schlafzimmer auszieht, kommt zur räumlichen Trennung auch noch Frust hinzu. Und die Frage wird akut: Wie finden beide wieder ins gemeinsame Ehebett?
Sprechen Sie darüber offen und werden Sie kreativ. Es gibt immer Möglichkeiten zur Zweisamkeit – und wenn Sie sich verabreden müssen wie am Anfang Ihrer Liebe.

Haben Sie Geduld. Seien Sie behutsam. Geben Sie sich selbst und Ihrer Frau Zeit, lassen Sie ihr die Möglichkeit, hinter Fläschchen und Windeln, hinter ihrer Identität als Mutter auch sich selbst als Frau wiederzuentdecken. Bedrängen Sie sie nicht – aber seien Sie für sie da und entlasten Sie sie nach Kräften. Wenn möglich auch nachts. Oder packen Sie samstags und sonntags morgens Ihr Baby in den Kinderwagen und gehen Sie mit ihm spazieren, damit die junge Mutter endlich mal wieder lange ausschlafen kann. Ich kenne keine Frau, die einen solchen Liebesdienst – zumal wenn er regelmäßig geleistet wird – nicht zu schätzen wüsste.

Bewährungsprobe für die Liebe

Und dann suchen Sie gemeinsam nach Möglichkeiten, Ihre Zweisamkeit zurückzuerobern. Nehmen Sie sich jeden Tag ein wenig Zeit für Zärtlichkeit und Nähe. Sprechen Sie miteinander über Ihre Wünsche und Bedürfnisse. Die Erotik stirbt langsam. Lassen Sie das nicht zu. Schaffen Sie sich in den Turbulenzen des kräftezehrenden neuen Alltags kleine Inseln für sich als Liebespaar. Bemühen Sie sich umeinander – ganz bewusst. Oft spüren Paare, dass die Veränderungen in ihrem Zusammenleben eine Bewährungsprobe für die Liebe sind. Und hoffen, diese Liebe werde das schon von selbst überstehen. Das ist ein Irrtum. „Von selbst" wird eine Beziehung erfahrungsgemäß eher schlechter.

In den meisten jungen Familien wird mehr und heftiger gestritten als bei Paaren ohne Kind. Die Ursache? Wer weniger miteinander spricht, streitet mehr. Warten Sie nicht ab, bis Ihr Frust so massiv ist, dass Sie nicht mehr liebevoll auf den anderen zugehen, ihm zuhören, ihn tröstend in den Arm nehmen können. Das ist der häufigste Fehler junger Eltern – und ein fataler Fehler: Ein großer Teil der Ehen werden in den ersten Lebensjahren des gemeinsamen Kindes geschieden.

Nur wer sich bewusst darum kümmert, sich bemüht, immer wieder um den anderen wirbt, wer seine Liebe nicht als etwas Selbstverständliches betrachtet, sondern als ein Geschenk, als etwas Besonderes und Wertvolles, der wird erfahren, dass sie in schweren Zeiten sogar wachsen kann.

Freunde sind wichtig

Ein anderes Thema sind Freunde. Sie sind Teil des sozialen Netzes und gerade jetzt wichtig. Stimmt, nicht jeder Ihrer alten Freunde interessiert sich vielleicht für die Frage, wie lange Ihr Baby durchschläft oder wann das erste Zähnchen kommt. Aber gerade der eine oder andere kinderlose Freund kann Gold wert sein. Es muss Ihnen kein schlechtes Gewissen bereiten, wenn Sie auch mal für die eine oder andere Stunde Ihr Baby hintan stellen, mit einer alten Freundin einen Kaffee trinken gehen und dabei nicht nur über Kinderthemen reden.
Für eine junge Mutter, die ein halbes Jahr lang mehr oder weniger rund um die Uhr nur für ihr Kind da war, ist es ein fast gewöhnungsbedürftiges Gefühl, plötzlich „kinderfrei" durch die Stadt zu bummeln und einfach mal unbeschwert zu tun, was ihr gerade Spaß macht. Gönnen Sie sich das von Zeit zu Zeit! Sie werden sehen, anschließend freuen Sie sich umso mehr wieder auf Ihr Baby und sind viel entspannter im Umgang mit ihm als zuvor.
Außerdem haben Sie sicher in der Geburtsvorbereitung oder in einer Mutter-Kind-Gruppe den einen oder anderen neuen Kontakt zu Gleichgesinnten gefunden. Und dann die Sandkastenbekanntschaften! Spätestens, wenn Ihr Baby zu krabbeln beginnt und Freude am Spiel im Sand findet, werden auch Sie im Park oder auf dem Spielplatz neue Bekanntschaften schließen.

4) Schaffen Sie sich ganz persönliche Rituale und kleine Belohnungen

Ein Ritual – das ist eine bestimmte Art, bestimmte Dinge zu bestimmten Zeiten zu machen. Das kann täglich sein, monatlich oder einmal im Jahr. Weihnachten ist beispielsweise in den meisten Familien ein Ritual mit klar definierten Abläufen und Bestandteilen. Dazu gehören zum Beispiel der Weihnachtsbaum, das festliche Weihnachtsessen, die Kerzen. Vielleicht der gemeinsame Kirchgang oder das Singen von Liedern. Vergleichbare Rituale gibt es zu Ostern oder zu regionalen Gedenktagen.

Rituale sind gut für die Liebe

Die meisten Paare haben ihre ganz persönlichen Rituale und kleinen Belohnungen. Am Hochzeits- oder Kennenlern-Tag gehen sie zum Beispiel zusammen essen. Oder sie fahren gemeinsam an einen bestimmten Ort – oder einfach nur weg. Es gibt aber auch tägliche Rituale wie den Abschiedskuss am Morgen oder das gemeinsame Abendessen nach der Arbeit des Tages. Solche Rituale strukturieren den Tag. Und sie können helfen, die gegenseitige Liebe und Verbundenheit zu unterstreichen. Wenn morgens immer um die gleiche Zeit der Wecker klingelt und man dann vor dem Aufstehen noch zehn Minuten zusammen kuschelt, ehe man aufsteht. Wenn man das Sonntagsfrühstück mit Ei und Brötchen zelebriert – und dabei in Ruhe die vergangene Woche bespricht. Aber auch weniger regelmäßige Rituale sind gut für die Liebe. Das Zettelchen mit der Liebeserklärung in der Jackentasche. Die SMS in der Mittagspause, die zeigt, dass Sie an ihn denken – oder umgekehrt. Die sehr persönliche Kleinigkeit, die er ihr mitbringt, weil er weiß, dass sie sich darüber freut.

Ein Ritual könnte auch sein, dass Sie beide sich einen bestimmten Abend im Monat als Ihren ganz besonderen Liebespaar-Abend „stehlen". Es kann auch ein Nachmittag sein – wichtig ist, dass es regelmäßig stattfindet. Dass Sie beide sich darauf freuen. Und dass Sie diese gemeinsamen Stunden genießen. Damit das klappt, planen Sie es am besten ganz bewusst. Sorgen Sie dafür, dass währenddessen jemand anderer auf Ihr Kind aufpasst – vielleicht die Oma, eine gute Freundin oder auch ein bezahlter Babysitter. Sparen Sie hier nicht am falschen Ende – wenn Sie wenig Geld haben, dann geben Sie es lieber für den Babysitter aus und unternehmen gemeinsam etwas, das wenig kostet. Zum Beispiel einen Mondschein-Spaziergang im Park. Oder ein Picknick im Wald. Oder eine Wanderung um den See. Es kann natürlich auch ab und zu ein gutes Essen sein, ein Kino-, Konzert- oder Theaterabend. Oder Sie gehen tanzen oder Schlittschuh laufen – was immer Ihnen gemeinsam Spaß macht, vielleicht etwas, das Sie schon früher mochten, als Sie noch ein Liebespaar ohne Kind waren. Ich kenne auch Familien, in denen nicht nur der Geburtstag des ersten Kindes gefeiert wird – sondern auch das Jubiläum der gemeinsamen Elternschaft. Diese Eltern belohnen sich ausdrücklich dafür, dass sie diese Zeit so gut gemeistert haben. Unter dem Motto: So lange schaffen wir es nun schon, nicht nur als Paar, sondern auch als Familie zufrieden zu sein.

Maja

Maja war vier Monate alt, als ihre Mutter, eine Lehrerin, wieder zur Arbeit ging. Ihr Vater war damals nicht berufstätig und übernahm die „Mutterpflichten" mit abgepumpter Muttermilch in einem Fläschchen. Als Maja ein halbes Jahr alt ist, soll sie lernen, in ihrem eigenen Bett ohne Fläschchen einzuschlafen. Majas Mutter berichtet:

„Also hat mein Mann sich das dann vorgenommen und die Kleine tagsüber konsequent zum Vor- und Nachmittagsschlaf in ihr Bett gelegt. Das laute Protestgeschrei hat er standhaft überhört und nach etwa einer Woche hatten wir diese schwierige Phase überwunden und man konnte Maja nun ohne Probleme zum Schlafen ins Bett legen.
Zunächst hatten wir uns ganz bewusst zunächst nur auf das Einschlafen am Tag konzentriert, um den zu erwartenden Stress so gering wie möglich zu halten: Wenn ich nachmittags aus der Schule kam, hatte mein Mann den „Kampf" bereits hinter sich und ich konnte mich ganz entspannt um unser Kind kümmern, während er regenerierte. Durch dieses Teamwork hatte er dann für den nächsten Tag wieder genug Kraft und Ruhe, um konsequent bleiben zu können. Unser Einschlaf-„Ritual" (hinlegen, gute Nacht sagen, Einschlafmusik) schaffte dabei für das Kind eine vertraute Gleichmäßigkeit und damit eine sichere Umgebung, in der es diese Veränderung bewältigen konnte.
Nach einer Woche war es für Maja also kein Problem mehr, vormittags und mittags in ihr Bettchen gelegt zu werden und dann allein einzuschlafen. Maja ist heute auf diese Musik gewissermaßen „konditioniert" und schläft damit, natürlich nur wenn sie müde ist, auch in fremder Umgebung allein und ruhig ein.
An einem langen Wochenende haben wir uns dann vorgenommen, das Tagesritual auch auf den Abend zu übertragen. Also: Nach Zähneputzen und gemeinsam mit Papa und Mama noch auf dem Bett kuscheln und „Lümmeln" ins Bett legen, Musik an, ein bisschen streicheln und dann aus dem Zimmer gehen. Am ersten Abend hat Maja natürlich protestiert. In den Weinphasen sind wir dann abwechselnd zu ihr gegangen, um ihr zu zeigen, dass wir noch da sind, haben Ruhe und Vertrauen ausgestrahlt, ruhig mit ihr gesprochen und dann fest entschlossen das Zimmer wieder verlassen. Nach etwa 20 Minuten schlief Maja. Am zweiten Abend war der Protest bedeutend kürzer und am dritten Abend gab es keinen Protest

mehr. Entscheidend war unserer Meinung nach, dass wir uns Zeit und Ruhe für diese Veränderung genommen haben, diese konsequent, ruhig und fest entschlossen gemeinsam durchgezogen haben.“

5) Setzen Sie gemeinsame Prioritäten für Ihre Lebensqualität

Was ist für Sie beide besonders wichtig? Wo liegen Ihre Prioritäten als Paar, als Familie? Reden Sie darüber. Finden Sie es heraus. Und arbeiten Sie gemeinsam daran. Es ist eine Frage der persönlichen Lebensqualität, Wünsche nicht immer nur zu vertagen, sondern auch zu leben.

Das können sehr unterschiedliche Dinge sein. Für das eine Paar kann es besonders wichtig sein, dass beide Familie und Karriere miteinander besser vereinbaren können. Dann besteht das gemeinsame Ziel darin, nach Wegen zu suchen, um dieses Ziel zu erreichen. Für andere Paare ist ein schönes, gemütliches Zuhause und viel Zeit mit dem Kind das Wichtigste – und beide setzen alles daran, diesen Traum möglichst umfassend zu leben. Auch wenn das bedeutet, dafür auf andere Dinge zu verzichten. Wieder andere Paare haben vielleicht ein gemeinsames Hobby, das sie mit der neuen Familienkonstellation in Einklang bringen möchten. Solche Prioritäten sind sehr individuell und unterschiedlich. Aber sie stehen für Eigenständigkeit, für Lebensfreude und für gemeinsame Ziele. Sie müssen zu Ihnen passen – und zu niemandem sonst.

Zurzeit ist Ihr Kind das Wichtigste in Ihrem Leben und braucht alle Liebe und Zuwendung, die Sie ihm geben können. Aber es ist nicht das Einzige. Sie beide sind auch noch da. Und Sie sind die Basis.

6) Verteilen Sie Lasten und Freuden gerecht

Aus meiner täglichen Arbeit mit jungen Familien weiß ich: Wenn die Mutter sich überwiegend um Haushalt, Kinder und soziale Kontakte kümmert und der Vater ums Geldverdienen, dann kann das für beide zu Frustrationen führen. Für sie, weil sie nun doch in der traditionellen Frauenrolle gelandet ist, die sie

– zumindest in diesem Maße – vielleicht gar nicht wollte. Für ihn, weil nun doch die Verantwortung für die wirtschaftliche Basis der kleinen Familie allein auf seinen Schultern ruht und er kaum die Zeit und die Möglichkeit hat, am Gedeihen, am Lernen, am Wachsen seines Kindes teilzuhaben. Beide sind in den traditionellen Mann-Frau-Rollen gelandet – und gerade junge Paare wollten genau das meistens vermeiden. Nun holen die viel zitierten „Sachzwänge“ sie unversehens ein.

Raus aus dem Trott

Irgendwann führt die Erschöpfung bei vielen Elternpaaren zu einem Trott, in dem sich beide gar nicht mehr bewusst und achtsam gegenseitig wahrnehmen. Aber Sie können dann wieder den Bogen schlagen von der Eltern- zur Paarbeziehung: Verabreden Sie miteinander, wann der Elterntag endet und Ihre Zeit zu zweit beginnt – und finden Sie Ihre Gemeinsamkeiten wieder. Spätestens jedoch, wenn Sie damit beginnen, sich gegenseitig mit „Mami“ und „Papi“ anzureden, sollten Sie ins Grübeln kommen …

Um zu vermeiden, dass sich zwischen Ihnen nach und nach der Frust auftürmt, verteilen Sie die Lasten und Freuden bewusst und so gerecht wie möglich. Stellen Sie sich das Ganze wie eine Waage vor. Je ausgeglichener die beiden Seiten der Waage sind, umso besser für Ihre Zufriedenheit und die Zukunft Ihrer kleinen Familie.

Überlegen Sie gemeinsam, wie Sie die Pflichten und Rechte gerechter verteilen können. Dabei wird Ihnen beiden vermutlich erst so recht bewusst, wie viel zum normalen Alltag hinzugekommen ist, seit Sie Eltern sind. Sie können die verschiedenen Aufgabenbereiche in mindestens fünf Sektoren unterteilen:

- die liebevolle Versorgung und Erziehung des Kindes/der Kinder
- die Pflege der Partnerschaft (und Zeit für sich ganz allein)
- die Berufstätigkeit
- den Haushalt
- die Pflege von Kontakten, das gemeinsame soziale Netz/Freundschaften

Vielleicht machen Sie einen Wochenplan, in dem Sie gemeinsam für jeden Tag festlegen, wer für welche Tätigkeiten verantwortlich sein soll. Beachten Sie dabei auch, wer welche Dinge vielleicht besonders gern tut. Kreuzen Sie in den folgenden Checklisten an, wer welche Aufgaben übernimmt. Denken Sie dabei nicht nur in „Entweder/Oder". Es sind genügend Aufgaben dabei, bei denen Sie beide ein Kreuzchen machen können.

Elternaufgabe: Wer übernimmt welche Aufgaben?

Liebevolle Versorgung und Erziehung des Kindes

Wer übernimmt was?	**Mutter**	**Vater**
– Kind wickeln, waschen, baden	O	O
– Mit dem Kind kuscheln und schmusen	O	O
– Flasche/Essen für das Kind zubereiten	O	O
– Das Kind ins Bett bringen (mit Gute-Nacht-Ritual)	O	O
– Das Kind nachts trösten, wenn es schreit	O	O
– Nachts das Kind füttern	O	O
– Das Kind nachts betreuen, wenn es krank ist	O	O
– Das Kind tagsüber betreuen, wenn es krank ist	O	O
– Das Kind morgens wecken und anziehen	O	O
– Mit dem Kind spazieren gehen	O	O
– Mit dem Kind auf den Spielplatz gehen/zur Eltern-Kind-Gruppe oder zu Besuch zu anderen Eltern mit Kindern gehen/zum Kinderarzt gehen	O	O
– Mit dem Kind spielen (Was ist sein Lieblingsspielzeug? Was spielt es am liebsten?)	O	O
– Betreuung außer Haus organisieren (Tagesmutter, Oma, Kita)	O	O
– Das Kind zur Betreuung bringen bzw. dort abholen	O	O
– Sich um Probleme bei der Betreuung kümmern	O	O
–	O	O
–	O	O
–	O	O

Elternaufgabe: Wer übernimmt welche Aufgaben?

Pflege der Partnerschaft		
– Babysitter organisieren, wenn Sie zu zweit etwas unternehmen wollen	O	O
– Gemeinsame Unternehmungen ohne Kind organisieren	O	O
– Den anderen mit liebevollen kleinen Aufmerksamkeiten überraschen	O	O
– Wissen, was den anderen aktuell beschäftigt, worüber er/sie sich Gedanken macht, was ihn/sie bedrückt	O	O
– Über die eigenen Gefühle, Wünsche, Ängste, Sorgen, Erwartungen reden – und über die des Lebenspartners	O	O
– Geschichten aus der eigenen Kindheit austauschen	O	O
– Offen über sexuelle Wünsche, Erfahrungen, Erwartungen sprechen	O	O
– Konflikte beim Namen nennen	O	O
– Sich entspannen, seine innere Ruhe finden	O	O
– Darauf achten, dass jeder regelmäßig Zeit für sich allein oder für Unternehmungen mit eigenen Freunden hat	O	O
– Die Liebe bewusst pflegen	O	O
– Achtsam mit dem anderen umgehen	O	O
–	O	O
–	O	O
–	O	O
Berufstätigkeit		
– Arbeit – und damit Anerkennung und eigenes Einkommen – außer Haus	O	O
– Karrieremöglichkeiten und -wünsche	O	O
– Stunden- oder tageweise Berufstätigkeit oder Heimarbeit	O	O
– Eigenes Einkommen, unabhängige Anwartschaften für die spätere Rente usw.	O	O
–	O	O
–	O	O
–	O	O

Elternaufgabe: Wer übernimmt welche Aufgaben?

Haushalt		
– Verantwortung für den täglichen Speiseplan und das Kochen	O	O
– Einkäufe: Lebensmittel, Getränke, Haushaltswaren, Kleidung, Windeln ...	O	O
– Tischabräumen und Geschirrspülen nach den Mahlzeiten	O	O
– Aufräumen und Wohnung putzen	O	O
– Abfall hinaustragen	O	O
– Anfallende Reparaturarbeiten erledigen bzw. dafür sorgen, dass sie erledigt werden	O	O
– Kinder- und Erwachsenenkleidung sortieren, waschen, auf- und abhängen, bügeln, wegräumen, flicken	O	O
– Familienfinanzen verwalten	O	O
– Behördengänge	O	O
– Verantwortung fürs Auto (warten, pflegen, tanken)	O	O
–	O	O
–	O	O
–	O	O
Kontakte, Freundschaften, soziales Netz		
– Kontakte und Freundschaften pflegen	O	O
– Mit Freunden und Verwandten telefonieren, mailen, schreiben	O	O
– Familienfeste und Geburtstage planen	O	O
– Mit den Kindern die Großeltern besuchen	O	O
– Ohne Partner allein mit Freunden ausgehen (Sport, Frauen-/Männerrunde)	O	O
–	O	O
–	O	O
–	O	O

Elternaufgabe: Wer übernimmt welche Aufgaben?

Diese Listen sind sicher nicht vollständig. Ergänzen Sie sie einfach. Wenn Sie eine Weile gemeinsam überlegen, fallen Ihnen sicher noch viele weitere Punkte ein, die Sie untereinander aufteilen oder die Sie sich auf diese Art bewusst machen können. Einiges davon ist sicher schwer und muss geübt werden. Wie zum Beispiel, über eigene Gefühle und Ängste offen zu sprechen. Wenn das schon vor der Geburt für Sie ein Problem war, wird sich das nicht so schnell geändert haben. Holen Sie sich dann Unterstützung und lernen Sie neu, über Dinge zu sprechen, die Ihnen schwer fallen. Das wird Sie später im Umgang mit Ihrem Kind sicherlich bereichern.

Und warum all diese Gespräche über die Aufgaben und Pflichten in der Familie? Es gibt dafür viele Gründe. Zum einen wird deutlich, dass der Part der Mutter in aller Regel erheblich ist. Vielen jungen Männern ist gar nicht klar, wie viel Arbeit – und das rund um die Uhr – ihre Frau Tag für Tag bewältigt. Und noch etwas sehr Wichtiges kommt dabei heraus. Eine höhere Wertschätzung dieser Arbeit – und mehr Verständnis für die Erschöpfung, mit der viele junge Mütter immer wieder kämpfen. Und dass sich auch für den Vater und Ernährer einiges verändert hat.

Außerdem gibt eine solche Aufstellung beiden Eltern die Chance, sich darüber auszutauschen, mit welchen Aspekten ihres Alltags sie zufrieden oder unzufrieden sind. Was sie daran gern ändern möchten. Es kann dabei auch deutlich werden, dass Sie mehr tun als bei genauerem Hinsehen notwendig wäre, sich also vielleicht unnötigerweise überfordern. Die Aufstellung regt dazu an, gemeinsam nachzudenken, wie die täglichen Aufgaben gerechter verteilt werden könnten. Damit Sie zu einer Balance von Geben und Nehmen kommen, von Arbeit und kleinen Alltagsfreuden, von Stress und Entspannung. Und damit zu einer zufriedenen, ausgeglichenen und entspannten Grundstimmung in Ihrer kleinen Familie.

In jedem Fall ist eine Auseinandersetzung mit diesen Fragen eine gute Basis, um den Alltag gemeinsam besser zu planen. Um Ursachen und Zusammenhänge von Konflikten zu erkennen – und zu beheben. Und nicht zuletzt ist sie ein guter Aufhänger, um miteinander ins Gespräch zu kommen – und im Gespräch zu bleiben.

7) Holen Sie sich Hilfe und Entlastung, wo immer Sie sie kriegen können

Geben Sie es ruhig zu: Sie sind ganz schön müde und erschöpft, wenn Sie wieder mal ein paar Nächte wenig geschlafen haben. Es gibt keinen Grund, das zu leugnen. Erstens geht es nicht nur Ihnen allein so: Fast alle jungen Eltern kennen schlaflose Nächte und die bleierne Müdigkeit danach. Und zweitens ist es nur natürlich, erschöpft zu sein, wenn Schlaf fehlt.

Meine Erfahrung zeigt allerdings, dass viele junge Eltern sich geradezu ein Bein ausreißen, um nur ja keinen merken zu lassen, wie ausgepowert sie sich fühlen. Sie halten die Fassade aufrecht. Ich denke, das liegt auch an ihrer Befürchtung, vor anderen als schlechte Eltern dazustehen. Dabei sind Probleme junger Eltern – besonders Schlafprobleme – sehr verbreitet und betreffen in der einen oder anderen Form fast jede Familie.

Der Versuch, nach außen Probleme zu überspielen, geht sogar so weit, dass übermüdete junge Mütter die gut gemeinte Hilfe von Freundinnen und Verwandten ablehnen. Tun Sie das nicht. Nehmen Sie Hilfe an. Sie müssen kein schlechtes Gewissen haben, wenn Sie gemütlich ins Café gehen, während Ihre Freundin mal ein paar Stunden mit Ihrem Kind spielt. Im Gegenteil. Nach einer solchen kleinen Auszeit können Sie wieder viel entspannter und noch motivierter auf Ihr Kind zugehen. Sie tun Ihrem Kind etwas Gutes, indem Sie sich selbst mal etwas Gutes tun.

Suchen Sie also nach Verbündeten, die Ihnen ab und zu ein wenig Zeit schenken. Zeit für sich allein oder Zeit für Sie als Paar. Ihr Mann, der Vater Ihres Kindes, kann zum Beispiel am Wochenende ein paar Stunden mit Ihrem Kind spazieren fahren oder auf den Spielplatz gehen, damit Sie in Ruhe ausschlafen können. Die Oma, eine Freundin, eine Nachbarin kann das Kind für ein oder zwei Stunden betreuen, damit Sie sich entspannt hinlegen können – ohne ständig mit einem Ohr in Richtung Kinderzimmer zu lauschen. Eine Freundin kann Ihnen beim Hausputz helfen, eine andere beim Bügeln – oder Sie bezahlen jemanden dafür, wenn das Geld reicht. Das wiederum ist häufig eine Frage der persönlichen Prioritäten. Was ist mir wichtiger: ein Nachmittag pro Woche für mich allein oder die 30 Euro, die es kostet, wenn jemand in dieser Zeit meine Wohnung putzt oder sich um mein Kind kümmert, sodass ich mich ein wenig ausruhen kann?

Hilfe von Freunden

„Eines Nachmittags kam eine Freundin mit Kuchen vorbei. Sie sah mich kurz an, schnappte sich wortlos meinen schreienden Sohn und den Kinderwagen, schickte mich ins Bett und fragte nur, wann ungefähr die nächste Mahlzeit anstehe, sie also wieder zurück sein müsse. Ich drückte ihr eine Flasche abgepumpte Milch in die Hand und röchelte, eine Woche sei schon okay, sie könne den Kleinen auch gern behalten. Nicht sie war geschockt. Ich war es, als sie ging und ich mich zwischen Essen, Schlafen, Aufräumen oder Nichtstun entscheiden wollte. Wie konnte ich so etwas sagen? Wie unglaublich herzlos! Heute können wir darüber lachen, damals war das mein absoluter Ernst. Ich war alleinerziehende Mutter und verzweifelt.
Irgendwann wurde aus dieser Verzweiflung auch Wut. Wut auf mich, dass ich es nicht schaffte, mein Kind zu beruhigen. Wut auf Felix, für den ich doch alles tat, was ich konnte. Und der trotzdem schrie. Wut auf die gesamte Situation. Wut auch auf die Mütter, deren Kinder angeblich völlig unproblematisch waren. Mütter also, die offenbar fähiger und kompetenter waren als ich. Die sich aber auch auf die Hilfe liebevoller Partner und Kindsväter verlassen konnten, engagierte Väter, die nachts aufstanden und sich kümmerten. Mütter, die ihre Eltern am Ort hatten. Es dauerte, bis ich mir diese Wut eingestand. Schließlich widerspricht dieses Gefühl jeglichem glücklichen Muttersein. Aber mir half es.
Dank meines engagierten sozialen Umfelds schrie und jammerte Felix schließlich immer mal wieder bei Freunden, während ich ins „Koma“ fiel, etwas aß oder einfach mal in Ruhe duschte. So oft wie möglich drückte ich mein Kind liebevollen, aber unerfahrenen Freunden in die Arme, um einfach mal durchzuatmen.
Zweieinhalb Jahre später bekam ich übrigens mein zweites Kind. Inzwischen war ich glücklich verheiratet und hatte das unter Zeugen abgegebene Versprechen meines Mannes, jede Nachtschicht zu übernehmen. Und was passierte? Dieses

Kind schreit fast nie, hatte genau zwei Mal Blähungen in sechs Monaten und schlief im Alter von sechs Wochen sechs bis sieben Stunden am Stück. Und zwar nachts."

8) Nehmen Sie sich von Zeit zu Zeit ein paar Stunden für sich ganz allein

Was es bedeutet, einfach so unbeschwert und ohne Kind durch die Stadt zu schlendern, kann nur ermessen, wer diese Erfahrung das erste Mal macht – nachdem zuvor wochen- und monatelang das Baby immer und überall dabei war. Und mit ihm eine permanente Anspannung, das Lauschen auf sein Rufen, mit wachsendem Alter auch das Bemühen, sich ihm zu widmen und ihm Anregungen, Zuwendung, Ablenkung und Befriedigung seiner wechselnden Bedürfnisse zu geben.

Viele Mütter stecken ihrem Kind zuliebe so viel zurück, dass sie gar nicht mehr wissen, was sie mit ein paar Stunden Zeit für sich allein anfangen sollen. Sie müssen erst wieder lernen, ihre eigenen Wünsche zu erkennen und zuzulassen. Aber irren Sie sich da nicht: Sie tun Ihrem Kind keinen Gefallen, wenn Sie Ihre eigenen Bedürfnisse vergessen. Irgendwann werden Sie Ihr Kind vielleicht – unbewusst – spüren lassen, was Sie alles ihm zuliebe aufgegeben haben. Das erzeugt Schuldgefühle, die wiederum traurig oder aggressiv machen. Laufen Sie nicht in diese Falle. Nehmen Sie sich selbst und Ihre eigenen Wünsche ebenso ernst wie die Ihres Kindes. Nehmen Sie sich Zeit für sich. Ohne schlechtes Gewissen. Auch damit tun Sie etwas für eine entspannte und liebevolle Beziehung zu Ihrem Kind.

Lassen Sie also Ihr Baby ab und zu für eine, zwei oder drei Stunden bei der Oma, bei einer Freundin oder einem Babysitter. Das Gefühl, sich selbst Schritt für Schritt zurückzuerobern, ist unbeschreiblich leicht und beschwingt – wenn es auch vielleicht zunächst ein bisschen an das Gefühl beim Schuleschwänzen erinnert. Aber das verliert sich, wenn man es ein paar Mal wiederholt hat.

9) Pflegen Sie Ihre Liebe. Mit Leidenschaft und Zärtlichkeit.

Am Anfang war die Liebe. Und sie ist die Basis Ihrer Familie. Die Liebe zum gemeinsamen Kind – vor allem aber die Liebe zueinander. Und Liebe ist nichts Selbstverständliches. Sie muss gehegt und gepflegt werden. Man muss sie umwerben, sich um sie bemühen, sie bewusst leben.
Auch dazu ist Hilfe von außen sinnvoll. Sie gibt Ihnen Zeit für Ihre Liebe, Zeit für Zweisamkeit und Gemeinsamkeit. Planen Sie solche Zeiten ein. Wann Sie damit anfangen, sich hier und da einen Abend zu gönnen, an dem Sie nur füreinander da sind, entscheiden Sie selbst. Aber früher oder später sollten Sie damit beginnen. Wenn Sie keine Oma, Tante, Schwester oder Nichte haben, die in dieser Zeit das Baby hüten möchte, gibt es immer noch die Möglichkeit, auf einen bezahlten Babysitter zurückzugreifen.
Tun Sie das. So oft und so intensiv wie möglich.

Kapitel 7: Das Wichtigste in Kürze

- Sie – die Eltern – sind die Basis Ihrer Familie. Ohne Sie geht nichts.
- Machen Sie sich nicht verrückt. Perfekte Eltern gibt es nicht.
- Reden Sie miteinander. Die meisten Konflikte entstehen durch unausgesprochene Wünsche und Erwartungen.
- Schaffen Sie sich ganz persönliche Rituale und kleine Belohnungen.
- Setzen Sie gemeinsame Prioritäten für Ihre Lebensqualität.
- Verteilen Sie Lasten und Freuden gerecht.
- Holen Sie sich Hilfe und Entlastung, wo immer Sie sie kriegen können.
- Nehmen Sie sich von Zeit zu Zeit ein paar Stunden für sich ganz allein.
- Pflegen Sie Ihre Liebe. Mit Leidenschaft und Zärtlichkeit.

8

... Mutter sein dagegen sehr

In diesem Kapitel erfahren Sie:

- Wie Sie Familie und Beruf miteinander vereinbaren können
- Wie Sie als Mutter ohne schlechtes Gewissen gegenüber Ihrem Kind berufstätig sein können
- Wie wichtig es ist, ein soziales Netz aus Verwandten, Freunden und anderen Müttern zu knüpfen
- Warum es wichtig ist, dass Mutter und Vater gleichwertige Partner sind
- Welche Auswirkungen die Doppelbelastung einer berufstätigen Mutter auf ihren eigenen Schlaf und auf den ihres Kindes hat
- Wie Sie herausfinden, welche Betreuung für Ihr Kind richtig ist
- Wie Sie Ihr Kind am besten auf Kindertagesstätte, Tagesmutter oder Kindergarten vorbereiten

Wie Sie Familie und Beruf miteinander vereinbaren können

In den meisten Fällen ist Mutter werden nicht schwer. Wenn man mal von der Anstrengung der Geburt selbst absieht. Aber damit geht es ja erst los.
Sie hatten vermutlich vor der Geburt Ihres ersten Kindes einen ausgefüllten Tag. Sie waren berufstätig, und im besten Fall hatten Sie Freude daran. Aber selbst wenn die Arbeit Ihnen nicht uneingeschränkt Spaß gemacht hat, war sie doch eine stetige Abwechslung. Der Wechsel zwischen Arbeits- und Freizeit hat Ihren Tag klar strukturiert und ihm einen Rahmen gegeben. Sie waren in ständigem Austausch mit anderen, hatten eine gewisse Selbständigkeit, wirtschaftliche Unabhängigkeit und Anerkennung. Und haben eigene Rentenanwartschaften erworben.

So wichtig sind Beruf und Familie

Für 84 Prozent aller Frauen in Deutschland ist der Beruf ein wichtiger Aspekt persönlicher Unabhängigkeit. 58 Prozent finden darin ihre persönliche Verwirklichung. Aber nur jede zehnte Frau richtet ihr Leben ausschließlich auf den Beruf aus. Für 64 Prozent von ihnen ist die eigene Familie zum Lebensglück unverzichtbar. Das ergab der Monitor Familienforschung, den das Bundesministerium für Familie, Senioren, Frauen und Jugend im Dezember 2005 veröffentlichte.

Nun ist Ihr Baby da - und plötzlich ist alles anders. Sie kommen zunächst gar nicht dazu, darüber nachzudenken. Diese Umstellung müssen Sie erst mal verarbeiten. Und sich dazu buchstäblich „neu erfinden“. Als unabhängige Frau sind Sie in den Kreißsaal gegangen. Als Mutter kommen Sie heraus.
Aber nun ist da ein kleiner Mensch, der seinen eigenen Kopf hat. Er lässt sich nicht so ohne weiteres in vorhandene Raster einbauen. Viele junge Mütter gehen davon aus, ein Kind läuft so nebenbei mit. Man kann es überall mit hinnehmen und muss sich nicht wesentlich umstellen. Das ist es, was oft in den

Medien vermittelt wird: In Zeitschriften, in Fernsehfilmen, im Kino kommen eher selten Kleinkinder vor. Aber wenn sie vorkommen, stören sie die übrige Handlung eher wenig. Ein zufrieden glucksendes Kind auf dem Arm seiner sonnengebräunten, entspannten Mutter. Keine vollen Windeln. Keine schlaflosen Nächte und gestressten Eltern. Keine Koliken, keine schlechten Träume, keine Neurodermitis. Schöne heile Welt.

Im wahren Leben duftet es nach erbrochener Milch und vollen Windeln – auch wenn beides in den ersten Wochen und Monaten noch ein angenehmeres Aroma hat als nach Umstellung der Nahrung auf festere Konsistenz. Im wahren Leben schreien Kinder und lassen sich nicht immer umstandslos beruhigen. Sie schlafen eben nicht dann, wenn die Eltern müde sind.

Und überhaupt ist alles nicht so einfach, wie man gehofft hat. Sondern eben ganz anders. Zum Beispiel müssen Sie sich erst mal auf Babys Zeiten einstellen und sie nach und nach an den gewohnten Tag-Nacht-Rhythmus angleichen. Schritt für Schritt übernehmen Sie wieder das Ruder und koordinieren Ihre Interessen mit denen der übrigen Familienmitglieder.

In den PEKiP-Kursen, die ich im Laufe der letzten zehn Jahre geleitet habe, konnte ich beobachten: Immer mehr Frauen gehen bereits nach dem ersten Lebensjahr ihres Kindes wieder arbeiten. In allen Kursen ist der Wiedereinstieg in das Berufsleben ein brennendes Thema. Immer wieder werden zu wenig Betreuungsplätze für Babys und Kleinkinder bemängelt. Es gibt zu wenig Tagesmütter, Kinderkrippen, Tagesstätten ...

Welche Beweggründe haben Frauen, so früh wieder in den Beruf einzusteigen?

- Angst um den eigenen Arbeitsplatz, wenn sie zu lange draußen sind
- Angst, dass ihr Mann arbeitslos werden könnte
- Alleinerziehende Mütter
- Ihr persönlicher Wunsch
- Anerkennung
- Raus aus der häuslichen Isolation

Welche Fragen stellen sich?

- Lassen sich Familie und Beruf problemlos vereinbaren?
- Arbeiten und Kinder großziehen – geht das wirklich?

- Wer bleibt auf der Strecke? Die Mutter? Die Kinder? Die Partnerschaft? Die Arbeit?
- Was müssten für Voraussetzungen geschaffen werden?

Unfreiwillig ausgeschlossen

„Momentan fühlt sich fast die Hälfte aller jungen Mütter unfreiwillig vom Arbeitsmarkt ausgeschlossen. Zwei Drittel aller Mütter mit Kindern unter drei Jahren wünschen sich eine Teilzeit-Beschäftigung. Doch nur bei 15 Prozent im Westen und bei 13 Prozent im Osten ist dies der Fall. Eine gewaltige Kluft trennt Wunsch und Realität – keine gute Voraussetzung für mehr Kinder, die unser Land dringend braucht."

Ursula von der Leyen,
Bundesministerin für Familie, Senioren, Frauen und Jugend

Wenn Sie schon vor Ihrem Mutterdasein Beruf und Haushalt unter einen Hut gebracht haben – vielleicht mit mehr oder weniger Unterstützung Ihres Lebenspartners – wissen Sie: Es geht. Mit der richtigen Planung.

Lisa

„Meine Tochter Lisa ist drei Jahre alt. In letzter Zeit hatte sie Schlafprobleme. Auf der Suche nach den Ursachen dafür habe ich unsere Familiensituation reflektiert und darüber nachgedacht, wie mein Leben als berufstätige Frau aussieht. Dabei wurde mir klar, dass ich zurzeit beruflich sehr angespannt bin. Lisa hat dauernd wechselnde Bezugspersonen und ich sehe das Kind kaum oder höchstens eine bis anderthalb Stunden am Tag. Petra gab mir dann den Tipp, einfach mal auszuprobieren, wie es ist, wenn ich Lisas Bett neben unser Ehebett stelle. Das habe ich getan. Ich stellte das Bettchen daneben – und gleich nach der ersten Nacht fragte mich Lisa: ‚Gehöre ich jetzt wieder zu euch?' Seitdem schläft sie wieder durch – in ihrem Bett in unserem Schlafzimmer. Wir haben keine Probleme mehr mit dem Schlafen. Sie hat lediglich nach ein paar Tagen gesagt, wir sollen die Schlafzim-

mertür abends einen Spalt offen lassen. Ich hatte zuerst die Befürchtung, dass sie damit nur das Einschlafen hinauszögern wollte. Immer wieder aufstehen und so. Aber nichts dergleichen ist geschehen. Sie wollte nur beim Einschlafen das Gefühl haben, nicht ganz allein zu sein.“

Ihr Kind ist ein wichtiger Teil Ihres Lebens. Aber nicht der einzige.

Es gibt Bereiche im Leben, die haben einfach ihre eigene Dynamik. Da hilft alles nichts: Man muss einen gewissen Eigensinn zulassen. Dazu gehört ganz eindeutig der Umgang mit anderen Menschen, besonders mit Kindern.
Wer gelernt hat, alles zu organisieren und im Griff zu haben, dem fällt es nicht leicht, das zu akzeptieren. Aber genau das können Eltern von ihren Kindern lernen: Einen Gang herunterzufahren. Sich zurückzunehmen. Dinge einfach geschehen zu lassen, sie zu betrachten und sich daran zu freuen. Loszulassen. Nicht immer „Erfolg“ zu haben – im Sinne von Anpassung und Funktionieren, wie das im Beruf häufig gefordert wird. Einfach nur zu leben. Die Sonne zu genießen ohne schlechtes Gewissen. Und zum Beispiel jeden kleinen Entwicklungsschritt des Kindes zu erleben, sich mit ihm daran zu freuen und seinem Kind zu zeigen, wie sehr man es liebt.

Im Job bleiben ohne schlechtes Gewissen

„Die schwierigste Zeit meines Lebens war die Anfangszeit der Familie, als ich ebenso wie mein Mann als Assistenzärztin arbeitete. Wir hatten beide Nacht- und Wochenenddienste, gaben uns schichtweise an der Haustür die Schlüssel in die Hand. Als das erste und zweite Kind geboren war, wusste ich einfach nicht mehr, wo mir der Kopf stand. Aber ich habe Menschen getroffen, die mir Mut machten. Zum Beispiel unsere damalige Tagesmutter, die mir sagte: Schämen Sie sich nicht, haben Sie kein schlechtes Gewissen, sondern seien Sie mutig und stolz! Die Kinder lieben ihre Mutter, und sie lieben ihre Tagesmutter.“

Ursula von der Leyen,
Bundesfamilienministerin (CDU) im *tagesspiegel* vom 18. Dezember 2005

Jede Frau muss für sich selbst entscheiden

Zu Hause bleiben oder wieder zurück in den Beruf gehen? Das muss jede Frau für sich persönlich entscheiden. Eltern brauchen Wahlfreiheit – für das eine oder das andere. Was bedeutet für mich Familie? Das muss jedes Paar für sich persönlich und individuell beantworten. Die Entscheidung, zu Hause zu bleiben und sich bewusst voll und ganz auf die Erziehung zu konzentrieren, sollte man respektieren. Ich kenne viele Frauen, die gerne zu Hause sind, um ihrer Verantwortung als Mutter nachzukommen.

„Kleinigkeiten“ machen viel aus

Ich finde: Als berufstätige Mutter hast du sowieso schon ein schlechtes Gewissen. Das bekommst du quasi mit der Unterschrift unter den Arbeitsvertrag gratis mitgeliefert. Das Thema ist sehr differenziert zu betrachten. Zum Beispiel machen die vielen sogenannten „Kleinigkeiten“ eine Menge aus:

- Gibt es im Job noch andere Mütter?
- Gibt es ein familienfreundliches Klima?
- Wird der Bandscheibenvorfall des Kollegen mit Bedauern zur Kenntnis genommen, die Scharlachepidemie im Kindergarten meines Kindes aber nur mit Kopfschütteln quittiert?
- Kann ich ein Arbeitszeitkonto führen, das es mir erlaubt, flexibel zu arbeiten?
- Habe ich ein Netzwerk aus Nachbarinnen, Freundinnen, Verwandten, die mir im Notfall helfen könnten?
- Bin ich selbstbewusst genug, in der Erziehung meiner Kinder einen sehr wichtigen gesellschaftlichen Beitrag zu sehen?
- Ist mir dieses *„Man will sich ja auch noch was leisten können!“* wirklich so wichtig für meine Familie? Der Zweitwagen, der Zweiturlaub, das eigene Häuschen?

Wichtig ist vor allem die Frage, was ich selbst für wichtig erachte.

Barbara Nardmann-Stahl
Schreibaby- und Schlafberaterin und Mutter zweier Kinder

Ihnen wird allerdings oft zu wenig Respekt, Anerkennung und Wertschätzung für ihr Tun entgegengebracht. Vielleicht ist das auch ein Grund, warum viele Frauen wieder arbeiten gehen möchten. Oft bekommen Frauen den Stempel „Heimchen am Herd“ aufgedrückt. Annerkennung fehlt immer – egal ob man 100% Kinderbetreuung macht, Teilzeit oder Vollzeit arbeitet. Hier kann jeder bei sich selbst anfangen, etwas zu verändern, indem er seine eigene Einstellung hinterfragt und Müttern, die er kennt, Anerkennung zollt und ihre Entscheidung akzeptiert. Auch wenn Mütter keinen zusätzlichen Beruf ausüben, dürfen sie müde sein. „Mutter sein“ ist ein vollwertiger Beruf.
Finden Sie heraus, was für Sie am besten ist. Und tun Sie es.

Knüpfen Sie ein soziales Netz – Sie sind nicht allein.

Ganz gleich, ob Ihr Baby besonders unruhig ist und Sie deshalb nachts zu wenig Schlaf bekommen. Oder ob es ruhig und ausgeglichen ist und in den ersten Wochen „programmgemäß“ viel schläft: Je mehr Menschen in Ihrer nahen Umgebung kurzfristig mal einspringen und das Baby oder im besten Fall den Schlaf des Babys hüten können, umso besser. So können Sie auch einmal Wege allein machen. Zum Beispiel zum Arzt. Oder zum Einkaufen. Ihr Kind ist in Ruhe daheim in seiner gewohnten Umgebung, in seinem Bettchen, mit einer vertrauten Person. Und Sie können sich guten Gewissens anderen Dingen widmen. Zum Beispiel auch mal mit Ihrem Mann in ein Restaurant, ins Kino oder zum Tanzen gehen. Oder beruflich am Ball bleiben, indem Sie an Seminaren und Fortbildungsveranstaltungen teilnehmen.
Möchten Sie wieder in den Beruf einsteigen, dann binden Sie aktiv andere in die Betreuung Ihres Kindes mit ein. Den Vater Ihres Kindes. Oma und Opa. Nachbarn und Freunde. Tagesmütter, Tagesstätten, Kindergärten, Kinderkrippen und Au-pairs. Und wenn es in Ihrem Umfeld nichts anderes gibt: Suchen Sie – zum Beispiel über einen Aushang im Supermarkt – andere Eltern mit Kleinstkindern, gründen Sie eine Elterninitiative und organisieren Sie die Kinderbetreuung selbst. So sind in den siebziger Jahren viele Krabbelstuben für Kinder unter drei Jahren entstanden.
Sorgen Sie für ein soziales Netz, das Ihnen hilft. Damit Sie auf der einen Seite alles tun können, um Ihrem Kind einen guten Start ins Leben zu geben, aber

auf der anderen Seite dabei nicht selbst auf der Strecke bleiben. Seien Sie – bei aller Liebe zum Kind – egoistisch. Denken Sie auch an sich.

Wünschenswertes

Wünschenswert für Familien mit kleinen Kindern ist zum Beispiel:

- Die Ausweitung pädagogisch sinnvoller kindgerechter Betreuungseinrichtungen
- Die Ausstattung dieser Einrichtungen mit genug und ausreichend qualifiziertem Personal
- Familienauszeit für berufstätige Väter und Mütter, ohne dass der Wiedereinstieg in den Beruf gefährdet ist
- Flexible Rahmenbedingungen für individuelle Lösungen

Was hat das mit dem Schlaf Ihres Kindes zu tun?

Mehr als Sie vielleicht auf den ersten Blick meinen. Je zufriedener und ausgeglichener Sie selbst sind, umso zufriedener und ausgeglichener wird auch Ihr Kind sein. Wenn Sie mit Ihrem Leben im Einklang sind – Vater und Mutter, Ihre eigenen Interessen und Bedürfnisse ernst nehmen und ihnen Raum in Ihrem Leben einräumen, geht es Ihnen gut. In einer solchen Grundstimmung reagieren Sie mit mehr Gelassenheit und Souveränität auf Ihre gesamte Umgebung. Auch auf Ihr Kind. Damit geben Sie ihm ein Gefühl von Sicherheit. Und das ist immer noch das sanfteste Ruhekissen.

Betreuerinnen empfehlen – Sie entscheiden

Die Berufstätigkeit beider Elternteile hat Auswirkungen auf das Erleben und Verhalten von Kindern. Mit der Fremdbetreuung muss sich ein Kind auf neue Personen, neue Dinge und neue Umgebungen einstellen. Es macht viele neue Erfahrungen, die sehr bereichernd sind. Betreuungsangebote sind jedoch familienergänzend. Aufgabe der Erzieherinnen ist es, Ihnen zu helfen und Sie zu unterstützen. Sie als Eltern müssen das Gefühl haben, dass Ihr Kind gut versorgt ist, denn erst dann können sie beruhigt arbeiten oder abschalten. Suchen Sie sich deshalb für Ihr Kind in Ruhe die Kindertagesstätte, Kinderkrippe oder Tagesmutter aus, die zu Ihnen und Ihrem Familienleben passt. Die Hauptverantwortung und Entscheidungen für ihr Kind tragen Sie als Mutter und Vater. Die Einrichtung spricht Ihnen zum Beispiel in Erziehungsfragen nur Empfehlungen aus.

DIE MEISTEN FRAUEN WOLLEN BEIDES

„Nur noch 5 Prozent aller jungen Frauen wollen sich lebenslang ausschließlich um Haushalt und Familie kümmern. Nur 10 Prozent wollen sich ausschließlich auf ihren Beruf konzentrieren. Die überwältigende Mehrheit will beides: Sie wollen für Kinder und Familie mit ihren Partnern gemeinsam sorgen, ohne den Anschluss an ein erfülltes Berufsleben zu verlieren."

Ursula von der Leyen
Bundesministerin für Familie, Senioren, Frauen und Jugend

Eine Chance für Papa

Fast jede zweite junge Mutter wünscht sich, dass ihre Kinder im ersten Lebensjahr von beiden Eltern betreut werden. Allerdings nutzen immer noch überwiegend sie die Elternzeit. Väter verdienen meist mehr und befürchten offenbar stärkere berufliche Einschnitte, wenn sie wegen eines Kindes ihre Berufstätigkeit unterbrechen.

Christine

„Das war mir früher gar nicht so klar: Wenn's ums Wickeln ging oder ums Kuscheln – das habe ich immer alles allein gemacht. Ich habe ihm die Verantwortung nie gegeben. Und er sagte: ‚Du traust es mir doch gar nicht zu. Du meinst doch, du machst es eh besser.' Er hatte Recht. Er ist schließlich der Vater, er kann das alles genauso und kann genauso liebevoll sein wie ich. Also musste ich lernen, einfach mal abzugeben und mich rumzudrehen."

Wenn ein Vater die Scheu vor dem zarten Säugling erst einmal überwunden hat, entdeckt er ganz neue Lebensperspektiven. Er stellt fest, dass so ein Baby erstaunlich robust ist. Und vom ersten Tage an sehr individuell. Dass er als Papa tatsächlich Kontakt mit ihm aufnehmen kann – und Reaktionen erhält. Das eigene Baby zu wickeln, mit ihm zu spielen, es spazieren zu fahren – das vermittelt ganz unerwartet intensive Glücksgefühle. Dazu brauchen Vater und Kind aber Zeit für sich allein. Ohne die Mama.

Das gibt Vätern die Chance, eine intensive emotionale Beziehung zu entwickeln, die beide bereichert – und letzten Endes die gesamte Kleinfamilie noch enger zusammenschmieden kann. Schenken auch Sie – als Mutter – Vater und Kind eigene Zeit. Zeit ohne Sie. Lassen Sie los.

Die Vorteile, wenn der Vater das gemeinsame Kind betreut: Die beiden brauchen keine Gewöhnungszeit. Sie haben – ebenso wie Mutter und Kind – von Anfang an eine vertraute Ebene. Sie können sich in aller Regel innerhalb bestimmter Zeitfenster problemlos mit Ihrem Ehemann oder Lebenspartner – oder auch mit dem von Ihnen getrennt lebenden Vater Ihres Kindes – abstimmen. Und es entstehen keine zusätzlichen Kosten.

Väter werden oft zu wenig oder gar nicht einbezogen. Das fordern Frauen aber auch oft nicht genug ein. Bei Schlafberatungen oder Vorträgen fällt mir das immer wieder auf.

Ein Vater erzählt

Ich war 38, als unser erster Sohn geboren wurde. Ein lang gehegter Familienwunsch ging mit ihm in Erfüllung. Selbst wenn der Kleine schlief, saß ich verzückt neben ihm und beobachtete ihn. Natürlich waren wir von den unterbrochenen Nächten erschöpft, dennoch gelang es mir auch während der Arbeitswoche, nachts immer wieder aufzustehen und meine Frau zu entlasten.

Bei der Geburt des zweiten Sohnes war dann plötzlich alles anders: Ich war mittlerweile 42. Wir haben uns zwei oder drei Kinder gewünscht – und so war auch der zweite Sohn willkommen. Aber es gelang mir nicht mehr, nachts aufzustehen und meinen Sohn zum Stillen oder Bäuerchenmachen hochzunehmen. Ich fühlte mich stets übermüdet und gestresst und wollte einfach nur meine Ruhe. Natürlich kamen die Kommentare der erprobten Familien, dass beim zweiten Kind alles

anders sei und man nicht mehr die Gelassenheit und den bewundernden Stolz des neuen Familienvaters erlebe.
Ich hatte tatsächlich das Gefühl, dem neuen Kind nicht so gerecht zu werden wie unserem ersten Sohn. Jetzt war ich froh, wenn er schlief und nicht meine Aufmerksamkeit einforderte. Meiner Frau überließ ich recht schnell alle Nachteinsätze. Kamen Krankheiten noch dazu, dann erreichte ich sehr schnell meine körperlichen Grenzen und wurde dann gleich krank.
Sicherlich ist man in den 40ern nicht mehr so fit wie noch zehn Jahre zuvor, als man eine durchgemachte Nacht locker weggesteckt hatte. Aber mit den beiden Söhnen kamen die regelmäßigen Erkältungskrankheiten und das Gefühl, ständig übernächtigt zu sein. Die Geduld für die täglichen Entdeckerfreuden des ersten Kindes ließ beim zweiten mächtig nach. Es ging viel mehr um die Strukturierung des Alltags, das Management zwischen Familie und Beruf und kaum noch um einen gemütlichen Abend mit meiner Frau, der damit die Haupterziehungslast zukam. Was blieb, war das Gefühl, keinem wirklich gerecht werden zu können, stets erschöpft zu sein und sich kaum die Auszeit hinter meiner geliebten Zeitung gönnen zu dürfen, denn Arbeit gab es ja genug.

Mama und Papa sind gleichwertige Partner

Das bisschen Haushalt

Seit gut anderthalb Jahren bin ich Mutter. Seither habe ich keine Nacht mehr durchgeschlafen, nur selten in Ruhe geduscht. Und seit ich wieder arbeite, weiß ich, warum ich später nur noch Mütter einstellen werde. Denn nur die sind wirklich überall einsetzbar – und das 24 Stunden lang.
Und wo bleibt nun der Mann und Vater in unserer Kleinfamilie? Nun, der lebt fast das gleiche Leben weiter wie vor der Geburt unseres Kindes. Im Gegensatz zu mir. Denn ich bin nun nicht mehr nur Ärztin, Hausfrau, Putzfrau, Bügelfrau, Köchin und gehe einkaufen. Jetzt bin ich auch noch „MAMA“. Tag und Nacht! Aber ich arbeite „ja nur 3 Tage” in der Woche. Wie heißt es doch so schön: “Das bisschen Haushalt ist doch kein Problem.” Und Zeit mit dem Kind zu verbringen, „ist doch einfach nur schön und gar nicht so nicht anstrengend“. Also stehe ICH nach

zehn Stunden Arbeit noch abends in der Küche, koche und gehe anschließend eine Waschmaschine anschmeißen, bevor ich die Flaschen spüle, auskoche und die Spülmaschine einräume. Und ER sitzt auf dem Sofa. So viel zur Gleichberechtigung.
Es soll mir keiner weismachen, dass Kinder zu erziehen genauso angesehen ist wie arbeiten zu gehen.

Es gibt Familien, in denen die Berufstätigkeit beider Elternteile klappt und die ganze Familie damit zufrieden ist. Idealer Ausgangspunkt ist, wenn die Eltern im Vorfeld miteinander reden und ihre Rollenzuständigkeiten klären – zum Beispiel, dass beide Partner gleichermaßen für alle Dinge im Haushalt und in der Kindererziehung zuständig sind.
Um diese Grundhaltung auch zu leben, ist viel Partnerarbeit und Auseinandersetzung nötig. Denn zuerst muss die klassische Rollenverteilung überwunden werden.

Dazu drei Tipps:

- „Treffen“ Sie sich regelmäßig mit Ihrem Partner, um sich über Ihr Kind auszutauschen und binden Sie die Rückmeldungen aus der Betreuungseinrichtung dabei ein.
- Setzen Sie sich am Wochenende zusammen, um die nächste Woche, die Übergaben und Betreuungszeiten zu planen und die Verantwortlichkeiten zu verteilen. Das erfordert eine gute Organisation.
- Und vergessen Sie bei diesen Gesprächen bitte nicht den Austausch über Ihre persönliche Situation: *„Wie geht es dir? Wie erlebst du jetzt gerade dein Leben, unsere Kinder, deine Arbeit, unsere Partnerschaft, dich selbst?“*

Meine Erfahrung zeigt, dass diese Gespräche grundlegend sind, um sich als Paar nahe zu bleiben und damit die Basis als Familie zu stärken und zu erhalten. Ein organisiertes Treffen zum Austausch ist oft die einzige Möglichkeit, um sich im Alltag nicht zu verlieren. Probieren Sie es doch mal aus.
Der Leitgedanke dabei ist immer: Beide sind gleichwertige Partner. Auch in der Feierabendgestaltung: Wenn zum Beispiel der Mann am späten Nachmittag nach Hause kommt, sollte sich auch die Frau auf den wohlverdienten Feierabend freuen können – und nicht allein damit beschäftigt sein, ihren Mann zu

umhegen. Es sollte Absprachen geben, wer am Abend für welche Tätigkeiten zuständig ist – zum Beispiel für das Abendessen, die noch anstehende Hausarbeit, das Abendritual oder das nächtliche Aufstehen, wenn das Baby aufwacht und schreit.

Mutter und Beruf

Erinnern Sie sich an diesen Werbespot aus dem Fernsehen: Ein Pärchen wird auf einer Stehparty nach seinen Berufen gefragt. Die Frau antwortet: „Ich bin Managerin eines erfolgreichen kleinen Familienunternehmens." Worauf sie ein „Ooh" erntet. Hätte sie gesagt: „Hausfrau und Mutter", wäre es nur ein „Och" gewesen. Garantiert!

Eine Frau (oder ein Mann), die mit Liebe und Engagement diesen Beruf ausübt, hat einen vielfältigen, anspruchsvollen – aber unbezahlten – Full-Time-Job. Warum steht aber immer ein „Nur" vor „Hausfrau und Mutter"? Sogar in unseren eigenen Köpfen? Ist das alles „nur"? Gemeinsames Spiel mit den Kindern, angemessene Unternehmungen, Abgrenzung zu Computer, Fernsehen, anderen Medien, gastliches Haus sein für alle Freunde, Hilfe bei den Hausaufgaben, Beistand bei allen kleinen und großen Katastrophen, kindgerechtes, vitaminreiches Essen zubereiten, sich um ärztliche Betreuung und Vorsorge kümmern, eine Wohnatmosphäre schaffen, in der sich möglichst alle wohl fühlen, Kleidung kaufen und sie auch waschen und bügeln, Einkäufe, Erledigungen, Behördengänge und natürlich auch die aktuelle Kinderliteratur im Auge behalten, um dann im entscheidenden Moment einen pfiffigen Vorschlag machen zu können ... Die Liste ist schier unendlich und hat natürlich in jedem Mutter-Alltag unterschiedliche Schwerpunkte.

Wer aber Mutter ist und gleichzeitig seinen erlernten Beruf ausübt, stellt fest, dass es unglaublich schwierig ist, beiden Berufen gerecht zu werden und sich dabei nicht selbst aus den Augen zu verlieren.

Die Gründe, im erlernten, geliebten oder auch verhassten Beruf zu bleiben, sind so vielfältig, wie es Frauenleben eben sind: Es kann die Angst sein, nach einer längeren Kinderpause den Anschluss an den Beruf zu verlieren. Das Risiko, durch Kinder in die Armutsfalle zu geraten, weil frau die Familie ernährt – denn es gibt auch Lebensentwürfe ohne Männer. Vielleicht ist es

auch nicht vorstellbar, nur noch mit den Kindern zusammen zu sein. Oder es macht eben Spaß, in seinem Beruf zu arbeiten ...
Der Preis, den Frauen zahlen, wenn sie beide Berufe vereinbaren wollen, ist hoch. Es gibt keine ausreichenden, gut qualifizierten Betreuungsmöglichkeiten. Kindertageseinrichtungen reagieren meist nicht flexibel genug auf veränderte Arbeitswelten von Eltern, Großeltern wohnen oft weit weg, Tagesmütter und/oder Haushaltshilfen sind teuer und rar.
So ist es fast egal, welchen Beruf ich ausübe. Ob ich Finanzbeamtin, Leiterin der städtischen Malschule, Kinderkrankenschwester, Floristin, Rechtsanwältin oder Erzieherin bin. Beide Berufe unter einen Hut zu bekommen, ist bei allen gleich schwierig. Unterschiede ergeben sich durch Fragen wie:

- Habe ich einen Partner?
- Teilt sich dieser Partner partnerschaftlich mit mir die anfallenden Aufgaben?
- Gibt es finanzielle Mittel, um haushaltsnahe Dienstleistungen in Anspruch zu nehmen?

Die Doppelbelastung ist besonders extrem in der Kombination „volle Stelle, mehrere Kinder, kein Partner, keine Entlastung bei haushaltsnahen Dienstleistungen". Dagegen steht doppelte Freude, wenn der Beruf Spaß macht, die Kinder sich entwickeln und gedeihen und der Partner sich zumindest bemüht, partnerschaftlich zu sein. Sehr hilfreich können dabei sogenannte Alltagsanker sein:

- Frauennetzwerke aus Omas, Schwestern, Freundinnen, die zum Einsatz kommen können, wenn die Kita Ferien macht, wenn man selbst keinen Urlaub hat, wenn die Kinder (natürlich) unvorhersehbar Windpocken bekommen ...
- Ein Partner, der weiß oder lernen will, wie bestimmte Geräte im Haushalt funktionieren, obwohl sie nicht Bandschleifer, Bohrmaschine oder Kärcher heißen.
- Freundinnen, die ähnlich wie man selbst vom Perfektionismus abrücken und lieber mehrere spannende Bereiche des Lebens mit 75 Prozent leben als nur zwei mit 150 Prozent.

Barbara Nardmann-Stahl
Dipl.-Sozialarbeiterin, Kinder- und Jugendtherapeutin

Doppelbelastung der Frau – ohne ausreichenden Schlaf

Doppelbelastung ohne ausreichenden Schlaf über mehrere Wochen und Monate kann langfristige Auswirkungen haben und eine Kettenreaktion auslösen: Die Mutter ist überfordert. Das Kind ist überfordert, weil es sensible Antennen hat und auf die Stimmung der Mutter reagiert. Das Kind zeigt Verhaltensauffälligkeiten, oft auch Schlaflosigkeit. Die Mutter reagiert über, schlimmstenfalls wird sie krank – und das System Familie bricht zusammen. Und damit ist keinem geholfen.

Eine Mutter erzählt

Das mehrmalige Aufstehen in der Nacht war sehr anstrengend. Morgens habe ich mich sehr erschöpft gefühlt, da unsere Tochter, mittlerweile 7 Monate alt, nachts jedes Mal nach der Flasche verlangte, ansonsten schrie sie. Am nächsten Morgen brannten meine Augen vor Erschöpfung.
Während meiner Teilzeitarbeit habe ich mich bemüht, mir nichts anmerken zu lassen.
Vor Müdigkeit ging ich freiwillig abends um neun ins Bett. Ich hatte keine Kraft mehr, meine Freundschaften zu pflegen, geschweige denn einmal auszugehen. Im Büro schaute ich mit detektivischem Blick nach Müdigkeitsspuren in den Gesichtern der anderen Mütter. Entweder waren die nur gut geschminkt oder sie schliefen wirklich!

Wenn eine Mutter ausreichend Schlaf bekommt, kann sie eine ganze Menge meistern. Aber oft wird vergessen, dass das Leben mit Babys und Kleinkindern seine eigenen Regeln hat. Kinder werden oft krank, besonders die, die mit vielen Kindern zusammen kommen und spielen. Dann brauchen sie Sonderbehandlung – viel Nähe und Aufmerksamkeit von Mami und Papi, besonders nachts. Phasenweise sind auch Entwicklungssprünge ganz normal, wo Kinder auch nicht schlafen. Und das bedeutet dann: Schlaflose Nächte für alle Familienmitglieder.

Zu wenig Schlaf zu haben und trotzdem im Beruf und in der Kindererziehung Leistung zu zeigen, ist eine große Herausforderung.

Eine berufstätige Mutter sagte einmal zu mir: „Leider richten sich Kinderkrankheiten nicht nach Arbeitsplänen"

Ob berufstätig oder nicht – als Mutter können Sie nicht für alles zuständig sein. Perfekt den Haushalt zu managen und aktiv am Leben des Kindes teilzunehmen bedeutet eine Menge Arbeit. Und weil das kaum zu schaffen ist, bekommen manche schnell ein schlechtes Gewissen. Vor allem vergessen viele Mütter, für sich selbst zu sorgen. Irgendwann geht es Ihnen dann so schlecht, dass Ihr Kind das spürt und entsprechend gestresst reagiert – was wiederum Sie als Mutter noch mehr stresst. Ein Teufelskreis.

Lassen Sie sich helfen

Es geht nicht nur um die Kinderbetreuung, sondern auch um Hausarbeit. Um Putzen, Waschen, Kochen, Bügeln, Einkaufen. Sprechen Sie sich mit Ihrem Mann ab, mit Nachbarinnen, mit Großeltern: Wer kann Sie wo entlasten? Können Sie sich eine Putzhilfe leisten? Eine Bügelfrau? Wägen Sie ab. Was ist wichtiger? Ihre Ruhe, Zeiten für sich – oder das Geld, das Sie sparen können, wenn Sie alles selbst machen? Das gilt besonders dann, wenn Sie wieder in Ihrem Beruf arbeiten wollen. Muten Sie sich nicht zu viel zu. Vergessen Sie nicht, dass Sie Zeiten brauchen, in denen Sie Ihre Kräfte wieder auftanken. Eine berufstätige Mutter sagt dazu: „Empfehlen möchte ich allen berufstätigen Müttern eine ‚Hausperle'. Klar, das kostet wieder Geld – doch es ist gar nicht so teuer, wie man anfänglich denkt. Wir leisten uns eine treue Seele und ich habe so viel mehr Freizeit und weniger Putzzeit. Die wenige Zeit mit meinem Kind ist kostbar. Und da will ich dann auch ganz da sein."

Die richtige Betreuung für Ihr Kind

Was können Sie als Eltern bereits im Vorfeld beachten für Ihr Kind?

Sie können sich viel Stress ersparen, wenn Sie sich die Bertreuungs-Einrichtungen in Ihrer Nähe bereits einige Zeit vor Ihrem neuen Arbeitsbeginn ansehen, um genug Zeit dafür zu haben.
Suchen Sie sich einen Kindergarten oder eine Kindertagesstätte in Ihrem näheren Umfeld aus. Sie haben ein freies Wahlrecht. Deshalb schauen Sie sich am besten 2-3 Einrichtungen an und setzen sich intensiv mit dem Betreuungskonzept und mit dem Bildungsauftrag auseinander. Dabei wird sich schnell zeigen, welche Einrichtung für Ihr Familienleben die richtige ist. Haben Sie sich 100%-ig für eine Einrichtung entschieden, spürt Ihr Kind: Es ist in Ordnung, dass ich hier bin. Wenn die Einrichtung in Ihrem Wohnumfeld liegt, ist das Bringen am Morgen und das Abholen am Nachmittag natürlich am einfachsten. Das gilt auch für die Auswahl einer Tagesmutter.
Fragen Sie die Gruppenerzieherin schon beim Erstgespräch, wie die Eingewöhnung in die Gruppe abläuft, wie das Thema Einschlafen/Schlafen in der Einrichtung behandelt wird und wann die Schlafenszeiten sind. Das wird in den Einrichtungen unterschiedlich und individuell gehandhabt. Nehmen Sie sich genügend Zeit, Ihr Kind in die Kindertagesstätte einzugewöhnen. Am besten bevor Sie Ihre Stelle im Job wieder antreten.
Haben Sie zu Hause einen anderen Rhythmus, dann versuchen Sie bereits im Vorfeld, ihn langsam an den Rhythmus der Einrichtung anzugleichen. Mit einer Tagesmutter können Sie die Schlafenszeit oft individuell absprechen.

Benedikt

„Ich begann wieder in Vollzeit zu arbeiten, als mein Sohn zwölf Wochen alt war. Seitdem war der Kleine bei einer Tagesmutter, die noch zwei weitere Kinder betreute. Ihre eigenen beiden Kinder gingen schon zur Schule. Sie kamen nachmittags auch noch dazu. Diese kleine altersgemischte Gruppe war von Anfang an gut für meinen Sohn. Vom Baby- über das Kleinkindalter und darüber hinaus ist seine

soziale Stellung innerhalb dieser Gruppe gewachsen. Er wurde dadurch selbstbewusst und selbständig und hat viel von den anderen Kindern gelernt.“

Marco

„Marco hatte den Tag über fast nicht geschlafen und wenn er wach war, geschrien. Je weinerlicher er schon tagsüber war, desto unruhiger und angespannter wurde ich. Am Abend war ich dann so entnervt, dass sich das auf Marco übertragen hatte und ich nur noch im wahrsten Sinne des Wortes im Kreis lief mit einem hysterisch schreienden Kind auf dem Arm. Verzweifelt versuchte ich den Kleinen zu beruhigen, während mein Mann schon im Bett lag und rummeckerte, er müsse am nächsten Morgen zur Arbeit und ob ich das Kind nicht endlich zur Ruhe bringen könne. Plötzlich stand meine Schwiegermutter (wir wohnten damals im Haus meiner Schwiegereltern) hinter mir, nahm mir Marco wortlos aus dem Arm und schickte mich ins Bett. Ich trollte mich beleidigt (heute, nach ein paar Jahren, weiß ich, dass sie das einzig Richtige tat für mich und Marco). Kaum hatte ich das Kinderzimmer verlassen, war das Kind ruhig. Nachdem Marco noch einen Tee bekommen hatte, schlief er friedlich ein. Das war der Ruhe und Gelassenheit meiner Schwiegermutter zu verdanken! Aber ich fühlte mich damals unfähig als Mutter.“

Finn

„Als Finn ungefähr zwei Jahre alt war, sah sein Tagesablauf so aus: Er wachte etwa um halb sieben auf. So konnte ich ihn für den Tag vorbereiten, während Horst (Finns Vater) meine Oma zu uns holte. Horst, Omi, Finn und ich frühstückten gemeinsam. Kurz nach sieben verließen Horst und ich das Haus, um zur Arbeit zu fahren. Finn und Omi machten sich danach eine schöne Zeit mit Spielen im Kinderzimmer, im Garten oder gingen spazieren. Etwa um zehn war Finn wieder müde und schlief bis gegen Mittag. Wenn ich um halb eins nach Hause kam, konnten wir in Ruhe essen. Dann brachte ich meine Omi wieder nach Hause, und Finn schlief um halb drei nochmal eine bis anderthalb Stunden. Abends ging er trotzdem bereits um sieben zu Bett. Er brauchte einfach seinen Schlaf.“

Schlafritual

Kann Ihr Kind ein Kuscheltier mit in die Einrichtung nehmen, kuscheln Sie ausgiebig mit dem Kuscheltier, damit es gut nach Mama riecht. Sorgen sie dafür, dass sie das Kuscheltier doppelt haben. Das eine bleibt zu Hause, damit abends beim Einschlafen auf jeden Fall eins da ist – auch wenn das andere in der Kindertagesstätte oder bei der Tagesmutter geblieben ist.

Eine Mutter erzählt

„Wenn ich als Mutter weiß, in ein oder zwei Monaten soll mein Kind in eine Kindertagesstätte gehen oder in eine Krippe oder einen Kindergarten, dann überlege ich mir, wie ich ihm schon vorher die Eingewöhnung erleichtere. Ich spreche also zum Beispiel mit den Mitarbeiterinnen in der Einrichtung und frage, was dort für ein Schlafrhythmus üblich ist. Ob meine Tochter ein Kuscheltier mitnehmen darf. Was gern gesehen wird und was nicht. Und dann habe ich noch einige Wochen Zeit, mein Kind zu Hause auf diese Einrichtung vorzubereiten. Auch auf den Mittagsschlaf. Ich kann das Schlafen in einer fremden Umgebung und zu einer vielleicht ungewohnten Uhrzeit mit ihr üben. Sie ist dann auch zu der Uhrzeit müde, weil sie sich daran bereits gewöhnt hat. So habe ich das mit meinem Kind gemacht. Deshalb hatte meine Tochter auch sofort nach der Eingewöhnung in der Kita wieder ein vernünftiges Schlafverhalten. Und ich war nicht bereit, diese Aufgabe alleine der Institution zu überlassen.“

Üben Sie mit ihrem Kind kleine Trennungssituationen, bevor es in den Kindergarten kommt. Dann weiß es bereits im Vorfeld, dass Sie immer wieder zurückkommen. So muss Ihr Kind nicht alles auf einmal lernen und verkraften.
„Du musst dein Kind loslassen – damit es dich auch loslassen kann ...“ Diesen Ratschlag haben Sie bestimmt schon oft gehört. Aber was bedeutet das, wenn es um das Thema Betreuungseinrichtung geht? Hier geht es um Vertrauen. Vertraut eine Mutter den Erzieherinnen, lässt sie ihr Kind auch gern dort – und vor allem kann sie loslassen. Vertrauen ist die Basis einer jeden Beziehung. Da die Betreuungspersonen und die Eltern zum Wohle des Kindes handeln, muss auch die Zusammenarbeit mit den Eltern von Vertrauen geprägt sein.

Felix

„Felix wollte nicht in der Kindertagesstätte bleiben. Auch nach zwei Wochen nicht. Immer, wenn ich gehen wollte, schrie er und war nicht zu beruhigen – und ich machte auf dem Absatz kehrt und lief zurück.
Bis mir klar wurde, dass es an mir lag: Ich hatte ein schlechtes Gewissen, ihn in dieser ungewohnten Umgebung so einfach zu verlassen. Das hat er gespürt. Ich habe dann die Strategie geändert. Nicht ich brachte ihn in den nächsten beiden Wochen in die Kindertagesstätte, sondern meine Mutter. Sie konnte sich ohne Probleme trennen. Und nachdem er die neue Umgebung erst mal akzeptiert hatte, war es auch für mich kein Problem mehr, ihn morgens hinzubringen und ohne eigene Angst zu gehen."

Laura

„Laura soll sich stets auf das, was ich ihr sage, verlassen können. Also sage ich ihr zum Beispiel schon vorher: ‚Heute kommt der Babysitter'. Und dann kommt der nicht um acht, wenn wir gehen. Sondern er ist spätestens um sieben da. Oder die Oma kommt. Wenn Laura nachts mal wach wird – damit muss man ja immer rechnen – dann weiß sie immer ganz genau, wer da ist.
Und ich achte darauf, mich an diese Absprachen zu halten. Sie muss sich daran orientieren können. Das ist auch im Kindergarten so. Wenn ich sage: ‚Ich hole dich nach dem Mittagschlaf ab', dann bin ich auch genau zu dieser Zeit da. Und dann wird sie auch mit keinem mitgehen. Weil sie weiß: Die Mama kommt."

EINGEWÖHNUNG UND ABLÖSUNG BRAUCHT ZEIT

Ob Tagesmutter, Kindertagesstätte, Kindergarten oder Krippe: Gewöhnen Sie Ihr Kind schrittweise an die neue Umgebung. Geben Sie ihm Zeit, eine Beziehung zu den Menschen aufzubauen, mit denen es künftig große Teile seines Tages verbringt.
Die Eingewöhnung ist für ein Kleinkind die Zeit, in der es eine Beziehung zu anderen Betreuungspersonen aufbauen kann. Die Anwesenheit von Mutter oder Vater schafft dabei einen geschützten Raum, in dem sich das Kind sicher

fühlt und auf die Betreuungsperson zugehen kann. Erfahrungsgemäß braucht ein Kind 6 bis 14 Tage, manchmal auch 3 Wochen, um sich an seine Betreuungspersonen zu gewöhnen. Das Tempo bestimmt Ihr Kind.

Nach der Eingewöhnungszeit – das erste Mal im Schlafraum – weinen manche Kinder. Das ist normal und auch erlaubt. Die vielen neuen Eindrücke, die vielen Kinder, die Gefühle, die Umstellung, der neue Rhythmus – ein Kind braucht die Zeit sich einzugewöhnen. Erzieherinnen bauen zu den Kindern eine Beziehung auf. Natürlich nicht so eng wie die der Mutter – doch sie entscheiden zum Wohle des Kindes und sie wissen, dass ein Kind schlafen muss und es auch weinen darf, um in den Schlaf zu finden. Sie geben dem Kind in der ersten Zeit Hilfestellung und begleiten es liebevoll.

Sollte die Schlaf-Eingewöhnungszeit sich als schwierig herausstellen, wird im Team gemeinsam nach individuellen Lösungsmöglichkeiten für Ihr Kind gesucht.

Elternwünsche, die nicht berücksichtigt werden:

- Mein Kleinkind soll mittags nicht schlafen, damit es abends früher schläft.
- Mein Kleinkind soll nicht geweckt werden, es soll so lange schlafen, wie es möchte.

Eingewöhnungs-Programme

Durch die Trennung von der Mutter wird erst einmal das Wohlbefinden gestört. Hinzu kommen die vielen neuen Anregungen in der Gruppe. Das bedeutet natürlich Stress für das Kind. Wir wissen, dass Mütter, wenn sie ihre Kinder in die Krippe bringen, eigentlich nicht mehr viel tun können. Das Kind muss eigene Bewältigungs-Mechanismen entwickeln. Deshalb predigen wir schon seit Jahren, Eingewöhnungs-Programme ernst zu nehmen, das Kind stundenweise in die Krippe zu bringen, es langsam an Routinen wie Essen und Schlafen heranzuführen. Das bedeutet natürlich einen gewissen Aufwand. Aber bei verkürzter Eingewöhnung oder gar dem Verzicht darauf beobachten wir sehr oft, dass die Kinder häufiger krank werden.

Jedes Kind muss schlafen – besonders Kleinkinder

2- bis 3-jährige Kinder brauchen noch ihren Mittagsschlaf – besonders in der Kindertagesstätte. In diesem Alter sind Kinder noch damit überfordert selbst zu entscheiden, ob sie schlafen müssen oder nicht. Wir Erwachsenen müssen ihnen diese Entscheidung abnehmen. Denn wir wissen, dass ein Kind, wenn es nicht genügend Schlaf bekommt, schnell krank wird, weil sich sein Immunsystem nicht ausreichend erholen konnte. Außerdem ist es bei zu wenig Schlaf unkonzentriert und nicht mehr aufnahmefähig. Oft bauen Kleinkinder in der Kindertagesstätte rapide um die Mittagszeit ab und schlafen schon am Tisch beim gemeinsamen Mittagsessen ein. Nach dem Mittagschlaf sind sie dann in der Regel wieder fit zum Spielen.

Frühaufsteher

Manche Kinder kommen schon um 7 Uhr in die Einrichtungen. Manche sind schon topfit und wollen Aktion. Und manche brauchen noch Zeit zum Wachwerden. Sie sind noch müde und möchten kuscheln. Dann ist es schön, wenn Kinder noch die Möglichkeit haben, in der Kuschelecke mit ruhiger Musik den Tag anzufangen. Besprechen Sie diese Möglichkeit mit Ihrer Erzieherin.

Kinderkrippen sind okay

Das National Institute of Child Health in Washington hat an 1.000 Kleinkindern untersucht, ob Fremdbetreuung schadet und wie sie sich überhaupt auf die Mutter-Kind-Beziehung auswirkt. Unter den Forschern waren Gegner und Befürworter von Kindertagesstätten. Und alle sind zu dem Schluss gekommen: Es gibt keinen negativen Einfluss auf das Verhältnis zwischen Mutter und Kind, wenn es der Mutter gelingt, die Intimität aufrechtzuerhalten.

Sind Ihre Kinder nach Feierabend Mitläufer?

Sind beide Eltern berufstätig, laufen die Kinder nach Feierabend oft einfach so mit. Bei der Hausarbeit, beim Einkaufen oder anderen Besorgungen. Manche Eltern gehen gern ins Fitnesscenter, um auch mal was für sich zu tun. Auch dort muss das Kind wieder in die Kinderbetreuung. Manche Eltern widmen ihren Kindern wenig oder gar keine Aufmerksamkeit nach einem anstrengenden Arbeitstag. Oft schauen die Kinder dann Fernsehen bis zur Schlafenszeit.
Versuchen Sie, Ihr Kind nach der Arbeit in den Mittelpunkt zu stellen, bis es ins Bett muss. Schenken Sie ihm Ihre volle Aufmerksamkeit. Dann braucht es sich die nicht nachts zu holen. Sicher ist es erst mal ein Balanceakt, das alles miteinander zu vereinbaren. Erwarten Sie nicht, dass alles sofort und immer reibungslos verläuft. Organisieren Sie sich neu: Stellen Sie den Großeinkauf und den Hausputz hinten an. Verschieben Sie solche Dinge auf das Wochenende. Genießen Sie die Zeit mit Ihrem Kind. Machen Sie Abstriche – aber nicht in Ihrer Eltern-Kind-Beziehung.
Auch Eltern haben ihren Feierabend verdient. Viele berufstätige Eltern lassen ihre Kinder bis neun oder sogar bis elf aufbleiben, weil sie die Kinder so wenig sehen, keine Zeit für sie haben und deshalb ein schlechtes Gewissen haben. Ich habe auch erlebt, dass berufstätige Eltern deshalb nachts mit ihren Kindern spielen, wenn sie nachts wach werden. Bringen Sie Ihre Kinder in der Woche lieber zeitig ins Bett – etwa zwischen sieben und halb acht. Kinder brauchen einen gesunden Rhythmus.

Haben Sie kein schlechtes Gewissen

Viele berufstätige Eltern, die in meine Beratungsstunden kommen, haben ein schlechtes Gewissen, weil sie tagsüber zu wenig Zeit mit ihrem Kind teilen können. Das nämlich verbringt seine Tage in der Kita, bei der Tagesmutter oder den Großeltern.
Solche Eltern neigen oft zu Ersatzhandlungen. Zum Beispiel reagieren sie inkonsequent, wenn es darum geht, ihrem Kind Grenzen zu setzen. In der Kita, in der ich lange arbeitete, brachte eine Mutter ihrem kleinen Sohn jeden Tag ein neues Geschenk mit, um ihn darüber hinwegzutrösten, dass sie sich nicht selbst um ihn kümmern konnte. Mit dem Ergebnis, dass das Kind eine ent-

sprechende Erwartungshaltung entwickelte und enttäuscht war, wenn es mal kein Geschenk gab. Das Kind war bald überhäuft mit Geschenken. Dabei hätte es sich mindestens ebenso gefreut, einfach nur so nach der Kita seine Mutter zu sehen.

Eltern mit schlechtem Gewissen erlauben Dinge, die sie eigentlich selbst nicht für richtig und altersangemessen halten – aber schließlich muss das „arme Kind" ja tagsüber auf seine Eltern verzichten. Oder sie beginnen abends, wenn eigentlich alle Beteiligten müde sind, mit einem Spiel- und Tobeprogramm. Denn darauf musste das Kind ja tagsüber verzichten, weil seine Eltern nicht da waren. Das Ergebnis sind übermüdete Eltern und aufgedrehte Kinder, die nicht mehr zur Ruhe kommen und am nächsten Tag unausgeruht aufstehen. Dabei können Eltern ihre Abwesenheit am Tage auch anders ausgleichen.

Sie kommen nachmittags nach Hause – und bis 19 Uhr ist Ihr Kind der Mittelpunkt Ihres Interesses. Sie kuscheln mit ihm. Sie spielen mit ihm – ab 18 Uhr nur noch ruhige Spiele. Zum Beispiel schauen Sie mit ihm Bilderbücher an oder lesen ihm vor. Wenn Ihr Kind schon etwas größer ist, ist das die Zeit, in der es Ihnen erzählen kann, was so alles den lieben langen Tag passiert ist, und Sie gemeinsam darüber reden und lachen können.

Getobt hat es tagsüber mit den anderen Kindern, nun ist die Kuschelzeit mit Mama und Papa. Und wenn Sie gern temperamentvollere Spiele mit ihm spielen wollen, oder wenn Sie einen Großeinkauf im Supermarkt planen, dann verschieben Sie das auf die Wochenenden.

Das könnte eine bewusste Planung erfordern, denn bisher sah Ihr normaler Feierabend vermutlich ein wenig anders aus. Auf den sollen Sie auch gar nicht verzichten. Es genügt schon, wenn Sie den zeitlichen Ablauf ein wenig umstellen.

Machen Sie ein bewusstes Ritual daraus: Heimkommen, ein bis zwei Stunden Kind im Mittelpunkt, gemeinsam essen, dann das übliche Schlafritual – und danach das, was für Sie selbst zur Entspannung am Feierabend wichtig ist. So mache ich es in meiner Familie auch. Und bei allen Eltern, denen ich das bisher in der Beratung empfohlen habe, hat diese kleine Umstellung im Verhältnis zu ihren Kindern wahre Wunder bewirkt. Vor allem, weil die Eltern damit ihr schlechtes Gewissen besänftigen und entspannter mit ihren Kindern umgehen können.

KAPITEL 8: DAS WICHTIGSTE IN KÜRZE

- Der Wiedereinstieg ins Berufsleben ist für viele junge Mütter ein Thema. Die meisten sehen – trotz Kind – im Beruf einen wichtigen Teil ihres Lebens.
- Ihr Kind spürt, wenn Sie wegen Ihrer Berufstätigkeit ein schlechtes Gewissen haben, und reagiert gestresst. Entsprechend schlecht schläft es ein und durch.
- Der Schlaf Ihres Kindes ist so gut wie Ihr Gewissen. Deshalb stehen Sie zu Ihrer Berufstätigkeit und nehmen sich am Feierabend in Ruhe Zeit für ihr Kind. Lassen Sie lieber mal im Haushalt „fünf gerade sein".
- Binden Sie Ihren Mann bzw. Partner in die Betreuung Ihres Kindes und in die häuslichen Aufgaben ein.
- Wenn Sie für Ihr Kind eine Fremdbetreuung brauchen, prüfen Sie vorher genau, welche Betreuung gut für Ihr Kind ist, und bereiten Sie Ihr Kind dann rechtzeitig darauf vor.

9

Info-Magazin

- Buch-Tipps für Eltern
- Bücher für Kinder
- Experten in diesem Buch
- Weitere wichtige Adressen

Buch-Tipps für Eltern

Allgemeines

- Jesper Juul: **Das kompetente Kind**, Rowohlt
- Alicia F. Lieberman: **Ein kleiner Mensch – das Gefühlsleben des Kindes in den ersten drei Jahren**, Rowohlt
- Sonja Stacherl: **Nähe und Geborgenheit**, Walter
- Thomas Harms (Hrsg.): **Auf die Welt gekommen**, Körper, Psyche, Therapien
- Christine Rankl: **Einschlafen – (k)ein Kinderspiel**, Walter
- Mechthild Papousek, Michael Schieche, Harald Wurmser: **Regulationsstörungen der frühen Kindheit**, Verlag Hans Huber
- Reno H. Largo: **Babyjahre/Kinderjahre**, Piper

Entspannung, Massage, Rituale

- Margarita Klein: **Schmetterlinge und Katzenpfoten**, Ökotopia
- Margret Nussbaum: **Abendzeit - Familienzeit**, Christophorus
- Barbara Wanderer: **Heile, heile Segen**, Kösel
- Sabine Seyffert: **Viele kleine Streichelhände**, Menschenkinder
- Andrea Erkert: **Inseln der Entspannung**, Ökotopia
- Gries, Sönnichsen: **Mein Schlaf-gut Buch – 20 Abendrituale mit Kindern**, Herder Verlag

Bücher für Kinder

Hier möchte ich Ihnen einige Kinder- und Bilderbücher empfehlen. Ich habe die Erfahrung gemacht, dass Schlafprobleme von Kindern durch ihre Eltern oft verdrängt werden oder bewusst nicht über sie gesprochen wird. Aber Kinderbücher zum Thema „Schlafen" können auch dabei helfen, die Schlaf-Probleme Ihres Kindes zu lösen: Oft identifizieren sich Kinder mit den Figuren und deren Problemen aus dem Buch. Und Lösungen, die die Figuren erleben, werden dann unbewusst auf die eigene Situation übertragen.

Oft hört man, dass Bilderbücher von Kindern unter einem Jahr noch nicht gelesen oder verstanden werden. Das stimmt nicht. Kinder in diesem Alter erkennen zum Beispiel schon Gegenstände wieder und beginnen auf diese Weise, ihre eigene Welt zu sehen und zu verstehen. Außerdem ist ein Bilderbuch ein Kommunikationsmittel, das dem Kind hilft, sprechen zu lernen, weil es beim Vorlesen schon Wörter hört, deren Bedeutung und Aussprache es noch lernen muss. Deshalb sollte Ihr Kind Bilderbücher nicht immer nur allein anschauen, sondern auch mal mit Ihnen gemeinsam. Übrigens: Auch ohne Schlafprobleme macht es Spaß, sich gemeinsam Bücher zum Thema „Schlafen" anzuschauen.

Noch eine Anmerkung: Die Altersangaben auf Bilderbüchern und in der folgenden Liste sind nur eine Empfehlung. Berücksichtigen Sie bei der Bücherauswahl immer auch den Entwicklungsstand und die Bucherfahrung Ihres Kindes.

Bücher, die Sie im Buchhandel nicht mehr bekommen, können Sie vielleicht noch unter www.zvab.de oder www.abebooks.de bekommen.

1. Informationen über Schlaf, Rituale

	ab
• Anne Ebert & Andrea Erne: **Wo schlafen die kleinen Tiere?**, Ravensburger	10 Monaten
• Monika Neubacher-Fesser & Sabine Cuno: **Gute Nacht!** (Fühlbuch), Ravensburger	1 Jahr
• Sabine Lohf: **Zeit zum Schlafen, kleiner Zwerg**, Kerle	1 Jahr
• Maribeth Boelts, Kathy Parkinson: **Häschen geht schlafen**, Coppenrath	1½ Jahre

- Annette Swoboda & Paul Maar: **Friedlich schlafen kleine Drachen**, Oetinger — 1½ Jahre
- Bernd Penners & Jonas Kötz: **Der kleine Förster Tannenzapfen sagt Gute Nacht**, Coppenrath — 1½ Jahre
- John Burningham: **Die Decke**, Sauerländer — 2½ Jahre
- Lucy Cousins: **Mausi geht ins Bett**, Sauerländer — 1½ Jahre
- Rotraut Susanne Berner: **Gute Nacht Karlchen!**, Hanser Verlag — 2 Jahre
- Susanne Köster: **Hannes sieht Gespenster**, Loewe — 3 Jahre
- Hartmut Bieber: **Weißt Du, wer die Träume bringt?**, Coppenrath — 2 Jahre
- Wilfried Gebhard: **Was ist, wenn es Nacht ist?**, Lappan Verlag — 3 Jahre
- Regina Hufen: **Meine bunte Welt – Gute Nacht**, Coppenrath — 10 Monate

2. Ihr Kind will nicht allein im eigenen Bett einschlafen

ab

- Mercer Mayer: **Da liegt ein Krokodil unter meinem Bett**, Ravensburg (Ravensburg) 1991. — 3 Jahre
- Andrea Dami & Marco Campanella: **Leo Lausemaus will nicht schlafen**, Lingoli — 3 Jahre
- Ingrid & Dieter Schubert: **Ich kann nicht schlafen – Sieben freche Nachtgespenster**, Sauerländer
- Jutta Timm & Ursel Scheffel: **Heute schlaf ich anderswo**, Ravensburger — 4 Jahre
- Carol Roth, Valeri Grobatschow: **Winnie will woanders schlafen**, Nord-Süd-Verlag — 2½ – 3 Jahre
- Kim Fupz Aakeson, Cato Thau-Jensen, **Wenn kleine Monster schlafen gehen**, Bertelsmann — 3 Jahre
- Irina Korschunow, Katrin Engelking: **Wenn Tiere träumen**, Oetinger — 3 Jahre
- Martin Wadell, Barbara Firth: **Kannst du nicht schlafen, kleiner Bär**, Annette Betz — 3 Jahre

3. Ihr Kind weigert sich, ins Bett zu gehen

ab

- Astrid Lindgren, Ilon Wikland, **Nein, ich will noch nicht ins Bett**, Oetinger — 3 Jahre
- Doris Wiederhold, Vera Sobat: **Julies Einschlafbuch**, ars-Edition — 3 Jahre
- Michael Ende, Annegret Fuchshuber, **Das Traumfresserchen**, Thienemann — 3 Jahre
- Tove Appelgren & Salla Savolainen: **Josefine will nicht schlafen gehen**, Oetinger — 3 Jahre

Spiele zum Thema Schlafen für Kleinkinder und Kindergartenkinder

- **Der kleine Einschlafmond**, Haba
- **Lalelu**, Haba
- **Gute Nacht**, Haba
- **Gute Nacht Teddy**, Haba

Musik-CDs

- Dorothée Kreusch-Jacob: **Das Wolkenboot (Nr. 7: Bist du noch wach?)**, Patmos
- Familie Back: **Baby Beruhigungsmusik**, BB music
- Asha (Denis Quinn): **A concert of angels**, New World Music

Experten in diesem Buch

Mechtild Albers
Heilpraktikerin für Psychotherapie,
Körperpsychotherapie,
Physiotherapeutin und Motopädin
Emilienstr. 43a
42287 Wuppertal
Tel. 02 02 / 2 57 48 94

Angelika Bratke
staatl. anerk. Heilpädagogin
und Entspannungspädagogin
Hinterhufe 122
42929 Wermelskirchen
Tel. 0 21 96 / 9 23 41

Hebammenpraxis
„Willkommen im Leben"
Carina Bresser
Hebamme
Kirchstr. 65
52499 Baesweiler
Tel. 0 24 01 / 80 12 40
www.willkommenimleben.de

Kola Birgit Brönner
Heilpraktikerin für Psychotherapie,
Diplom-Sozialarbeiterin,
Geburtsvorbereiterin
Verfahren: Körpertherapie, systemische Familientherapie, Traumatherapie, Yoga, sozialpädagogische Familienbetreuung
Kornelimünsterweg 50
52066 Aachen
Tel. 02 41 / 6 11 15
info@lahar.de
www.lahar.de

Elisabeth Dietze
Physiotherapeutin/Osteopathin
Harscampstr. 41
52062 Aachen
Tel. 02 41 / 3 48 60
Fax: 02 41 / 4 01 83 63
elisa.dietze@gmx.de

Kinderschutzbund Dortmund
Martina Furlan
Diplom-Pädagogin, Schlafberaterin
Lambachstr. 4
44145 Dortmund
Tel. 02 31 / 8 47 97 80
m.furlan@kinderschutzbund-dortmund.de
www.kinderschutzbund-dortmund.de

Dr. med. Anneli Homann
Facharzt für Kinder-
und Jugendmedizin
Kölnstr. 48
52351 Düren
Tel. 0 24 21 / 1 09 38
Fax 0 24 21 / 1 54 55
praxis@homann-hofelich.de
www.homann-hofelich.de

Malteser Krankenhaus St. Anna
Schreiambulanz am Sozialpädiatrischen Zentrum
Leitung: **Gero Hufendiek**
Diplom-Psychologe, Verhaltenstherapeut
Albertus-Magnus-Str. 33
47259 Duisburg
Tel: 02 03 / 7 55 12 81
Gero.Hufendiek@Malteser.de
www.malteser.de

Petra Kleinen
Diplom-Sozialpädagogin
Kinder- und Jugendlichenpsychotherapeutin, system. Paar- und Familientherapeutin und Traumatherapeutin
Psychotherapeutische Praxis für Kinder, Jugendliche und Erwachsene
Schmithoferstr. 46
52076 Aachen
Tel. 0 24 08 / 70 99 88
petra.kleinen@web.de

Marika Marliani
Diplom-Sozialpädagogin
PEKiP-Gruppenleiterin
von-Pastor Straße 17
52066 Aachen
02 41 / 70 76 61
marika.marliani@gmx.de

Petra Müller
Diplom-Sozialpädagogin
Systemische Beraterin, PEKiP-Gruppenleiterin, PEKiP-Ausbilderin
Gürzenicher Str. 55
52355 Düren
Tel: 0 24 21 / 78 14 79
dpl.mueller@gmx.de

Barbara Nardmann-Stahl
Diplom-Sozialarbeiterin
Jugendtherapeutin, PEKiP-Gruppenleiterin, Schreibaby- und Schlafberaterin
Am Grafenbusch 14
46047 Oberhausen
Tel. 02 08 / 2 31 87

Elke Swalve
Diplom-Psychologin
Frühe Eltern-Kind-Beratung
(Schreibabys, Schlafprobleme, Ess- und Fütterstörungen)
e.swalve@arcor.de

Petra Weidemann-Böker
Diplom-Sozialpädagogin
Beratung bei Schlaf- und Schreiproblemen
An der Junkersmühle 3-5
52064 Aachen
Tel. 02 41 / 2 16 15
petra.weidemann@infobaby.de
www.infobaby.de

Ulrike Wenzel-Schuberth
Diplom-Sozialpädagogin
PEKiP-Gruppenleiterin
Karl-Marx-Allee 160
52066 Aachen
Tel.: 02 41 / 60 29 99

Weitere wichtige Adressen

Amt für Jugend- und Familienhilfe Kleinkind-Beratung
Schaffhauserstr. 78
CH-8090 Zürich
Tel. 0 43 / 2 59 23 98
Fax 0 43 / 2 59 51 34

Arbeitsgemeinschaft freier Stillgruppen (AFS) Bundesverband
Rüngsdorfer Str. 17
D-53173 Bonn
Tel. 02 28 / 3 50 38 71
Fax 02 28 / 3 50 38 72
geschaeftsstelle@afs-stillen.de
www.afs-stillen.de

Berufsverband der Kinder- und Jugendärzte e.V. (BVKJ)
Mielenforster Str. 2
D-51069 Köln
Tel. 02 21 / 6 89 09-0
Fax 02 21 / 68 32 04
www.bvkj.de

Berufsverband Deutscher Laktationsberaterinnen IBCLC e.V. (BDL)
Saarbrückener Str. 172
38116 Braunschweig
Tel. 05 31 / 2 50 69 90
Fax 05 31 / 2 50 69 91
bdl-sekretariat@t-online.de
www.bdl-stillen.de

Bundesarbeitsgemeinschaft Elterninitiativen e.V.
Einsteinstraße 111
D-81675 München
Tel. 0 89 / 47 06-503
Fax 0 89 / 41 90 28-38
bage.mitarbeit@t-online.de
www.bage.de

Bund Deutscher Hebammen (BDH) Geschäftsstelle
Postfach 1724
D-76006 Karlsruhe
Tel. 07 21 / 98 18 90
Fax 07 21 / 9 81 89 20

Bundesarbeitsgemeinschaft Kinder- und Jugendschutz e.V.
Mühlendamm 3
D-10178 Berlin
Tel. 0 30 / 4 00 40-300
Fax 0 30 / 4 00 40-333
info@bag-jugendschutz.de
www.bag-jugendschutz.de

Bundesgeschäftsstelle des Verbandes berufstätiger Mütter
Postfach 29 04 26
D-50525 Köln
Tel. 02 21 / 32 65-79
Fax 0 12 12 / 56 78-0 38 41
info@berufstaetige-muetter.de
www.berufstaetige-muetter.de

Bund freiberuflicher Hebammen Deutschlands (BfHD)
Andrea Bolz
Kasseler Str. 1a
D-60486 Frankfurt/Main
Tel. 0 69/79 53 49 71
Fax 0 69/79 53 49 72
geschaeftsstelle@bfhd.de

Bundeskonferenz für Erziehungsberatung (bke)
Fachverband für Erziehungs-, Familien- und Jugendberatung
Herrnstraße 53
D-90763 Fürth
Tel. 09 11/97 71 40
Auf der Website www.bke.de sind alle deutschen Erziehungsberatungsstellen abrufbar oder als Broschüre zu bestellen.

Bundesministerium für Familie, Senioren, Frauen und Jugend
D-11018 Berlin
Tel. 030/2 06 55-0
Fax 030/2 06 55-11 45
info@bmfsfjservice.bund.de
www.bmfsfj.de

Bundeszentrale für gesundheitliche Aufklärung (BzgA)
Ostmerheimer Straße 220
D-51109 Köln
Tel. 02 21/89 92-0
Fax 02 21/89 92-300
poststelle@bzga.de
www.bzga.de

Deutsche Gesellschaft für Ernährung e.V.
Godesberger Allee 18
D-53175 Bonn
Tel. 0228/3 77 66 00
www.dge.de

Deutsche Liga für das Kind
Chausseestraße 17
D-10115 Berlin
Tel. 0 30/28 59 99 70
Unter www.Liga-kind.de finden Eltern eine breite Palette wichtiger Informationen über Kindheit und Entwicklung

Deutscher Kinderschutzbund Bundesverband e.V.
Hinüberstr. 8
D-30175 Hannover
Tel. 05 11/3 04 85-0
Fax 05 11/3 04 85-49
Auf der Website www.kinderschutzbund.de kann man über den Menüpunkt „Verbandsdatenbank" direkt auf Beratungssuche gehen.

Hebammenzentrum (Verein freier Hebammen)
Lazarettgasse 6, Stiege 2, Tür 1
A-1090 Wien
Tel. 01/4 08 80 22

La Leche Liga (LLL)
La Leche Liga Deutschland e.V.
Dannenkamp 25
D-32479 Hille
Tel. 05 71 / 4 89 46
Fax 05 71 / 4 04 94 80
beratung@lalecheliga.de
www.lalecheliga.de

Mütterberatung – Amt der Salzburger Landesregierung –
Postfach 527
A-5010 Salzburg
Tel. 06 62 / 80 42 35 79
Fax 06 62 / 80 42 32 02

Mütterzentren-Bundesverband
Müggenkampstr. 30 a
D-20257 Hamburg
Tel. 0 40 / 40 17 06 06
Fax 0 40 / 4 90 38 26

Notmütterdienst Familien- und Altenhilfe
Sophienstr. 28
D-60487 Frankfurt/Main
Tel. 0 69 / 77 90 81 oder 77 66 11
Fax 0 69 / 77 90 83

Österreichisches Hebammengremium
Spörlingasse 3-5, Tür 2
A-1060 Wien
Tel. 01 / 5 97 14 04
Fax 01 / 5 97 14 04
oehg@hebammen.at
www.hebammen.at

PEKiP e.V. – Prager Eltern-Kind-Programm
Heltorfer Str. 71
D-47269 Duisburg
Tel. 02 02 / 71 23 30

Schweizerischer Hebammenverband
Zentralsekretariat
Flurstr. 26
CH-3014 Bern
Tel. 0 31 / 3 32 63 40
Fax 0 31 / 3 32 76 19

Tagesmütter Bundesverband für Kinderbetreuung in Tagespflege
Breite Str. 2
D-40670 Meerbusch
Tel. 0 21 59 / 13 77
Fax 0 21 59 / 20 20

Verein Mütterhilfe
Beratungsstelle Mütterhilfe
Badenerstr. 18
CH-8004 Zürich
Tel. 01 / 2 41 63 43
Fax 01 / 2 91 05 12

Verzeichnis der Beratungsstellen:
www.gaimh.de

Die richtigen Eltern-Ratgeber für die wichtigen Jahre

Entwicklung und Erziehung

978-3-934333-43-7

978-3-934333-33-8

978-3-934333-35-2

978-3-934333-41-3

978-3-934333-11-6

978-3-934333-40-6

Kindergarten und Schule

978-3-9804493-6-6

978-3-934333-16-1

978-3-934333-42-0

OBERSTEBRINK
ELTERN-BIBLIOTHEK

FAMILIE

978-3-934333-26-0

978-3-934333-38-3

978-3-934333-06-2

GESUNDHEIT

978-3-934333-17-8

978-3-934333-39-0